乡村振兴研究文库

国家社科基金项目结项成果（项目批准号：17XMZ078）

乡村振兴与草原旅游的路径与探索

以青海牧区为例

魏玮◎著

·北京·

图书在版编目（CIP）数据

乡村振兴与草原旅游的路径与探索：以青海牧区为例 / 魏玮著 . -- 北京：中国经济出版社，2024.5
ISBN 978-7-5136-7688-5

Ⅰ.①乡… Ⅱ.①魏… Ⅲ.①农村 – 社会主义建设 – 研究 – 青海②草原 – 旅游 – 研究 – 青海 Ⅳ.①F327.44

中国国家版本馆 CIP 数据核字（2024）第 057785 号

责任编辑　冀　意
责任印制　马小宾
封面设计　久品轩

出版发行　中国经济出版社
印　刷　者　北京鑫益晖印刷有限公司印刷
经　销　者　各地新华书店
开　　　本　710mm×1000mm　1/16
印　　　张　15.25
字　　　数　240 千字
版　　　次　2024 年 5 月第 1 版
印　　　次　2024 年 5 月第 1 次
定　　　价　88.00 元
广告经营许可证　京西工商广字第 8179 号

中国经济出版社　网址 http://epc.sinopec.com/epc/　社址 北京市东城区安定门外大街 58 号　邮编 100011
本版图书如存在印装质量问题，请与本社销售中心联系调换（联系电话：010-57512564）

版权所有　盗版必究（举报电话：010-57512600）
国家版权局反盗版举报中心（举报电话：12390）　服务热线：010-57512564

前言 PREFACE

农村现代化是乡村全面振兴的核心目标。加快推进农业农村现代化，积极融入生态优先、绿色发展的时代大局是阔步迈向牧区高质量发展的新征程，是农业站在向第二个百年奋斗目标迈进的历史关口的认知，更是中国式现代化的应有之义。

草原旅游是旅游母体孕育出的子旅游系统，以草原景观和草原文化为主要旅游资源。近年来，青海牧区旅游业的迅速发展使牧民从传统单一的生产生活方式向新型牧业、经济结构多元、生活方式现代化等方面转变，牧民在思想观念、价值取向、社会适应力等方面的变化同样明显。当然，发展旅游业也有不利因素，如对当地生态环境、传统文化等造成的负面效应不断加剧。因此，本书在旅游大发展的背景下，从政府、社会、家庭、个人等层面对牧民生产生活现状进行全面系统的调查，梳理其中存在的问题，试图找到解决问题的办法，这对构建和谐社会、建设新牧区、科学持续提高牧民收入以及实现牧民"幸福梦"具有现实意义和实际作用。

为更全面地掌握草原旅游发展下牧民的生产生活现状，课题组基于系统的文献调研和对青海牧民生产生活的预调研信息，分别设计了以牧民为调查单位的问卷1和以除牧民外的社会公众人员为调查单位的问卷2。问卷从基本情况、草原发展下牧民生产生活状况、旅游发展下青海牧民生产生活满意度、旅游发展下青海牧民文化和思想观念四个方面设计了调研内容，以抽样调查为基础、结合重点调查展开。课题组在对青海省2市6州牧区牧民生产生活抽样调查的基础上,对草原旅游资源丰富的海北州、海南州、黄南州、果洛州进行深入走访,结合牧区牧民生产生活满意度进行调查分析,运用调查分析、满意度调查结果以及民生发展指数计算出"三生"(生产、生活、生态)综合指数,用以反映牧民生活生产现状和变化情况。经过调研分析,本书得出如下结论。

第一,从牧民生产生活情况来看,青海牧民人均年收入总体较高、呈上升趋势,但区域差异大;经济来源由单一的传统畜牧业收入逐渐向多元化收入演变;消费结构趋于合理,但各区存在显著的区域差异;家庭生产类型多元化,但仍然存在对畜牧业的过度依赖;牧户所在地区举办文化活动的形式较为丰富且牧户具有较高的参与意愿。

第二,从牧民生产生活满意度和社会认知度来看,牧民的生产生活现状满意度较低,对当前的经济收入,政府出台的草原旅游发展政策,牧区社会治安及对游客、导游等保护草原生态的满意度一般,对当前自家生产条件、亲属关系、邻里关系、牧区教育资源配给满意度不高。绝大多数牧区牧民对草原旅游业的发展、退牧还草或轮牧休牧的保护草场方式、国家发展草原旅游业的政策持认可态度,草原旅游业对牧民生活变化影响的显著性程度还有待提高;在文化生活方面,虽然牧区文化活动形式多样,但牧民参加意愿不明显,对发展牧区文化的意愿性不强。

第三,从地理位置角度来看,偏东部地区的牧民生产水平明显高于其他地区。各州市草原旅游经营模式多样化,在草原观光的基础上融入了民俗风情、生态、体育、休闲度假等多种元素,草原旅游的发展在促进牧民增产增收、拓宽视野的同时,也在一定程度上破坏了牧区的生态、冲击了牧区的传统文化。牧户生产经营方式存在从单一传统畜牧业向农牧业、旅游业的多重转变,且以家庭经营为主。在草原旅游资源丰富的海北州、海南州、黄南州、果洛州,传统畜牧业收入仍是牧区牧民家庭收入的主要来源,旅游附加收入占比较小,生产资料、医疗、日常消费以及教育是牧民家庭支出的主要部分。

第四,从合作社的角度来看,草原旅游业经营方式具有多样化特征:有规模较小的牧户个体经营;有牧户联合经营,如金银滩草原的文迦牧场；有规模非常大的投资商租赁土地经营发展模式，如餐饮、民俗体验馆、草原游乐场、酒店的达玉部落；有旅游资源开发与经营的生态旅游公司，如位于青海省尖扎县坎布拉镇尕布村二社的海尕布生态旅游文化开发有限公司。

目录 CONTENTS

1 绪论 ·········· 001
  1.1 研究背景 ·········· 001
  1.2 研究目标 ·········· 002
  1.3 研究意义 ·········· 003
  1.4 文献综述 ·········· 004
    1.4.1 国外相关研究动态 ·········· 004
    1.4.2 国内相关研究动态 ·········· 007
    1.4.3 国内外研究动态述评 ·········· 012
  1.5 研究的技术路线与方法 ·········· 013
    1.5.1 技术路线 ·········· 013
    1.5.2 研究方法 ·········· 013

2 青海牧区经济社会发展与草原旅游业现状分析 ·········· 015
  2.1 青海牧区社会发展现状 ·········· 015
    2.1.1 青海牧区生产资料现状 ·········· 015
    2.1.2 青海牧区人口现状 ·········· 020
    2.1.3 青海牧民就业现状 ·········· 022
    2.1.4 青海牧区教育资源现状 ·········· 025
    2.1.5 青海牧区生产方式现状 ·········· 027

2.2 青海牧区经济发展现状 ········· 033
2.2.1 青海牧区三次产业发展现状 ········· 033
2.2.2 青海牧区收入水平现状 ········· 039
2.2.3 青海牧区消费水平现状 ········· 050
2.2.4 青海省畜牧业生产现状 ········· 053

2.3 青海省旅游业发展现状 ········· 056
2.3.1 青海省旅游资源总体介绍 ········· 056
2.3.2 青海省旅游业发展现状 ········· 058
2.3.3 青海省草原旅游发展现状 ········· 062

3 青海牧民生产生活调查分析 ········· 064

3.1 调查情况总体说明 ········· 064
3.1.1 调查问卷设计 ········· 064
3.1.2 调查对象的确定 ········· 065
3.1.3 调查过程 ········· 066

3.2 样本特征分析 ········· 068
3.2.1 总样本特征分析 ········· 068
3.2.2 面访样本特征分析 ········· 069
3.2.3 线上样本特征分析 ········· 072

3.3 问卷信度、效度检验 ········· 074
3.3.1 信度分析 ········· 074
3.3.2 效度分析 ········· 075

3.4 青海牧民生活情况调查分析 ········· 078
3.4.1 青海牧民收入情况调查分析 ········· 078
3.4.2 青海牧民消费结构调查分析 ········· 084
3.4.3 青海牧民就业情况调查分析 ········· 088
3.4.4 青海牧区教育问题调查分析 ········· 089
3.4.5 青海牧区牧民生活条件调查分析 ········· 091
3.4.6 青海牧民精神文化方面调查分析 ········· 094

3.5 青海牧民生产情况调查分析···096
　　3.5.1 青海牧区人力资源调查分析···096
　　3.5.2 青海牧区生产类型调查分析···099
　　3.5.3 青海牧区生产工具调查分析···101
　　3.5.4 青海牧区畜牧业发展调查分析······································104
　　3.5.5 青海牧区生产方式调查研究···109

4 青海牧民生产生活满意度与社会认知度调查分析················111

4.1 青海牧民生产生活满意度调查分析······································111
　　4.1.1 青海牧民生产生活满意度调查······································111
　　4.1.2 青海牧民生产生活满意度分析······································114
4.2 青海牧区生产生活的认知度调查分析···································120
　　4.2.1 社会公众对青海牧区生产生活认知度调查分析···············120
　　4.2.2 牧民自身对青海牧区生产生活认知度调查分析···············124

5 基于牧民家庭的典型牧民生产生活调查分析·······················127

5.1 海北州牧民生产生活调查分析··127
　　5.1.1 海北州牧户生产生活调查··128
　　5.1.2 海北州牧户调查情况分析··132
5.2 海南州牧民生产生活调查分析··137
　　5.2.1 海南州牧户生产生活调查··138
　　5.2.2 海南州牧户调查情况分析··142
5.3 果洛州牧民生产生活调查分析··147
　　5.3.1 果洛州牧户生产生活调查··148
　　5.3.2 果洛州牧户调查情况分析··152
5.4 黄南州牧民生产生活调查分析··157
　　5.4.1 黄南州牧户生产生活调查··157
　　5.4.2 黄南州牧户调查情况分析··162

6 基于合作社的典型牧民生产生活调查分析 ……………… 167
6.1 牧户个体经营草原旅游 ……………………………… 168
6.2 文迦牧场——牧户联合经营草原旅游 ……………… 170
6.3 投资商租赁土地经营草原旅游 ……………………… 172
6.4 青海尕布生态旅游文化开发有限公司 ……………… 173
6.5 青海省三角城种羊场发展模式 ……………………… 174
6.6 青海牧区新鲜事：牛粪入股、牧民分红增收 ……… 175

7 结论与建议 ……………………………………………… 176
7.1 结论 …………………………………………………… 176
7.1.1 旅游欠发达，牧民生产生活提升难度大 ……… 176
7.1.2 牧民思想转变慢，草原旅游对牧民有一定影响 …… 176
7.1.3 区域内部差异大，牧民满意度一般 …………… 176
7.1.4 草原旅游业产业化缓慢，促进牧民增产增收效果不明显 …………………………………………… 177
7.2 进一步发展青海省草原旅游的建议 ………………… 178
7.2.1 整合草原旅游资源 ……………………………… 178
7.2.2 草原旅游向生态旅游转变 ……………………… 180
7.2.3 着力打造高品质旅游品牌 ……………………… 180
7.3 提升青海牧区生产能力的建议 ……………………… 182
7.3.1 适度利用、搞好草地建设 ……………………… 182
7.3.2 加强牧区先进实用技术的推广 ………………… 183
7.3.3 结合旅游发展，优化养殖结构体系 …………… 184
7.4 改善青海牧区生活水平的建议 ……………………… 184
7.4.1 均衡生产各项支出 ……………………………… 184
7.4.2 促进收入增加 …………………………………… 185
7.4.3 加大对牧区牧民职业技能培训的力度 ………… 186
7.4.4 政府统筹规划，实现教育均衡化 ……………… 187

目录

重要术语索引 ………………………………………… 189

参考文献 ……………………………………………… 190

附　录 ………………………………………………… 198

　　问卷1：草原旅游发展下的青海牧民生产生活现状调查问卷 …… 198

　　问卷2：草原旅游发展下的青海牧民生产生活满意度调查问卷 … 204

附　表 ………………………………………………… 208

1 绪论

1.1 研究背景

农业农村现代化是乡村全面振兴的核心目标。加快推进农业农村现代化，积极融入生态优先、绿色发展的时代大局是阔步迈向牧区高质量发展的新征程，是农业站在向第二个百年奋斗目标迈进的历史关口的认知，更是中国式现代化的应有之义。当前，各项工作已进入新阶段，但学术界关于在乡村振兴战略背景下探讨草原旅游方面的研究仍多集中在理论及宏观层面，虽理论概述程度较高却缺乏实际可操作性，同时，面向欠发达地区或民族地区就如何协调好旅游发展与民生改善的机制和有效路径尚未达成共识，在一定程度上影响了理论对实践的指导作用。正是基于这一背景，本研究通过构建系统性研究框架，揭示了旅游发展与民生改善的内在逻辑关系，为寻求旅游民生效应的提升途径提供参考，推动了民生效应研究向纵深发展。

草原旅游是旅游母体孕育出的子旅游系统，是以草原景观和草原文化为主要旅游资源的旅游形式。近年来，青海旅游业发展迅猛，特别是在牧区，草原旅游的发展使牧民从传统单一的生产生活方式向新型牧业、多元经济结构、现代生活方式等方面转变，牧民的思想观念、价值取向、社会适应能力等方面也发生巨大变化。然而，旅游发展是一把"双刃剑"，在促进草原经济发展的同时，给当地生态环境、传统文化带来的负面效应也在不断加剧。因此，在乡村振兴的时代背景下探讨草原旅游发展，很有必要从政府、社会、家庭、个人等层面对牧民的生产生活现状进行全面系统的调查，对存在问题的根源进行梳理分析，研究解决问题的办法和途径，对构建和谐社会、建设新牧区、科学提高牧民收入和实现牧民"幸福梦"具有现实意义与实际作用。2007年,《国务院关于加快发展服务业的若干意见》在阐述"面向民生的服务业"时,将旅游业包含其中,第一次把旅游与民生联系在一起,明确了旅游的民生性特点。本研究关注旅游发展下的民生问题,对青海牧区在草原旅游发展下的牧民生产生活状况进行调查分析,侧重于旅游与民生问题研究。

　　青海地处青藏高原,特殊的地理位置、自然条件以及日益恶化的生态环境,使长期居于此地的牧民处于严峻的生产和生活环境中。"十三五"期间,青海提出将旅游业打造成支柱性产业,带动第一、第二产业的发展,将青海打造成中华民族特色文化旅游地、国家生态旅游地、国家丝绸之路经济带发展战略支点上新兴的黄金旅游地。在"十三五"规划的推动下,旅游业的发展极大地改善了青海牧民的生产和生活环境,特别是2006年青藏铁路全线通车后,促进了青海旅游资源开发,降低了进入门槛,拓展了客源市场,来青海旅游的人数从2006年的815万人,增长至2020年的3311万人,是近20年的最高值。2021年,习近平总书记考察青海工作时强调,青海要打造全国乃至国际生态文明高地、国家清洁能源产业高地、国际生态旅游目的地、绿色有机农畜产品输出地,"四地"建设中旅游是重要的一部分。在乡村振兴的时代背景下,探讨草原旅游的发展,对青海牧民生产生活现状进行全面系统的调查、对存在问题的根源进行梳理,研究现有问题的解决途径,对构建青海和谐社会,新牧区建设,科学提高牧民收入和实现牧民"幸福梦"具有现实意义与实际作用。

　　基于以上考虑,"草原旅游发展下的青海牧民生产生活现状调查研究"课题组对青海草原旅游发展现状进行调查,以梳理草原旅游与牧民生产生活为对接点,从生产、生活、社会文化事业、牧民思想观念等方面对牧民生产生活现状进行调查,从牧民个体和社会公众两个层面对牧民生产生活现状满意度进行调查,全方位呈现草原旅游背景下青海牧民生产生活的现状、变化及满意度。

1.2　研究目标

　　本研究的目标有三个:第一,在乡村振兴大背景下探讨草原旅游发展,对青海牧民生产生活现状进行全面系统的调查、对存在问题的根源进行梳理并找到解决问题的办法；第二，对青海草原旅游发展现状进行调查，以梳理草原旅游与牧民生产生活为对接点，从生产、生活、社会文化事业、牧民思想观念等方面对牧民生产生活现状进行调查；第三，从牧民个体和社会公众两个层面对牧民生产生活现状满意度进行调查，全方位呈现草原旅游背景下青海牧民生产生活的现状、变化及满意度。

1.3 研究意义

通过梳理国内学术研究动态，本研究发现，关于旅游与民生问题的研究还处于理论研究阶段，实践性不强，部分学者的研究只侧重一个角度或领域。本研究注重研究结论的实用性和措施办法的可操作性，通过实地调查和实证分析，对如何实现旅游扶贫，如何协调旅游发展与提高民众生产生活质量，如何处理在旅游发展过程中的生态环境、文化变迁等问题并进行有益的理论探讨，既符合青海省"一优两高"的战略导向，又符合人民对美好生活的向往。

本书属于应用研究层面，突出社会实际作用。一是随着草原旅游的发展、牧区的就业机会不断增加、牧民居住环境的改善，吸引了大量的外来人口到牧区旅游、工作和生活，使得牧民的生产生活发生巨大变化，对牧区旅游地的人地关系、社会文化变迁与牧区可持续发展产生了影响。这些影响表现在正、负两个方面，因此，有必要对负面问题加以深入探析。二是多选择典型案例，以实地调研为基础，全面系统调查草原旅游发展下的牧民生产生活状况，为促进牧区旅游的社会融合与可持续发展提供决策依据。三是深挖旅游扶贫内涵和旅游促进地区经济发展的实际作用，为"旅游＋生态""旅游＋文化""旅游＋牧民"等"旅游＋"模式提供新思路。四是根据研究结论以及乡村振兴的二十字总方针，立足城乡发展一体化，希冀从牧民生产生活提升角度为青海省草原旅游发展提供一定的理论基础和参考价值，奋力推进青海省乡村振兴战略的实施。

1.4 文献综述

笔者对中国知网、谷歌学术、Web of Science、Scopus 等文献数据库进行检索发现，国外有学者从 20 世纪初开始关注民生和旅游的问题，国内关于民生和旅游的问题研究始于 21 世纪初。

1.4.1 国外相关研究动态

笔者查阅文献发现，国外没有"民生"一词，从内涵和特征来看，多用"福利"一词体现民生，侧重于用福利水平衡量生活质量。因此，国外的旅游和民生问题研究可从旅游与福利待遇、旅游与民众生活质量等关系展开。现就国外相关研究动态从旅游对福利、福利对旅游、旅游对居民生活质量的影响三个方面加以梳理。

（1）关于旅游对福利的影响研究

国外学者研究认为，旅游发展会对旅游地居民福利产生积极和消极的作用，主要通过旅游要素对福利的影响进行分析。

Urtasun 等（2006）首先提出了相关旅游要素会对某地福利状况产生影响。后来，Chao 等（2004）认为，旅游对福利的影响主要是通过与旅游者有关的社会现象、非流通商品贸易效应问题和资源流向制造业领域产生的效应，从旅游发展可以提高就业机会来分析旅游对福利的影响。他们认为，旅游对福利的影响主要体现在居民收入和就业机会的增加，推动并提升旅游目的地居民的认同感，从而获得幸福生活。Sheng 等（2018）认为，旅游发展会对当地社会环境、生态环境产生负面影响，特别是外来文化对旅游目的地文化的冲击尤为明显。绝大多数学者认为，旅游对目的地居民的影响是显而易见的，一些研究从福利的角度探究了旅游对旅游目的地居民福利的作用，并探究和阐释了这一作用的影响机制与关键要素。Liu 等（2022）从在环境退化地区发展旅游业对减少碳排放的影响角度，探索了旅游业发展对维持当地空气水平和环保水平的作用。从全球范围来看，旅游业的发展对空气污染和环境破坏具有抑制作用，而这一结论也在全球 70 多个国家的实证分析中被证实。因此，旅游业发展能够促进旅游目的地的环境保护和空气治理，对当地而言，增加了其居民幸福感和基础设施的开发，提升了当地的福利水平。Butler（2022）

从传统领域探索了传统旅游业对当地旅游政策的影响作用和对居民福利水平的促进作用，旅游业的发展和吸引游客的需要对当地政治与政策的影响具有显著的正向作用。当政府采取政策对旅游业进行扶持时，相应的行业和基础设施也会从中受益。对污染治理加大投资能够改善居民生活的空气环境和居住环境，这同样是当地福利水平的一个重要衡量指标。

（2）关于福利对旅游的影响研究

与旅游对福利的影响一致，现有研究也证明了当地福利水平对旅游业的发展存在着积极影响和消极影响的两面性。首先，当地福利水平影响着当地居民对于旅游业发展的态度。旅游目的地居民的福利待遇对旅游发展产生正、负两个方面的影响，对旅游产品和服务创新有着复杂的间接影响，也影响着旅游的规模和范围；Nawijn等（2013）提出，大众旅游的目的地旅游影响和当地居民的个人幸福感之间存在一定的关系。研究结果显示，在旅游型城市中，当地福利水平越高越会促使居民产生高度的旅游业支持感。这主要是因为，在旅游城市中，旅游业的发展提升了当地形象，促进了当地居民收入的增加，完善了当地的基础设施。因此，该项研究从侧面论证了福利水平对于旅游业发展的积极影响。

另外，也有研究者试图证明，当地的福利水平对旅游业的发展具有消极影响。这些研究主要是从旅游福利造成的旅游资源开发者的短视行为角度阐释其危害。Breiby等（2022）的研究论证了受当地福利水平影响的不同利益群体，对旅游业发展持有不同立场和态度。研究结果阐释了旅游带来的福利水平提升促使旅游开发者和当地居民产生了一种旅游资源的依赖行为。这种依赖行为和福利水平的不断提升导致当地出现了以严重破坏旅游资源为代价的短视行为。在此种情况下，福利水平对旅游业的发展具有显著的消极影响。此外，Liu等（2022）的研究也说明了破坏旅游资源的可持续性发展是当地居民福利水平对旅游业发展的最大消极影响。过多地追求福利水平的提升需要强大的当地财政能力来支撑，而对于旅游目的地而言，旅游收入是财政收入的主要来源。因此，对当地福利水平的盲目追求有可能导致对旅游资源乃至旅游业长期可持续发展的破坏。

（3）关于旅游对居民生活质量的影响研究

伴随着当地旅游产业的扩大和发展，旅游要素也会对旅游目的地居民生活质量产生积极或消极的影响。Urtasun 等（2006）提出，旅游对居民生活质量的影响随着生活质量程度的变化而变化，与旅游对福利的积极影响和消极影响一致，旅游对居民生活质量也会产生正面和负面的作用；Neal 等（2008）提出，休闲旅游的满足可以促进生活质量的提升。对于旅游对居民生活质量在经济方面的积极作用，Eshliki 等（2012）通过测量旅游目的地居民在旅游产业中的参与程度，论证了居民生活质量与当地旅游产业发展程度呈正相关关系，并且居民生活质量与居民实际参与旅游业的程度呈正相关关系。这说明，相比普通居民，从事旅游业的居民会在当地旅游业发展中获得更多收益。Buckley（2012）评估了旅游业的可持续性，探索了旅游目的地的可持续性旅游政策对旅游资源开发的影响以及对当地居民获取公共资源的影响。研究结果表明，旅游资源的可持续性发展依靠的是政策驱动，而非市场驱动。虽然环境规制在短期内限制了资源的快速开发，但是长期来看，对当地居民的生活改善和资源的可持续性获取具有正向的促进作用。Giampiccoli 等（2012）探讨了旅游业发展对当地减贫的积极作用，在特定的文化背景下，旅游业发展带动了文化行业、酒店行业、食品行业等产业的发展，促进了当地就业，提高了当地的经济发展水平和居民收入水平，有助于缩小当地居民的贫富差距。与此同时，在文化层面，文化旅游投资也被认为是提升当地居民生活质量的关键要素。Gullion 等（2015）的一项研究表明，虽然旅游目的地居民对文化旅游投资的感知有用性不强，但是文化旅游投资仍然对提升居民的收入、文化自豪感等方面具有促进作用，这在很大程度上提升了居民生活质量。此外，该项研究还论证了居民生活质量的衡量是多方面、多维度的，除了传统认为的经济要素和社会要素外，文化、体育等维度的城市服务也可以作为衡量居民生活质量的重要维度。最后，居民本身对旅游业的看法和社区对旅游业发展的支持也会对居民生活质量产生影响，这从心理学角度扩展了旅游对居民生活质量研究的理论外延。Rasoolimanesh 等（2017）从居民心理的角度探索了居民积极反应和消极反应对旅游业发展与当地居民生活水平的作用。研究表明，相较于居民消极反应，居民积极反应对旅游业发展和当地居民生活水平更具有正向的促进作用。

另外，也有学者认为，旅游会对旅游目的地居民生活质量产生一定的负面影响。Kachniewska（2015）对波兰的 36 个旅游村庄进行了实地调研，通过访谈法论证了早期的旅游规划、营销手段和内部沟通方法应用不善有可能导致居民冲突与财务风险，从而降低当地居民的生活质量和幸福感。Higgins-Desbiolles（2018）则通过旅游的可持续性发展倡议，向当地居民过分迷恋旅游增长带来的收益敲响了警钟。这项研究表明，旅游增长和居民对旅游增长的迷恋正在迫使旅游发展的轨迹发生改变。旅游资源的过分消耗虽然在短期内刺激了当地经济的发展和居民收入的提升，但是长此以往会导致"竭泽而渔"的毁灭性灾难。

虽然在既往研究中旅游要素对居民生活质量的影响有好有坏，但是本研究仍然对这一效应产生的结果持积极乐观的态度。与现有研究相似，本研究也在着力探索旅游要素发展是否会对当地居民生活质量产生相应的影响。但现有研究主要是从乡村旅游或者城市旅游的角度探索旅游要素对居民生活质量的积极作用或消极作用。而本研究则致力于研究在青海牧区这一旅游资源富有特色性的地区的旅游发展对当地牧民生活的影响，并采用定性方法和定量方法相结合的研究模式，为草原牧区旅游的经营决策和政策导向提供支持。

1.4.2 国内相关研究动态

民生，简言之就是与百姓生活密切相关的问题。"民生"一词最早在《左传·宣公十二年》中被提到，"民生在勤，勤则不匮"。20世纪20年代，孙中山给"民生"注入了新的内涵，他在"三民主义"中最先提出了民生概念。2010年两会期间，民生问题被给予高度关注，至此，我国的民生问题掀起热潮。2012年，党的十八大报告提出，"提高人民物质文化生活水平，是改革开放和社会主义现代化建设的根本目的"，进一步明确了改善民生的重要性。2010年，我国学界就旅游与民生的话题在《中国旅游报》和《旅游学刊》上展开探讨，相关研究不断涌现。梳理研究成果发现，国内研究主要涉及旅游与民生的关系、功能、效应等领域。

（1）关于旅游与民生关系研究

从2010年起，国内学界开始就民生的内涵加以更多地研究和梳理。肖飞（2010）就民生的内涵进行了界定，认为民生具有"基本生存保障""社会融入""生活质量提升"三层内涵。他从民生内涵出发，认为旅游与民生密不可分，旅游在一定程度上就是民生的重要组成部分。朱国兴（2010）提出,旅游与民生的结合对社会发展具有积极作用,认为旅游能够增强民族认同感和归属感,激发创造力。另外,马波(2010)、张娟飞(2011)等从旅游开发、利益分配、旅游从业人员等方面研究旅游目的地不同利益诉求之间的关系。陈玥彤等(2020)就民生的内涵进行了界定,从经济、生态、社会、个体四个维度出发,认为旅游与民生相互影响、相互促进。旅游扶贫过程能够促进当地旅游及其相关产业的发展,完善当地的旅游配套设施和基础设施建设;同时,能够影响政府的环保行为,提升居民的生态意识。陈思慧等(2021)研究了阳朔县的旅游建设问题,并将马克思主义生态民生思想和以人为本思想融入旅游建设。该研究明确了旅游和民生之间存在密不可分的联系,强调了旅游对经济发展、文化交流的促进作用,同时提出了生态、旅游、民生三者和谐发展的未来发展模式。刘笑明(2019)以旅游转型作为研究抓手,明确了目前旅游产业存在的困境、旅游业发展的目标以及未来旅游业转型的路径。该研究肯定了旅游产业发展对民生问题解决的重大作用,并认为旅游产业发展的一个重要贡献就是扶贫富民,改善民生。此外,该研究还从产品、企业、产业三个维度,论证了旅游转型的实现模式和未来愿景。

另外,部分学者还从旅游对生态环境影响的角度阐释旅游对民生的影响。王凯等(2021)对张家界旅游发展—民生改善—生态环境耦合协调进行研究,阐释了旅游发展对改善民生和生态环保的重要作用。该研究表明,伴随着时间序列的演进,三系统的综合发展水平都得到了不同程度的提升,与此同时,两两之间的耦合协调程度也趋于平稳,但尚未达到优质协调的水平,未来在转型升级的前提下有希望进一步发展和提高。韦晨(2021)将生态旅游和当地经济发展融合起来,探索了生态旅游的未来前景以及对当地经济发展的重要助推作用,并论证了这些因素对当地居民生活幸福感和缓解压力的影响。此外,陶瑛(2021)、张玉钧等(2021)还从旅游转型、旅游发展的角度,探索了旅游产业对当地高质量、可持续发展的重要作用,论证了旅游业发展对当地居民解决民生困难、改善民生问题具有显著的正向影响。

(2)关于旅游与民生功能研究

罗明义(2010)在《旅游业的民生功能探讨》一文中指出,旅游业具有满足群众生活需求、提高群众生活水平、改善群众生活质量的民生功能，引发学界关于旅游民生功能的探讨。范正正（2010）认为，旅游是不发达地区脱贫的重要手段。崔凤军（2010）、马耀峰（2010）认为，旅游能够促进旅游目的地经济发展，提升居民的生活质量，增加就业机会。曹诗图等（2012）认为，旅游发展可以解决就业和"三农"问题，促进区域协调发展。郑将伟（2021）结合产业政策、乘数效应、供求弹性等理论要素，探索了延安地区旅游业发展对城乡居民收入水平的影响。结果表明，旅游业的发展能够正向影响城乡居民收入的增长，与此同时，旅游业的发展还能缩小城乡收入差距，提升当地居民的消费能力和消费水平。张星（2021）认为，旅游业的发展对于农业经济的发展作用显著，能够起到优化农业经济结构、转变农民固有思想、提升农民日常收入的积极作用。与此同时，该研究还表明了乡村旅游在调节农民收入结构中的重要作用，发展乡村旅游有助于延伸农产品的产业链条，缓解农副产品低附加值给农民带来的收入结构单一的弊病，能够大幅提升农民的生活水平和生活质量。张梅（2021）的研究表明，旅游业发展对当地贫困的减缓并不一定秉持着稳定的线性关系。她通过对云南省16州2010—2019年的面板数据进行回归分析发现，旅游业发展对减贫的影响存在阈值，一旦突破了某一限度，就不会再起到积极的减贫作用。

另外，有部分学者认为，旅游的民生功能在产生积极作用的同时也可能暗藏着消极影响。一方面，旅游业发展对当地文化的胁迫效应，即在资本裹挟下的旅游发展，为了迎合游客，自身对当地文化产生了调整和胁迫改变。另一方面，外来游客的增多在不知不觉中对当地文化造成融合和影响。因此，旅游业的发展难以保证当地传统文化的原生性、整体性、活态化和可持续原则，存在一定的消极作用。赵静（2019）的研究也表明，旅游业发展的核心利益相关者，会在资源的分配中存在利益矛盾、利益冲突和利益博弈。旅游目的地居民作为核心利益相关者的一环，很容易在利益博弈中处于劣势地位，从而对其幸福感、支持感造成消极影响。

（3）关于旅游与民生效应研究

国内部分学者对旅游效应评价指标体系和民生效应评价指标做了有益的研究。麻学锋等（2011）构建了旅游发展改善居民福利模型，利用收入增长弹性、基尼系数、居民收入比、消费差距比和旅游服务密度5个指标，反映旅游带动地方经济增长进而促进民生福利改善的状况。鲁明勇（2011）以张家界市为例进行了实证分析。他以旅游效应评价指标体系为大框架，套用民生效应评价指标，确立了旅游业民生效应评价指标体系框架，为今后开展旅游民生效应的分析提供了可借鉴的指标体系。韩国圣等（2016）在《国外旅游发展社区响应的理论模型述评》中综述了国外文献中有关旅游发展社区响应的9种理论模型，这9种理论模型为本研究提供了理论分析工具。王玉清等（2020）构建了经济、生态、社会文化的三级效应评价指标，对新疆南疆地区民族旅游的民生效应进行分析，发现正面效应大于负面效应。这两种实证方法相比，王玉清等更趋向于掌握一手数据，从而对当地经济、社会文化和环境产生的影响感知度进行分析，其方法的主观性更强。赖斌（2017）从改善民生的角度探索了旅游资源开发对民生感的影响。该研究阐释了旅游资源开发对经济效应、社会文化效应的正向影响，以及经济效应、社会文化效应、生态效应对民生感的正向影响，同时指出了经济效应可能对生态效应产生的微弱负向影响。这说明，以经济发展作为导向的旅游资源开发会在一定程度上造成资源的浪费和破坏，从而影响生态发展。崔春雨等（2020）在鲁明勇构建的经济、生态、社会文化三层面指标体系的基础上，创新地提出了旅游发展对改善民生问题的政策效应影响，进而从更宏观的视角看待这些效应的作用和影响机制。

（4）关于旅游改善民生的措施研究

国内学界对旅游改善民生的措施研究成果颇丰。肖飞（2010）、崔凤军（2010）等从政治角度探讨了旅游改善民生的措施，认为要建立健全旅游公共服务设施和法律体系，解决民生最关键的因素是保障体系，要落实休假权，不断提高旅游福利。刘峰（2020）、王艳平（2010）从经济层面进行研究，认为要充分利用旅游的经济拉动作用，带动民生发展。通过提高旅游消费、提升旅游体验质量、扩大旅游就业空间、推进旅游扶贫工作和保障当地居民权益等措施有效改善民生。姚昆遗（2010）从社会文化角度进行探究，认为要把旅游产业作为文化产业，促进旅游和文化的相互融合，把旅游发展目标和经济、社会发展融为一体，更多着眼于全民健康生活方式的营造，把发展旅游业和形成全民健康生活方式的目标进行结合。

但近年来，学者在进行旅游改善民生的措施研究时，更加注重旅游业发展对脱贫攻坚的作用和影响。陈燕等（2017）在分析我国旅游业发展新态势的情况下，提出了对民族地区旅游业发展旅游惠民、旅游扶贫、旅游影响、政府职责、企业责任的再思考。该研究强调了旅游扶贫的影响机制和重要作用，即贫困地区充分利用旅游资源，大力发展旅游业，吸引人们前来旅游和消费，使旅游资源产生效益，使旅游商品的生产、交换、消费在贫困地区同时发生，逐步实现部分财富、经验、技术和产业的转移，增强贫困地区的"造血"功能，从而使其脱贫致富。陈包等（2019）认为，不断发挥旅游产业在旅游目的地的扶贫富民作用，是推动旅游产业发展、居民安居乐业、消费者体验升级的重要影响因素，应当深入总结既往旅游发展过程中的规律性问题，发挥好旅游扶贫的重要作用，才能切实提升旅游扶贫的效果。李蔚迪（2018）的研究表明，旅游业发展不应当仅仅考虑税收问题和盈利问题，长久发展的前提是与当地居民共享旅游业发展成果，应该采取增加就业岗位、完善当地基础设施、改善交通条件等方式帮助民众脱贫致富并增强旅游业的竞争力。

（5）关于乡村旅游的民生问题研究

李伟（2003）对乡村旅游进行了界定，认为"乡村旅游是在农业观光基础上发展起来的具有休闲度假性质的旅游活动方式"，乡村旅游的民生效应显著。唐健雄（2010）认为，乡村旅游具有鲜明的民生特性，有助于提高农民收入，有效解决"三农"问题。王朝辉（2010）分析了在乡村旅游发展中的旅游民生功能，认为乡村旅游要发挥农业观光、体验、休闲功能，大力发展"农家乐"、休闲农庄等旅游产品，建设配套设施与服务，从而最终达到改善农村民生的目的。有研究认为，乡村旅游是在农业观光基础上发展起来的，具有休闲度假性质的旅游活动方式，凭借其从业门槛低、引导动力强、覆盖面积大的特点，正逐渐成为新的乡村振兴增长点。韩伟宏等（2021）的研究表明，有规划的乡村旅游发展能够提振农民致富的信心，并能够显著提升农民的收入水平和生活质量。李华京等（2021）通过对湖南省乡村旅游情况的调查和分析，探讨了发展优质乡村旅游对提升当地公共服务水平的正向影响作用。当地村民作为公共服务水平提升的受益者，能够在优质乡村旅游资源开发过程中，与各方利益相关者一起共享旅游业发展成果，有助于当地村民降低生活成本、提高生活幸福感，切实提升当地村民的生活质量和生活水平。

杨立功等（2021）则着眼于改善民生问题的可持续性，分析了乡村旅游利益相关者的长期协调机制。该研究强调了乡村旅游对当地各方利益相关者的长期影响，阐释了乡村旅游在提振经济、改善交通、完善基建、提高收入、弘扬文化等多个民生方面的积极影响。

另外，有部分学者认为，乡村旅游的民生问题存在着一定的负面影响。许业辉等（2021）的研究表明，乡村旅游正面临着严重的同质化问题。受消费主义的裹挟，其内容、形式都正趋向于接近和统一，从而导致乡村旅游逐渐丧失其特点。随着游客预期的下降，同质化的乡村旅游项目带动当地经济发展和农民收入水平提高的作用正在逐渐减弱，并有可能在未来进一步对当地居民的幸福感、支持感产生负面影响。杨茗等（2021）的研究从旅游业对生态文明破坏的角度，阐释了旅游业发展对居民生活幸福感和旅游业发展支持度的消极影响。伴随着旅游业发展和知名度的提升，当游客数量超过当地的承载量时，就会造成生态环境的破坏。乡村生态环境的破坏会严重削弱居民对旅游业发展的支持度，并会导致居民生活幸福感下降，从而造成严重的民生问题。

1.4.3 国内外研究动态述评

综上所述，关于旅游发展与民生研究方面，国内外存在较大差异。国外注重旅游和福利、旅游和生活质量的研究以及旅游发展和社区响应的理论模型研究，研究成果较为成熟，呈现出多元化的研究体系。国内主要围绕旅游的民生特性、功能、效应等方面进行研究。

梳理国内外相关研究成果后发现，关于旅游与民生研究的发展动态主要有四点：第一，虽然国内外在旅游与民生研究方面涌现了大量的研究成果，但多集中在理论或宏观层面的学术探讨上，概述性虽高却不能落地，不够具体，且实际操作性不强；第二，国内研究主要针对旅游业发达或旅游业成熟地区，欠发达或民族地区的研究相对薄弱；第三，多数研究理论滞后于实践，在实践成熟后才做相关理论的探析；第四，就如何协调好旅游发展与民生改善的机制和有效路径尚未达成共识。民生问题是当前我国政府和社会关注的焦点，因此，需要加强旅游民生效应特别是实证分析方面的研究，揭示旅游发展与民生改善的内在逻辑关系，寻求旅游民生效应提升的有效途径，推动民生效应研究向纵深发展。

1.5 研究的技术路线与方法

1.5.1 技术路线

根据本研究目标,将准备采取的调查研究法具体步骤及需要解决的关键性问题绘制成技术路线图(见图1-1),详细说明本研究的实施步骤及基本思路。

1.5.2 研究方法

本研究利用问卷调查和访谈等具体实用方法,采用实证与规范分析相结合、定量与定性分析相结合的研究方法,对研究对象现状进行实地调查,从正、反两个层面系统分析存在的问题,得出合理、可行、科学的解决措施与办法。

本研究采用国内外旅游发展与民生相关理论模型和指标评价体系,使研究结论更具科学性、合理性。

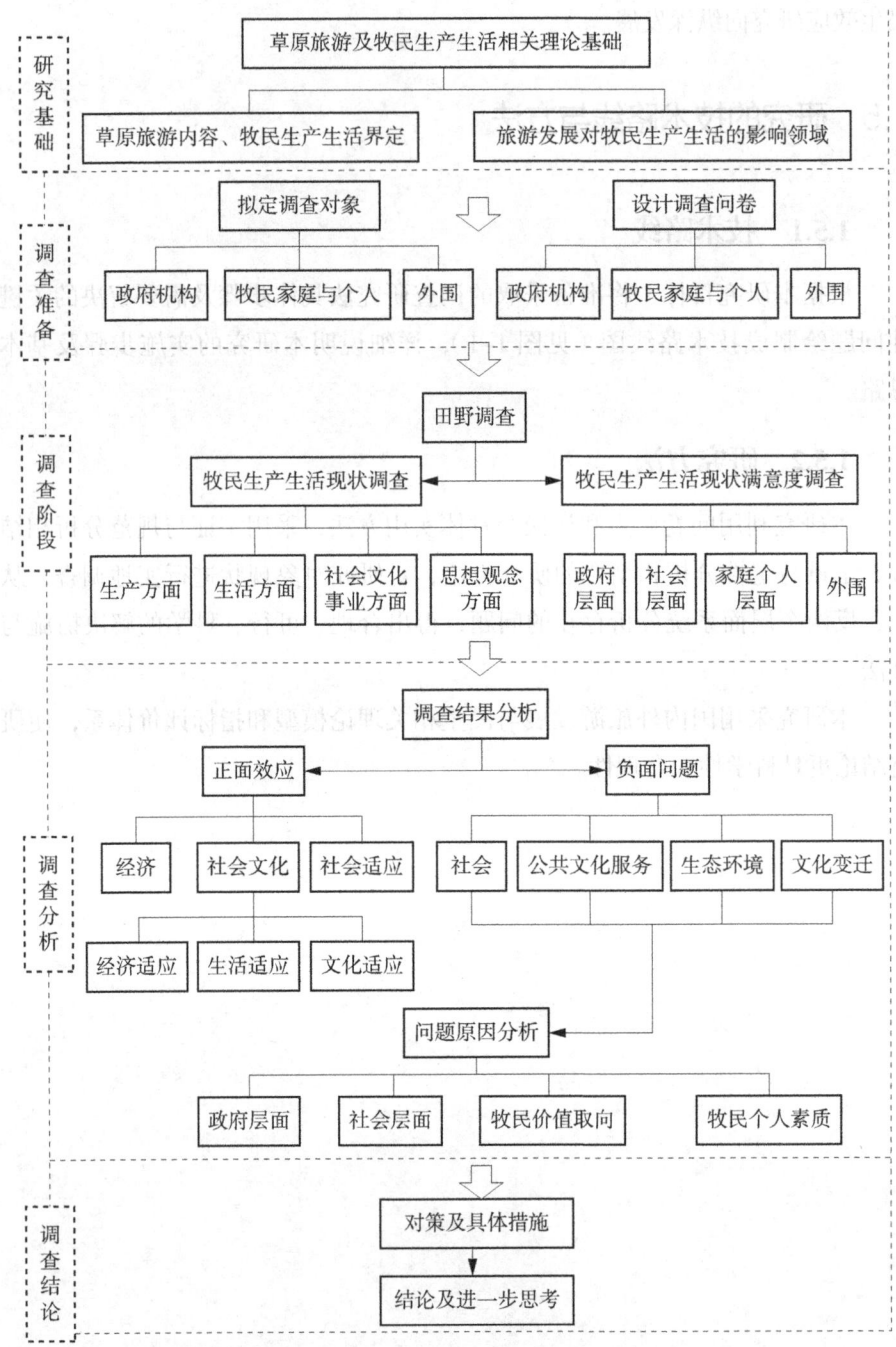

图 1-1　技术路线

2 青海牧区经济社会发展与草原旅游业现状分析

近年来,青海旅游业发展迅猛,特别是牧区旅游业。草原旅游的发展使牧民从传统单一的生产生活方式向新型牧业、多元经济结构、现代生活方式等方向转变。本章主要通过统计数据介绍青海草原旅游的发展情况及青海牧民生产生活情况。

2.1 青海牧区社会发展现状

2.1.1 青海牧区生产资料现状

青海总面积71.75万平方千米,占全国陆地总面积的7.5%,作为中国土地面积排名第四的省份,仅次于内蒙古、西藏和新疆,土地资源较为丰富。青海地广人稀,海拔较高,地形地貌较为复杂,空气稀薄、降水较少,土地资源无法得到充分利用。

青海虽土地辽阔,但是利用率不高。自古以来,勤劳的青海人就在这片土地上发展畜牧业和农业,进行生产与生活。人口的不断增加、农业和畜牧业的逐步发展更替、各种战争的频繁发生、人们对各种森林资源的过度使用等一系列行为都使青海有限的森林被极大地破坏。

特别是在汉、唐、宋、明、清时期,为了地区的稳定和固守,青海历代先民移民定居、发展农业、过度利用森林和草原资源,这些都对森林和草原环境造成了极大的破坏,最终影响了生活和生产环境。到了清朝末年,马步芳家族统治下的青海境内,森林被破坏得消失殆尽。除了森林自身资源被浪费和毁坏之外,还带来了严重的水土流失和土地荒漠化问题,水土保持能力下降和土地沙化趋势发展都导致了生态环境的进一步恶化，形成"童山濯濯、荒地千里、一望无垠"的惊人景象。为了找出青海省土地资源利用的不足之处，本课题组查阅统计年鉴等相关资料，总结出青海省土地资源的利用情况，见表2-1。

表2-1　青海省土地资源利用情况

类型	耕地	林地	园地	草地	工矿用地	交通用地	水域	未利用土地	合计
面积/万公顷	68.80	243.64	0.64	4034.36	22.98	4.39	315.88	2484.11	7174.80
占比/%	0.96	3.40	0.01	56.23	0.32	0.06	4.40	34.62	100.00

资料来源：2021年《青海统计年鉴》。

由表2-1可以看出，青海省的耕地利用面积较小，仅占全省总面积的0.96%；林地面积仅有3.40%；草地面积最广阔，占全省总面积的56.23%，达到了4034.36万公顷。青海省还有34.62%的土地面积因自然气候原因没有得到开发和利用，其中包括冰川、裸岩等地貌。基于统计资料和其他学者的研究，总结青海省土地资源利用情况如下。

（1）土地资源丰富，畜牧业草场面积大

青海省域绝大部分位于青藏高原，天然草原面积大，是我国天然草原保有量最多的省份之一。96.0%的省域面积为牧区，其中，可利用牧草地面积占青海省土地总面积的56.2%。从土地资源利用现状及结构特点来看，青海省属于畜牧业用地面积大、农业用地面积小、林地面积占比少的地区。青海省地域辽阔、多山多草原，畜牧业用地面积广阔、草场质量佳，这在一定程度上保证了青海省畜牧业的快速发展。

作为我国五大牧场之一，青海省的草牧业较为发达，草场面积广阔。由于特殊的自然环境和较低的温度，适合在青海省生长的粮食种类较少，加之地势原因，适合耕种的土地也较少，这就造成青海省在土地资源利用方面，牧业用地多，其占比超过一半，农业和其他用地较少。青海省草地总面积达到了4034.36万公顷，占青海省总面积的56.23%；而耕地面积仅为68.80万公顷，林地面积为243.64万公顷，耕地面积和林地面积占青海省总面积比例之和为4.36%。三者面积悬殊，这与青海省的高原地理位置有关，其他植物生长较困难，除去冰川、湖泊等无法生长草的地方，其他各个地方都适合生长草。此外，青海省工矿、交通用地等人为开发用地较少（其中，工矿用地为22.98万公顷，仅占青海省总面积的0.32%），主要原因是青海省生态环境脆弱，大面积地人工开发用地造成了生态环境的严重失衡，影响了青海省的可持续发展。采矿业对环境的破坏相当严重，因此，青海省对采矿业等资源型产业进行了严格的管控。此外，由于青海省人口较少，对道路的需求较小，对其他土地资源的利用也较少。因此，青海省土地资源利用的特点为对牧业土地的利用较多、对其他土地的利用较少。

海北藏族自治州（以下简称"海北州"）有辽阔的天然牧场，有青海省最大的金银滩草原，草原旅游业发达。海北州总面积3.44万平方千米，天然草场面积3972万亩（1亩≈666.67平方米），占海北州总面积的76.98%，其中，可利用草场面积3492万亩，占天然草场面积的87.92%，冬春季草场面积1740万亩、夏季草场面积1752万亩，农作物播种面积63.2万亩。海北州草场类型齐全，山地干草原草场、高寒干草原草场、高寒草甸草场、草原荒漠草场及附带草场遍及州内各个牧区。其中，占海北州草场面积76.2%的高寒草甸草场是该州最好的草场资源场，面积为3026.53万亩，平均每亩生产鲜草143.05千克。因此，海北州牧民收入来源以传统畜牧业为主，几乎都饲养牛羊。海南藏族自治州（以下简称"海南州"）总面积4.6万平方千米，牧业用地（包括天然草场、人工草场、饲草饲料地）面积较大，有35045.2平方千米，占该州总面积的76.19%。果洛藏族自治州（以下简称"果洛州"）作为青海省重要的草地畜牧业生产基地，可利用草场面积约8860万亩，以高山草甸植被为主，占该州总面积的71%。果洛州牧养着牦牛、藏羊等特有古老品种，久治牦牛、甘德牦牛、玛多藏羊已成功获得国家地理标志产品保护。果洛州生态农牧业有序发展，着力塑造畜产品"金名片"，规模性生态农牧业产业化项目乡镇覆盖面达91%，村级覆盖面达61%。黄南藏族自治州（以下简称"黄南州"）可利用草原面积有2454.6万亩，当地的雪多牦牛借助抖音声名鹊起，特色畜产品实现线上、线下销售双增长，生态有机畜牧业成为该州的"金字招牌"。

（2）土地利用欠规划，退化严重

青海省生态系统极为脆弱，在利用土地资源时，由于缺乏科学合理的规划，土地资源占用、破坏和退化严重。以前，人们对于耕地的占用取决于是否满足现有人口的需要，人口增加就开垦新的耕地满足新增人口的粮食需求，然而盲目开垦耕地忽略了土地的现有承载力，使得土地肥力下降，导致土地盐碱化、沙漠化加剧。不当的耕作方式，工业"三废"、化肥农药以及酸雨的污染，进一步加剧了这种耕地破坏，加之地方政府长期缺乏对土地的宏观调控和规划管理，使浪费耕地资源的微观行为无法得到有效抑制。非农建设和农业内部结构调整对耕地的过多占用也会导致耕地面积急剧减少。譬如，某些单位在经济利益的驱动下，对土地采取多征少用、早征晚用，甚至征而不用的方式，这些以经济利益为唯一动机的投机行为造成了土地的严重浪费。近年来，各地盲目建立不同类型、不同级别的开发区，对耕地的大量占用已经成为浪费土地的新形式，而造成上述问题的根本原因，除自然条件的制约外，还有长期落后、以牺牲土地资源数量和综合生产能力为代价的土地利用方式，因此，肆意掠夺开发、粗放管理、低效浪费、破坏生态下的发展注定是不可持续的。

由于降水稀少、温度较低等，青海省植被覆盖率较低。加之近年来，人口增多，开发力度加大，本就较少的植被进一步遭到破坏。虽然新建成的国家级湿地公园和森林公园都是为了防止植被进一步被破坏，但是由于青海省生态环境极为脆弱，植被破坏使土地盐碱化、荒漠化等环境问题较为严重。

青海在全国已属于一个典型的荒漠化侵蚀严重的省份，被人们誉为"青藏高原蓝宝石"的青海湖也面临着日益严重的沙漠化威胁。有专家预测，如果生态环境得不到有效治理，平均深度为18米的青海湖将在200年后不复存在。青海省海晏县沙岛景区在2016年响应国家生态文明发展理念，将景区关闭，不再接待游客。以青海湖周边地区最大的沙区——海晏县滨湖沙区为例，其范围覆盖了海晏县内甘子河、托勒、青海湖三个乡的大部分草原，滨湖沙区的沙漠化面积逐年扩大的趋势仍在继续，每年都有一定面积的草地变成固定沙丘和流动沙丘。因此，青海省的土地资源正面临着荒漠化的潜在危机，土地治理刻不容缓。

（3）草场广阔，但产出低效

草地是青海省最主要的陆地类型，其中，以青南地区的玉树、果洛两州以及海西蒙古族藏族自治州（以下简称"海西州"）为主要分布地区，其地域面积分别为 1541.30 万公顷、653.88 万公顷及 1044.34 万公顷，占青海省草地总面积的 80%。虽然青海省草原面积广阔，但在草原上的产出较少，一是由于草地质量不够好，生态承载能力和畜牧承载能力比较脆弱，每年适合草地放牧的时间最多 6 个月，而进入秋冬之后的冷季有载畜能力的草场更是极其稀缺；二是以逐水草而居为主的游牧方式造成其畜牧生产力比全国平均水平低，每公顷草原牲畜的产量是新疆、内蒙古的 1/3 左右。从牧民的角度来看，其拥有的草场面积虽大，但是养牛羊数量较少，同时年收益也比较低，大多数牧民拥有上百亩草场，养殖绵羊才几十只。据牧民反映，草场鼠疫等灾害严重，草场质量较前几年下滑严重，以致牛羊越养越少。相邻省份的甘肃、宁夏，100 亩草场可以养活 40~60 头牛；而青海省大部分人家里 200 多亩草场才养 50 头牛，产出极其低效。

（4）牧业生产成本不断增加、劳动力缺乏

随着经济的发展，劳动力成本不断上涨、畜牧饲料价格持续走高，我国畜牧业发展成本越来越高，青海省畜牧业发展问题更加突出，不仅面临畜牧业规模扩大的投资贷款获取困难问题，也面临劳动力成本及畜牧饲料价格持续走高等问题，这些问题都不利于提高青海省畜牧产业的竞争力。

从当前现状来看，青海省天然草地面积占全国天然草地面积的一半以上，牦牛存栏量为全世界耗牛存栏量的 1/3，藏羊存栏量居全国首位，牧业产值占第一产业产值的一半以上。但青海牧区畜牧业发展产业化面临困难。据调查，牧区牧民在建设牛场过程中，平均每头牛的固定资产投资为 1 万元，购买 1 头牛的成本为 1.5 万~1.8 万元，建设年出栏 300~500 头育肥牛的适度规模的养殖场需要约 50 万元的资金投入。牧民普遍面临着资金来源渠道单一、贷款获取困难等融资问题，这直接影响养牛扩大再生产量，且不利于获取规模经济效益。

众所周知，牧业生产耗时、费力，随着越来越多的年轻人进城发展，青海牧区劳动力短缺对畜牧业的影响普遍显现，牧区缺少劳力、生产成本增加的矛盾也越发凸显。此外，畜牧业属于劳动密集型产业，劳动强度大，很多工作机械难以代替，因此，对劳动力依赖性较强。但近年来，随着城市化的快速推进及制造业和服务业的发展，吸引了大量牧区素质较高的劳动力转移到第二、第三产业部门，导致从事畜牧业的劳动力不足。

（5）饲草料等生产资料费用逐年升高

近年来，青海牧民放牧方式发生较大改变，以前的靠天养畜"逐水草而居"的游牧生活方式逐渐被"夏季放牧，冬季舍饲"的生产方式取代，大部分农牧民家中配套有暖圈、饲料微贮池。但这种生产方式在无形中增加了牧民的生产成本。青海大部分牧区都是天然草场，饲草料无保障，牧民只能通过以畜换草、以劳换草、外购等方式发展畜牧养殖，在这过程中产生的运草费、打草费、人工费等增加了牧民定居后的生活开支，在一定程度上制约了牧民的扩大生产。

近年来，青海省先后实施城镇保障性住房政策、游牧民定居工程、农村危房改造工程，创新城镇化发展思路，大力推动基本公共服务均等化，加大城乡公共服务建设以及建筑领域新能源利用和新产业培育力度，更好地解决城乡居民住房和相应的基础设施问题。尤其是游牧民定居工程的实施，对于青海牧区牧民住房条件的改善和相应基础设施的完善发挥着显著作用。

青海省草原旅游的发展，不仅能充分利用草场资源和文化资源，优化草场资源配置，促进青海牧区产业的多元化发展和结构优化，增加牧区牧民收入，还能进一步改善牧区牧民生产生活方式，尤其是居住方式，在一定程度上改善了牧区牧民的住房条件，提高了牧民的生活水平。因此，草原旅游业的发展对青海牧区牧民民生问题的解决具有明显的促进作用。

2.1.2 青海牧区人口现状

青海省是少数民族聚居地，在省内少数民族结构中，除藏族、回族和蒙古族外，还有其特有的少数民族如土族，呈现出各民族大杂居和小聚居的分布特点。

（1）人口总量少，区域分布不均匀

截至2020年末，青海省户籍人口有592.79万人，仅占全国人口比重的4.20%。青海省各市州人口分布极不均匀，土地面积最小的西宁市居住着全省42%左右的人口，全省人口明显向东部两个较为发达的城市聚集，各个自治州呈现出显著的地广人稀特征,具体数据见表 2-2。

表 2-2　2020 年青海省及其各市州人口数量情况　　　单位:万人

地区	第六次全国人口普查常住人口	第七次全国人口普查常住人口	2020 年常住人口
青海省	563	592	608
西宁市	221	247	239
海东市	140	136	149
海西州	49	47	52
海南州	44	45	48
玉树州	38	43	42
黄南州	26	28	28
海北州	27	27	28
果洛州	18	22	21

资料来源:第六次、第七次全国人口普查数据。

(2)人口总量增长趋势较为平稳,高于全国人口自然增长率水平

近年来,青海省人口数量增长趋势较为平稳,人口自然增长率最高年份 2017 年为 9.52‰,最低年份 2020 年为 6.49‰,其他各年人口自然增长率均为 8.00‰左右,明显高于全国近年来人口自然增长率,如图 2-1 所示。

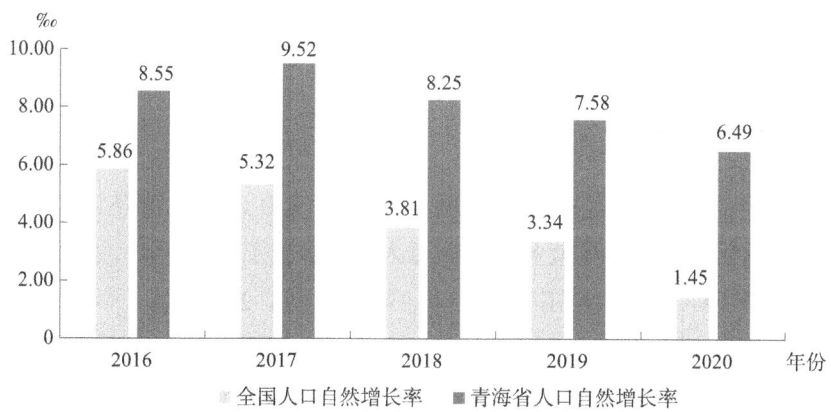

图 2-1　2016—2020 年青海省与全国人口自然增长率对比

（3）少数民族数量占比大

除汉族以外，青海省民族结构主要包括藏族、回族、土族、撒拉族、蒙古族和其他少数民族，如图2-2所示。

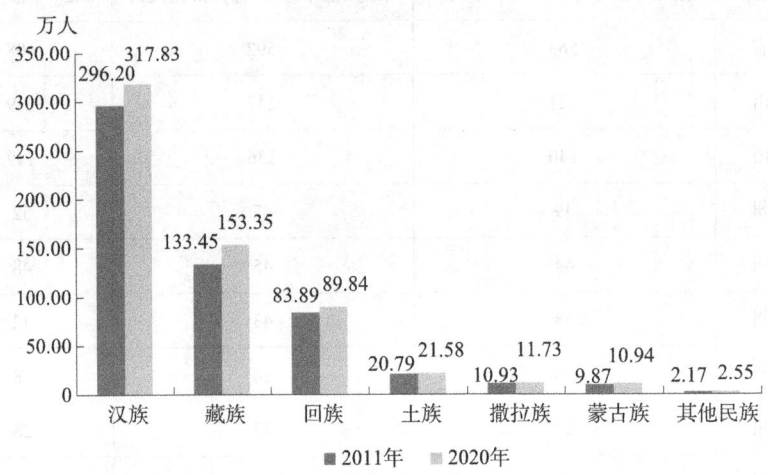

图2-2　2011年和2020年青海省各民族人口数量

2011年，青海省民族人口结构分布中，藏族人口占比较大，为23.95%；其次是回族，占比为15.05%；土族、撒拉族和蒙古族占比分别为3.73%、1.96%与1.77%。2020年，青海省常住人口607.82万人，少数民族人口总数为289.99万人，占全省总人口的47.71%。由图2-2可知，2020年，青海省民族人口结构分布中，藏族人口占比较大，为25.23%；其次是回族，占比为14.78%；土族、撒拉族和蒙古族占比分别为3.55%、1.93%与1.80%，与10年前相比变化不大。

2.1.3　青海牧民就业现状

2020年末，青海省城镇新增就业人员6.19万人，城镇登记失业率为2.1%。农牧区劳动力转移就业111.58万人次。农民工94.2万人，比上年增加1.2万人，其中，外出农民工66.0万人，本地农民工28.2万人。

分析青海省当前的就业情况，并结合当前的就业政策，研究青海省就业发展情况，包括服务业的发展、创新创业的发展、中小企业自身的发展和带动劳动力就业的情况。

（1）就业总量持续增长，就业结构不断优化

改革开放以来，青海省就业实现质量和数量的双重增长，1978—2018年累计实现总就业182.2万人，保持年均4.6万人就业的良好态势。自1978年以来，青海省针对就业问题多次进行效果评估，并实行制度改革，与市场接轨的就业政策体系逐步形成，就业总量也从1978年的144.7万人增加到2018年的333.1万人，40年的时间就业总量实现了1.3倍的增加，年均增长4.71万人。

在城镇就业方面，近年来，青海省城镇新增就业年均超过6万人，城镇登记失业率始终保持在3.5%以下的较低水平。随着就业总量的增加，青海省的就业结构不断得到优化。其中，第一产业就业人数所占比重有了明显下降，第二产业从业人员数量变化平稳，第三产业就业人数的比重实现了很大程度提高。1978年，青海省三次产业就业人员构成比例为71.3∶18.3∶10.4；到2017年，青海省三次产业就业人员构成比例已发展为35∶22∶43。

（2）农牧民转移就业人数屡创历史新高

除三次产业就业外，青海农牧民转移就业人数也屡创历史新高。青海省农牧业人口约占全省总人口的56%，藏区占比超过90%。为推动农牧民增收致富，青海省坚持实施"易地转移输出和就近就地转移就业并举"的工作思路，相关成效明显。到2017年底，青海省已累计转移农牧区富余劳动力577万人次，年均超过115万人次；相关人均劳务收入从改革开放前的不足50元增加到2017年的2645元，增长了近52倍，农牧民劳动获得感持续增强。截至2020年底，青海省已实现高校毕业生就业率89.7%、农牧区非农就业转移113.9万人、城镇地区新增就业6.2万人以及城乡劳动力累计培训9.46万人，从总体趋势上看，青海省就业规模不断扩大，就业岗位也逐步增多。与此同时，青海省在2020年的城镇登记失业率仅为3%，在就业市场越来越强劲的同时失业率仍然很低。

（3）服务业发展迅速，拓展了新的就业机会和领域

现阶段，吸纳大量劳动力资源、促进劳动力就业创业以及改善社会民生的一个重要平台就是服务业。服务业的具体发展水平及其在经济结构中所占比重是衡量一个地区现代化程度十分重要的指标。

有关调查结果显示，青海省的服务业在"十三五"期间共计新增就业人

数 33.3 万人，相对第二、第三产业，新增就业人数占 65.7% 的比重，同时，青海省还在服务业领域完成了 2184 亿元的固定资产投资，年均增长 31%。尤其是家庭服务行业正在逐渐成为服务业的"主力军"，从 2019 年的数据来看，家庭服务行业无论是法人营业面积、经营收入，还是从业人数，都较上年有一定的增长，特别是实现了 138.01% 的资产收入增长和 98.67% 的经营收入增长。而在家庭服务行业中，家庭保洁服务、其他家庭服务和居家养老三项又以 63.7% 的比例占据了相对较高的就业比重。

近年来，青海省将服务业放在现代产业体系的主导位置，并将其提到战略全局的高度，主要是利用服务业发展调整不平衡的产业结构和转变落后的发展方式，在增加资金投入的同时出台相关政策促进服务业发展，在维护社会公平的前提下增加就业机会、发展公益性服务事业，从而不断提高社会满意度和发展水平。

"十三五"以来，青海省服务业发展成就显著，增加值、企业数量、从业人数等指标都呈现出持续增长的状态，带动经济年均近 5% 的增长率。目前，服务业已成为青海省改善民生的重要手段、吸引就业的重要渠道、地方财政收入的重要来源以及推动经济社会又好又快发展的关键引擎和助推器。

（4）就业创业活动丰富，转移就业人数稳步提升

"十三五"以来，青海省在新型城镇化建设和户籍制度改革的基础上，积极推进农村剩余劳动力的就业转移，大力支持农牧区劳动力向第二、第三产业就近转移。此外，青海省还强调要加强不同地区在省际和区际层面的就业合作，努力提升转移就业的组织化程度并积极推进区域间的就业转移。对本土品牌进行资金扶持，巩固和提升"拉面经济""枸杞采摘""热贡艺术"等品牌成果，培育和打造一批如"金秋采棉""就业援助月""春风行动""青海省创新创业大赛暨创业成果展"等新型劳务品牌，逐步加大扶持奖励力度。

青海省多次召开以"拉面经济"为主题的工作推广会，开展拉面产业的各项宣传推广活动，开设拉面行业的管理人员培训班，在一定程度上提升了农牧区劳动力的就业创业能力。截至 2019 年，青海省少数民族群众在全球范围内开办的拉面店数量已达 3 万多家，同时带动近 20 万个就业岗位，可产生年营业收入 200 亿元左右，其中，仅员工的工资支出一项就接近 70 亿元。与此

同时，为促进农牧区劳动力有序转移，青海省每年还会举办"枸杞采摘"劳动对接活动，给农牧区带来转移就业机会 10 万余名及人均就业收入 1.7 万元以上。以"促进转移就业，助力脱贫攻坚"为主题的"春风行动"，着重关注有强烈就业意愿的各类城市和农村劳工组织与劳动群体以及有着建档立卡身份的就业人员及用人单位，并提供相应的就业援助，同时，针对这类服务对象开展更有效可行的公共就业服务。此外，青海省各部门还组织开展了"就业援助月""民营企业招聘周"等一系列专项公共就业服务活动，为高校毕业生、就业困难群众以及农牧区劳动者等有就业需求的民众搭建求职平台。截至 2020 年，青海省已经举办专项招聘会 232 场，累计提供就业岗位 85000 多个。与此同时，青海省政府和社会公益组织还对各类劳动者开展有针对性的技能培训，包括就业困难人员、农民工等重点群体，目的是帮助其在掌握技能的前提下实现高质量就业。截至 2019 年 8 月底，青海省的相关就业扶持活动已累计培训城乡职工 6.35 万人。

2.1.4 青海牧区教育资源现状

教育是最重要的民生事业之一，是一个国家和民族素质提升的重要途径，是提高人力资本的重要手段，是一项能够获得永久性收益的投资。近些年，随着西部大开发和青海省政府对教育的高度重视，青海牧区教育资金投入逐年增加，教育变革力度逐年加大，国家财政性资金和地区财政预算经费较大比例倾向牧区教育部门，特别是对义务教育阶段经费投入的增加成为促进牧区教育发展的重要措施。

（1）办学条件明显改善

近年来，青海牧区小学、初中、高中的硬件教学设施更加完备，体育场馆、实验器材配备更加齐全，办学条件明显改善，具体情况如下。第一，校舍面积逐步扩大。2020 年，普通小学校舍建筑面积 446.35 万平方米，较上年增加 4.84%；初中校舍建筑面积 357.23 万平方米，较上年增加 3.81%；高中校舍建筑面积 268.79 万平方米，较上年增加 18.66 万平方米。第二，电子仪器设备方面。2020 年，普通小学生人均仪器设备值为 1211 元，较上年增加了 84 元，每百名学生拥有教学电脑 11.86 台，较上年增加了 0.2 台；初中生人均仪器设备值 2340 元，每百名学生拥有教学电脑 17 台；高中生人均仪器设备值3476元，较上年增加219元。第三，体育达标率、音乐及实验器材配备方面。2020年，小学运动场区达标的学校占88.37%，配备了体育器材的学校占93.43%，配备了艺术设备的学校占93.02%，配备了音乐器材的学校占91.38%，配备了数学和自然实验仪器的学校占92.34%；初中运动场区达标的学校占89.81%，体育设施设备达标的学校占89.81%，配备了音乐器材的学校占95.85%，配备了艺术设备的学校占94.72%，并且95.09%的学校配备了科学实验器材；普通高中体育场馆面积达到标准的学校占84.76%，配备了体育器材的学校占88.57%，配备了音乐器材的学校占83.81%，配备了艺术设备的学校占85.71%，配备了科学仪器及实验设备的学校占83.00%。

（2）师资队伍增长明显

青海省各教学阶段的师资队伍不断扩大，教师队伍素质过硬，教育发展水平不断提升。第一，各教学阶段教师队伍不断扩大。据统计，2020年，青海省幼儿园专任教师11502人，较上年增加8%左右；小学专任教师27483人，较上年增加0.6%；初中专任教师16362人，较上年增加2%左右；普通高校教职工7046人，专任教师4746人，专任教师占教职工总数的67.36%。第二，各教学阶段专任教师合格率较高。2020年，小学阶段专任教师合格率为99.95%，其中，专科以上学历专任教师占96.80%；初中阶段专任教师合格率为99.78%，其中，全日制本科以上学历专任教师占85.03%；高中阶段专任教师合格率为96.56%。总体上看，青海省各教学阶段师资队伍不断壮大，教师队伍素质不断提升，教育发展水平得到显著提升。

（3）牧区教育经费投入区域差距较大

近年来，青海省教育经费投入进一步增长且速度较快。2019年，青海省教育投资总额占地区生产总值的9%，比上年教育投资额增长8.4%。其中，国家财政性教育经费占青海省教育投资总额的90%以上，且比上年财政性教育经费增长了11.16%。2019年，青海省投资22.1亿元在牧区的教育上，用于改善教育落后牧区的办学条件。其中，7亿元基本条件改善资金投入贫困地区义务教育薄弱学校，1亿元推进项目资金投入农村学前教育，0.5亿元投入普通高中建设项目，1亿元作为农牧区中等职业学校建设资金，5.5亿元作为义务教育阶段中小学公用经费，2.55亿元作为农村义务教育阶段学生营养改善计划经费，0.7亿元作为中等职业教育投资资金。农村义务教育阶段，青海省在校学生公用经费资助标准为每生每年 500~900 元,学生取暖补助达到每生每年 80~160 元;对农村牧区不含县域学校的学生,补助标准为每生每年 1500 元,补助覆盖面达到 30%。

由于青海省域面积广阔,各市州发展水平不尽一致,地方教育业水平也表现出显著的区域差距。据调查,如海北州海晏县和海南州共和县的教育水平与省会西宁市以及东部的海东市相去甚远。并且,由于地方州县经济发展落后,地方财政对教育经费的支持力度薄弱,仅仅靠中央财政支持,但有限的财政教育经费只能勉强发放教职员工工资和提供给学生补助经费,维持学校正常运转,不能显著地促进地方州县学校教学设备更新改进。

(4)牧区部分学校教学用房和辅助用房不足

近年来,虽然青海省经济发展水平逐步提高,但城乡之间的差距并没有缩小,特别是在教育发展水平方面,广大乡村仍面临教育资源不足的问题,尤其是在教学硬件设施上,部分乡村学校面临教学辅助用房不足等问题。经调查分析,由于各州县地方财政有限,教育经费主要来自国家财政教育经费,各级政府和教育部门为了快速发展好当地教育,只将有限的教育资源投入少部分优质学校,使大多数先天基础设施较差的学校更加难以办学。随着城市化进程的推进,农村适龄儿童上学率下降,牧区学校办学规模逐渐缩小且分散在广阔的牧区上,加之大部分校舍年久失修,导致教育基础设施严重不足,教育资源的整合较为困难。

2.1.5 青海牧区生产方式现状

受传统经济模式、地理区位、自然条件等因素的制约,青海省农牧区生产方式与乡村振兴战略提倡的"产业兴旺、生态宜居、乡风文明、治理有效、生活富裕"理念尚有一定的差距,制约了牧区传统畜牧业向现代化转变的进程与牧区生产力的提高。近年来,随着农牧业供给侧结构性改革的推进以及"脱贫攻坚战"的努力,青海牧区的生产方式逐渐发生变化,从农牧民单一的种植、养殖、生态看护向生态生产生活的良性循环转变。

以草地畜牧业为主的生产活动是青海农牧民主要的生产方式。但是,受自然条件、经济发展、教育发展等多重因素的影响,相比国内其他地区,青海牧区传统生产方式可以总结为 10 个特征。

（1）生产方式以粗放型为主，对自然环境依赖度高

在自然环境的极大影响下，牧区牧民长期以来保持着最原始的放牧方式，单一且缺乏多样化，大部分地区以家庭为单位从事粗放型的牧业经营，规模化不足且专业化水平低，农畜产品缺乏深加工、附加值，农牧民收益水平的提高受到限制，进而导致青海牧区的农牧业发展整体较慢。同时，青海牧区大部分位于青藏高原，农牧业的发展对自然环境的依赖性强，加之青海牧区面积广阔，省内各个农牧区在经济、社会、历史方面存在较大差异，致使青海各牧区面临发展不平衡的问题，直接影响农牧区生产生活方式的转变。

（2）牧民受"小农经济"思想影响，经营理念保守

受自然、历史和区位因素的制约，青海长期以来经济水平较为落后，自给自足的小农经济在牧区普遍存在，农牧民长期生活在封闭的环境中，从事农牧业生产经营，较少接触外界文化知识，缺乏改变自身生活现状的意识，更缺乏外出就业或自主创业的勇气和胆识。《中国人力资本报告2016》显示，改革开放以来，青海省农村人力资本增长率全国排名倒数第二。自2011年以来，在"上手快，易就业"的技能培训原则指导下，青海省每年培训农牧区劳动力近8万人，通过汽车驾驶、唐卡制作、汽车修理、石碑雕刻等技能培训，农牧区劳动力非农就业率达到75%。但是，针对牧区农牧民的技能培训仅仅为农牧民提供了技术上的支持，农牧民普遍缺乏对市场经济的了解，如农畜产品的定价、销售，投资资金的获取，导致农牧民在农畜产品的生产经营方面一直保持着传统形式，农畜产品以初级产品为主，缺乏深加工，经营效益低下。另外，农牧民的市场竞争意识不强，品牌意识弱，严重制约了农牧民的农畜产品生产经营。近年来，从事农畜产品生产经营的农牧民年龄结构分化明显，由于交通、通信等技术的进步，很多受教育程度和素质较高的青年劳动力外出打工，未接受适合当地就业的职业技能培训机会；而处于中年阶段的农牧民因受教育水平低，学习新知识、接受新事物的能力不高，参与职业技能培训的意愿薄弱；处于老年阶段的农牧民劳动力受传统生产经营观念的束缚，一直沿袭着传统的生产模式，以原始经营方式为主，接受现代职业技能培训的意愿非常薄弱。

（3）受区域条件限制，产业发展方式单一落后

从土地资源利用现状及结构特点来看，青海省属于畜牧业用地面积大、

农业用地面积小、林地面积占比少的地区。但青海自然条件严酷，大部分牧区牧草生长期短，草地沙化、荒漠化问题严重，加之雪灾、冰雹、干旱等自然灾害高发，适宜人类生产生活的空间较少，农牧业生产很大程度上受到自然环境的约束。

进入 21 世纪后，青海省政府积极推进青海畜牧业面向国内外市场，实行规模化和专业化的发展，整体上取得了比较明显的进步，但省内部分牧区畜牧产业发展滞后的问题并未得到改观。一是牧区牧民居住分散，导致农畜产品的生产较为分散，且生产活动单一，无法实现规模化、专业化的发展模式；并且，政府在农畜产品深加工、流通等环节资金投入不足，宣传不到位，导致农畜产品销售渠道过于狭窄、产品附加值不高，生产效益不显著。二是生产活动虽然单一，但是各个州县的农畜产品品种比较繁杂，畜产品出栏时间又大多集中在秋天，畜产品市场易受季节性影响，缺乏稳定性，难以形成品牌竞争力。如玉树藏族自治州（以下简称"玉树州"）部分牧区的藏羊肉、牦牛肉主要集中在秋季出栏，因而市场供给过多，市场价格降低，然而其他时节，市场又会出现畜产品供给短缺现象，价格涨落频繁，无法保持农牧民收入的稳定性。黄南州、海西州、海南州、果洛州及海北州部分牧区尽管这些年一直在大力推进有机畜牧业的建设，但至今仍未形成对农畜产品的深加工，仅仅停留在初级加工阶段，并不能实现区域畜牧业的产业化发展。

（4）畜牧业合作社等合作经济组织数量少，品牌发展力量薄弱

由于地理环境的影响，牧区农牧民大多分散居住、相对封闭，继承沿袭着传统单一的种植和养殖方式，以家庭为单位实行自给自足的生产生活方式，对于以大规模劳动分工和交换为典型特征的市场经济并没有太多接触，因而很少建立以分工合作为主要特征的农牧业合作社，即使存在，组织规模也相对较小，使农畜产品恶性价格竞争、产品同质化问题日益严重。

青海省畜产品的高质量众所周知，但由于缺乏品牌建设，畜产品的推广和升值都行进缓慢。即便是拥有自身品牌的生产经营者，对品牌的作用认识也不到位，仅仅将品牌作为区别其他品牌的标志，对绿色有机和质量安全并没有清晰的认识，增收效应不高。从已有文献可知，青海省在国家知识产权局商标局登记的农产品地理标志数量还未达到全国平均水平。截至 2020 年，青海省地理标志登记产品只占全国的 2.27%，这说明青海省对地理标志农产

品的优势以及机遇还未充分了解和挖掘，对畜产品地理标志注册登记重视程度较低。尤其是青海省还存在很多产品质量优秀但在全国范围知名度不高的特色产品，如天露乳业、青海湖乳业等。另外，青海省畜产品地理标志品牌登记笼统、种类单一，多数畜产品的登记只是"地理标志＋畜产品名称"。大多数人仍处于地理标志品牌的误区中，认为产品的知名度以及地域知名度的提高仅仅取决于地理标志品牌的成功申报，但是真正的地理标志产品品牌应该符合两点，一是具有明确的产品标志，二是执行严格的质量标准，不然只会导致农畜产品有品无牌、质高价低。

（5）技术装备水平落后，生产工具发展缓慢，生产力低下

青海牧区沿袭下来的传统畜牧业，是自给自足的小农经济模式，千百年来的生产方式都是人工放牧、人工耕作，缺乏现代生产设施和设备，物质装备水平不高。农牧业生产中频发的疫病等养殖风险无法利用科技手段避免和降低，吸收先进科学技术知识的能力弱。除此之外，对自然灾害的抵御能力和重大疫情防控能力不高，畜暖棚、饲草料等生产资料的储备不足，尚不能满足畜牧业发展的需要。

青海牧区农牧业技术推广体系基本处于"有钱养兵、无钱打仗"的被动局面。从管理和制度层面来看，畜产品质量安全管理问题突出，主要表现在三个方面，一是体制机制不健全，二是标准体系和质量检测体系不完善，三是行业标准不统一，这些都是制约畜牧业发展方式转变和综合生产能力提升的重要因素。

（6）青海牧区现代生产趋向绿色生态发展

对于青海来说，转变农牧区生产方式是一项长期艰巨的任务。自1978年以来，青海农牧区的经济增长速度迅速提升，基础设施得到明显改善，民生与社会事业取得显著进步，群众的生态保护意识明显增强，这些物质和思想成就的取得大大促进了农牧区生产方式向良性循环转变。乡村振兴战略实施以来，各级政府及广大牧民努力从保护生态、发展生产、改善生活的实践中，探索走出一条青海绿色崛起之路，努力实现牧民从单一的种植、养殖和生态看护向生态生产生活的良性循环。

格局决定命运，思路决定出路，只有转变思想观念，突破传统定式，才能开创一片新天地。如今，农牧民群众的生产生活方式发生了巨大转变，放

下牧羊鞭的牧民越来越多，农牧民纷纷成立有机畜牧业合作社实行牛羊圈养，这意味着农牧民的生产方式发生了巨大革新；还有很多农牧民结合当地资源禀赋，依托特色产业进行创业成为致富带头人。这些转变都源于农牧民思想观念的更新。

（7）合作经济发展迅速，现代农牧业经营模式加快形成

近年来，青海省大力发展畜牧业合作经济。2016年以来，青海省着力打造休闲观光农牧业基地10个，发展休闲农业与乡村旅游，推介休闲农牧业和美丽休闲乡村精品线路10条，打造都市农牧业、休闲农牧业、观光农牧业、创意农牧业、草地生态畜牧业等新兴业态。以特色优势农畜产品为依托，推进信息进村入户，发展订单农业，建立"企业＋基地＋农户"的利益联结机制。多元化的农牧业合作社组建方式、产业化的区域农牧业、开放化的合作区间、不断扩大的服务领域，积极推动了农牧业经济结构调整，加快了农牧业标准化进程和农牧民市场组织化进程。还有不断壮大的农牧业新型经营主体，不断涌现的新型职业农牧民，更加符合市场规律的经营模式，细化的社会分工，企业化的管理，市场化的运营，使得牧区农牧民更加积极地融入市场经济活动和现代社会，提高畜牧业的组织化和产业化水平。以黄南州泽库县拉格日生态畜牧业合作社和海西州天峻县梅陇生态畜牧业合作社为例，这两个合作社都通过实行以草地和牲畜入股、集体统一经营、用工按劳取酬、收益按股份分配的股份合作制经营模式，提高了自身畜牧产品的竞争力，在全国起到典型示范作用。

在调研过程中，课题组走访了河南县重点打造的生态合作社之一——黄南州河南县优甘宁镇德日隆村的生态畜牧业合作社。目前，该村的203户963人全部入股合作社，同时，村里以合作社名义在县城建起了铺面，以租赁、开店等形式帮助村民增收。该村通过合作社经营的方式，不仅提高了畜产品的销量，也解放了当地不少的劳动力，而解放出来的劳动力可以从事更多元化的产业，实实在在地增加牧民收益。

（8）生产资料建设成果显著，牧区生产更加便捷

自"十三五"规划实施以来，青海省农牧区交通、电网、水利和通信等基础设施的落后局面得到明显改善，农牧区各县城均通了高速公路，乡镇也被二级公路连通，农牧区乡村更是被硬化路覆盖且逐渐向牧场和田间延伸。

县域实现了大电网的全覆盖，乡镇实现宽带网络全覆盖，4G 移动网络基站持续在农牧区布点，牧区居民与外界沟通更加方便快捷。

基础设施的改善使得牧区原有的生产观念和生产方式受到冲击，部分地区的牧民逐渐将现代化生产工具（如摩托）运用到生产生活中，不仅如此，牧民的传统经营理念也逐渐发生变化，愿意对外联系、借鉴吸收外界先进经验和理念，为转变生产生活方式提供了新动能。

（9）"在保护中开发、在开发中保护"，持续推进有机畜牧业发展

青海省秉承"在保护中开发、在开发中保护"的理念，持续推进有机畜牧业发展，力争打响打亮"亚洲一流、青海最美"的生态草原金名片。牧区各级政府逐渐将畜牧业打造成当地的支柱产业，坚持用生态产业化的理念发展现代畜牧业，以园区促进产业集聚、集约、集群发展，使得原来单一的养殖朝着生态生产生活良性循环发展的方向转变。

随着生活质量不断提高，绿色食品消费逐渐受到关注。这一变化为传统畜牧业指明了一条出路，青海牧区的农畜产品生产经营应改变传统经营方式，通过打造有机畜牧业产业园、整合畜牧业生产经营合作社，走规模化道路；做好农畜产品的深加工，延长产业链，提高农畜产品的附加值，结合国内外市场需求，尝试走高端市场路线，实现更高的经济效益和社会效益。在保证县域经济增速不减的前提下，积极推进畜牧产业向低耗、环保、生态生产经营方式转变，以实现牧民增收与生态良性循环"双促双赢"。

（10）大力发展培训项目，打破传统单一劳动模式

随着三江源生态保护和建设一期工程、二期工程的实施，青海省坚持生态保护与改善民生、加快发展相结合，通过一系列生态保护、民生改善、绿色发展等政策的制定和落实，广大农牧民生产生活条件得到明显改善。据统计，2010—2020 年有近 10 万名牧民放下牧鞭转产创业，走向了保护生态和绿色发展奔小康的新征程。

织布、裁剪、缝补等符合牧区牧民价值观的民族工艺产业培训越来越多，缺少技能和知识的牧区剩余劳动力通过培训项目参与民族工艺产业，壮大了当地的民族手工艺产业队伍，打破了过去牧民只会放牧的单一劳动局面，不仅增加了当地牧民的收入，还潜移默化地转变了他们的生产方式。

2.2 青海牧区经济发展现状

2.2.1 青海牧区三次产业发展现状

产业结构是经济结构的基础和核心,直接关系到国民经济增长的速度和质量,同时关系到人民生活水平的优劣。实践证明,产业结构从低级向高级有序地升级、变迁,可以使该地区的居民生活水平得到较为明显的改善,产业结构布局和发展较为合理的地区居民生活水平普遍较高。因此,研究青海省三次产业的变迁历程与现状,并基于此定量研究其与居民生活水平的关联性,对于分析草原旅游发展下的青海牧民生产生活具有重要的理论依据和现实意义。

近年来,青海省综合经济实力显著增强,三次产业结构趋于合理。青海省三次产业结构由2011年的11.1∶40.4∶48.5转变为2020年的11.1∶38.1∶50.8。第一产业比重较为稳定,第二产业比重持续下降,第三产业比重不断上升。

从生产总值构成来看,2011—2020年,青海省第一产业占比相对稳定,比重维持在9.28%~11.12%;第二产业的占比总体上呈下降态势,由58.38%下降为38.04%,减少了20.34个百分点;第三产业占比由32.34%上升为50.84%,增加了18.50个百分点,如表2-3所示。

表2-3 2011—2020年青海省生产总值及构成

年份	生产总值/亿元	第一产业		第二产业		第三产业	
		产值/亿元	占比/%	产值/亿元	占比/%	产值/亿元	占比/%
2011	1670.44	155.08	9.28	975.18	58.38	540.18	32.34
2012	1893.50	176.90	9.34	1092.30	57.69	624.30	32.97
2013	2101.41	207.95	9.90	1198.01	57.01	695.45	33.09
2014	2303.91	215.93	9.37	1234.90	53.60	853.08	37.03
2015	2011.02	208.93	10.39	761.13	37.85	1040.96	51.76
2016	2258.19	221.19	9.80	867.68	38.42	1169.32	51.78
2017	2465.11	238.41	9.67	975.67	39.58	1251.03	50.75

续表

年份	生产总值/亿元	第一产业		第二产业		第三产业	
		产值/亿元	占比/%	产值/亿元	占比/%	产值/亿元	占比/%
2018	2748.00	268.10	9.76	1093.72	39.80	1386.18	50.44
2019	2941.07	301.90	10.26	1153.92	39.23	1485.25	50.50
2020	3005.92	334.30	11.12	1143.55	38.04	1528.07	50.84

资料来源：2012—2021年《青海统计年鉴》。

从三次产业对经济贡献率来看，第一产业贡献率由2011年的4.20%提升为2020年的7.36%；第二产业贡献率先降后升，总体呈下降趋势，由2011年的58.83%下降为2020年的39.37%；第三产业贡献率逐年上升，从2011年的36.97%上升为2020年的52.67%。三次产业在发展中实现了对经济增长的动能转换。

从劳动力就业构成来看，2011—2020年，青海省第一产业的劳动力就业比重由41%下降到32%，下降了9个百分点；第二产业的劳动力就业比重由23%下降到20%，下降了3个百分点；第三产业的劳动力就业比重由36%上升为48%，增加了12个百分点，如表2-4所示。这一变动趋势与配第-克拉克定理是相吻合的。

表2-4　2011—2020年青海省三次产业年末就业人数及比重

年份	就业人数/人	第一产业		第二产业		第三产业	
		就业人数/人	占比/%	就业人数/人	占比/%	就业人数/人	占比/%
2011	307.65	127.37	41	69.53	23	110.75	36
2012	309.18	121.82	39	73.89	24	113.47	37
2013	310.89	115.09	37	74.52	24	121.28	39
2014	314.21	116.60	37	72.80	23	124.81	40
2015	317.30	116.20	37	72.47	23	128.63	41
2016	321.41	115.09	36	73.93	23	132.39	41
2017	324.28	115.16	36	74.14	23	134.98	42
2018	326.97	114.79	35	73.28	22	138.90	43

续表

年份	就业人数/人	第一产业		第二产业		第三产业	
		就业人数/人	占比/%	就业人数/人	占比/%	就业人数/人	占比/%
2019	329.26	110.14	33	69.34	21	149.78	45
2020	330.20	105.40	32	67.34	20	157.46	48

资料来源：2012—2021年《青海统计年鉴》。

2011—2020年，西宁市经济持续增长，地区生产总值快速攀升。2011年，西宁市地区生产总值为770.70亿元，2020年增长至1373.00亿元，年均增长率为6.63%。2011—2015年，西宁市地区生产总值增长速度较快，年均增长率达10.08%。2016—2020年，西宁市地区生产总值增长速度放缓，年均增长率为3.94%。海东市经济持续向好发展，生产总值不断攀升，但人均地区生产总值仍处于较低水平。2011年，海东市地区生产总值为219.37亿元，2020年增长至514.60亿元，年均增长率为9.94%。2011—2020年，海北州地区生产总值呈现波浪式发展的特点，但总体较为稳定，维持在77.89亿~112.25亿元。2020年，海北州地区生产总值95.10亿元。2011年，黄南州地区生产总值48.40亿元，2020年增至109.40亿元，年均增长率为9.48%。2011—2020年，海南州地区生产总值呈现上升趋势。2011年，海南州地区生产总值82.65亿元，2020年增至181.50亿元，年均增长率为9.14%。2011—2020年，果洛州地区生产总值呈现上升趋势，但仍处于较低水平。2011年，果洛州地区生产总值26.14亿元，2020年增至48.90亿元，年均增长率为7.21%。2011—2020年，玉树州地区生产总值呈现先上升再下降再上升的特点，但仍处于较低水平。2011—2020年，玉树州地区生产总值从2011年的40.20亿元，增长至2020年的63.60亿元。2018年，玉树州地区生产总值降至53.61亿元，2019年增至59.82亿元，2020年增至63.60亿元。十几年来，海西州地区生产总值呈现波浪式变化的特点。2011—2013年，海西州地区生产总值不断攀升。2013—2015年，海西州地区生产总值持续下降。2016—2019年，海西州地区生产总值从486.96亿元增至666.20亿元。2020年，海西州地区生产总值为619.90亿元，按可比价格计算，比上年下降2.1%（如表2-5所示）。

表 2-5　2011—2020 年青海省各地区三次产业产值　　　　单位：亿元

地区	指标	2011年	2012年	2013年	2014年	2015年	2016年	2017年	2018年	2019年	2020年
西宁市	第一产业	27.41	31.17	36.10	37.37	37.46	39.15	41.80	46.08	51.33	57.20
	第二产业	411.28	439.52	514.50	530.68	543.47	595.64	556.44	468.00	398.80	418.70
	第三产业	332.01	380.40	427.93	497.73	550.69	613.37	686.67	772.30	877.70	897.10
	生产总值	770.70	851.09	978.53	1065.78	1131.62	1248.16	1284.91	1286.38	1327.83	1373.00
海东市	第一产业	40.39	44.29	52.12	52.35	53.23	54.97	57.79	63.32	70.44	77.40
	第二产业	97.11	135.80	177.05	189.28	192.84	211.98	206.73	197.40	184.90	195.20
	第三产业	81.87	94.04	107.85	124.06	138.33	155.85	171.53	190.80	232.40	242.00
	生产总值	219.37	274.13	337.02	365.69	384.40	422.80	436.05	451.52	487.74	514.60
海北州	第一产业	11.82	13.99	16.65	17.19	16.90	17.79	19.81	22.48	25.62	29.60
	第二产业	45.97	58.32	67.85	43.82	43.11	44.42	23.83	18.86	17.68	15.90
	第三产业	20.10	23.66	27.75	31.06	34.85	38.46	39.28	42.19	48.42	49.60
	生产总值	77.89	95.97	112.25	92.07	94.86	100.67	82.92	83.53	91.72	95.10
黄南州	第一产业	14.42	16.83	19.19	19.57	19.62	19.70	20.35	22.91	26.06	30.30
	第二产业	17.75	21.81	24.95	22.01	25.41	25.17	26.64	29.24	26.24	27.60
	第三产业	16.23	19.47	22.33	24.44	27.72	29.78	32.02	36.18	48.65	51.50
	生产总值	48.40	58.11	66.47	66.02	72.75	74.65	79.01	88.33	100.95	109.40

续表

地区	指标	2011年	2012年	2013年	2014年	2015年	2016年	2017年	2018年	2019年	2020年
海南州	第一产业	21.59	24.73	29.35	30.67	31.21	32.42	34.62	38.77	43.59	49.20
	第二产业	37.84	52.67	57.32	60.78	70.14	76.87	66.10	71.50	73.93	75.20
	第三产业	23.22	26.95	30.45	34.87	38.85	43.39	45.10	47.90	57.14	57.10
	生产总值	82.65	104.35	117.12	126.32	140.20	152.68	145.82	158.17	174.66	181.50
果洛州	第一产业	4.86	5.23	5.65	5.96	5.88	6.25	6.65	7.42	8.39	9.80
	第二产业	12.73	15.03	14.97	15.65	13.68	12.77	12.28	14.29	13.86	14.70
	第三产业	8.55	10.28	11.45	14.53	16.10	17.46	18.34	19.74	23.91	24.40
	生产总值	26.14	30.54	32.07	36.14	35.66	36.48	37.27	41.45	46.16	48.90
玉树州	第一产业	20.71	23.07	25.65	25.93	25.72	26.20	27.85	30.61	34.44	39.40
	第二产业	12.18	15.76	19.65	20.27	23.31	22.55	22.71	7.56	5.42	4.20
	第三产业	7.31	8.34	9.38	10.29	11.52	12.73	13.82	15.44	19.96	20.00
	生产总值	40.20	47.17	54.68	56.49	60.55	61.48	64.38	53.61	59.82	63.60
海西州	第一产业	13.69	17.59	22.10	25.64	26.78	28.09	29.46	33.36	37.50	41.50
	第二产业	390.71	464.04	490.43	380.23	297.03	326.67	349.66	428.40	439.00	392.00
	第三产业	77.00	88.70	97.19	106.42	116.04	132.20	147.07	163.50	189.70	186.40
	生产总值	481.40	570.33	609.72	512.29	439.85	486.96	526.19	625.26	666.20	619.90

资料来源：2012—2021年《青海统计年鉴》。

从产业结构演进阶段来看,西宁市、海东市整体产业结构逐渐趋于合理。从生产总值构成上看,西宁市第一产业、第二产业、第三产业占地区生产总值的比重由2011年的3.5∶53.4∶43.1转变为2020年的4.2∶30.5∶65.3,产业结构由以第二产业为主、第三产业为辅转变为以第三产业为主、第二产业为辅,产业结构逐渐优化,符合科林 - 克拉克的定理。海东市第一产业、第二产业、第三产业占地区生产总值的比重由2011年的18.4∶44.3∶37.3转变为2020年的15.1∶37.9∶47.0;产业结构转变为以第三产业为主、第二产业为辅,但第一产业比例较为稳定,维持在13.8%~18.4%,产业结构逐渐优化。从产业结构演进阶段来看,海北州整体产业结构仍处于低层次的演进阶段。分产业来看,2020年,海北州三次产业比为31.1∶16.7∶52.2,人均地区生产总值32191元(按户籍人口测算),比上年增长1.5%。海北州三次产业结构比例由2011年的15.2∶59.0∶25.8转变为2020年的31.1∶16.7∶52.2,即由"二三一"转变为"三一二",这与大多数城市产业结构的演变过程不符。从产业结构演进阶段来看,黄南州产业结构情况表现为:三次产业结构比例由2011年的29.8∶36.7∶33.5转变为2020年的27.7∶25.2∶47.1,经历了从"二三一"转变为"三二一",再转变为"三一二"的演进过程。从产业结构演进阶段来看,海南州产业结构情况表现为:三次产业结构比例由2011年的26.1∶45.8∶28.1转变为2020年的27.1∶41.4∶31.5。海南州第二产业在地区生产总值中仍处于主导地位;第三产业占比不断攀升,且与第二产业占比差距逐渐缩小;第一产业占比较为稳定,维持在22.3%~27.1%。从三次产业结构来看,2020年,果洛州第一产业占地区生产总值的比重为20.0%,同比提高1.79个百分点;第二产业比重为30.13%,同比降低4.63个百分点;第三产业比重为49.9%,同比提高2.84个百分点。果洛州三次产业比由2011年的18.6∶48.7∶32.7转变为2020年的20.0∶30.1∶49.9,即从"二三一"转变为"三二一",产业结构趋于合理。从三次产业结构来看,尽管玉树州第三产业比重呈现上升趋势,但第一产业比重在玉树州地区生产总值中占主导地位。2011—2020年,玉树州第一产业比重维持在42.5%~62.0%,第三产业比重从2011年的18.2%增至2020年的31.4%;第二产业比重从2011年的30.3%降至2020年的6.6%。分产业来看,2020年,海西州第一产业增加值41.47亿元,增长5.1%;第二产业增加值391.98亿元，下降3.0%；第三产业增加值186.36亿元，下降1.8%。2011—2020年，海西州第三产业占地区生产总值比重呈上升趋势，从2011年的16.0%上升至2020年的30.1%；第二产业占地区生产总值比重呈下降趋势，从2011年的81.2%降至2020年的63.2%；第一产业占地区生产总值比重较为稳定，维持在2.8%～6.7%。产业结构仍为"二三一"，并未发生关键性转变（如表2-6所示）。

表2-6 2011年、2015年、2020年青海省各地区三次产业占比

地区	2011年	2015年	2020年
西宁市	3.5：53.4：43.1	3.3：48.0：48.7	4.2：30.5：65.3
海东市	18.4：44.3：37.3	13.8：50.2：36	15.1：37.9：47.0
海北州	15.2：59.0：25.8	17.8：45.5：36.7	31.1：16.7：52.2
黄南州	29.8：36.7：33.5	27.0：34.9：38.1	27.7：25.2：47.1
海南州	26.1：45.8：28.1	22.3：50.0：27.7	27.1：41.4：31.5
果洛州	18.6：48.7：32.7	16.5：38.4：45.1	20.0：30.1：49.9
玉树州	51.5：30.3：18.2	42.5：38.5：19.0	62.0：6.6：31.4
海西州	2.8：81.2：16.0	6.1：67.5：26.4	6.7：63.2：30.1

资料来源：2012年、2016年、2021年《青海统计年鉴》。

2.2.2 青海牧区收入水平现状

收入是消费的基础，更多的收入可以带来生活水平的提高和生活环境的改善。可支配收入是反映家庭生活水平高低的重要指标，通过对青海牧民可支配收入的调查，可以进一步了解青海牧民的生活状况，厘清青海牧民收入与草原旅游业之间的系统性联系，比较分析2020年青海牧民人均可支配收入与全国人均可支配收入之间的差距，以及探讨青海牧民人均可支配收入变化趋势和存在的问题，有利于更好地推进草原旅游业发展和牧民收入水平提高。鉴于青海牧民大多居住在农村，因此，本研究以农牧民可支配收入代表牧民可支配收入。

近年来，虽然青海牧民人均可支配收入持续增长，但是与全国人均可支

配收入水平差距仍然较大。突出表现在：第一，青海牧民工资性收入虽逐年上升，但不是其主要收入来源，其主要收入来源仍是畜牧业收入；第二，青海牧民收入来源相对比较单一，收入增长提速较慢，青海牧民人均可支配收入主要依赖于经营净收入中第一产业净收入的畜牧业收入，2020年青海牧民人均可支配收入仅为24037元，远低于全国居民人均可支配收入32189元。

青海省的牧民占其总人口的近一半，只有进一步提高牧民收入水平，改善牧民生活，才能真正增进青海牧民群众的福祉，实现富民强省的发展战略。而且，提高牧民人均可支配收入水平能够进一步缩小青海省城乡收入差距，消除城乡贫富差距的矛盾，促进牧民和谐稳定发展。

青海牧民可支配收入可分为经营净收入、工资性收入、财产净收入、转移净收入。其中，经营净收入是三次产业经营净收入的总和。青海牧民的主要经济来源为传统畜牧业收入、外出务工、旅游业附加收入、政府补贴、旅游门票收入、出租草场、虫草收益以及其他收入。青海牧区作为全国五大牧区之一，是中国重要的畜牧业生产基地。畜牧业是青海省国民经济的重要支柱，也是牧民赖以生存和发展的主要经济生产活动。

（1）青海农牧民可支配收入构成比较

根据青海省统计年鉴的数据，课题组收集到2011—2020年青海省农牧民人均可支配收入以及详细收入构成的相关数据。

从时间序列数据来看，2011—2020年，青海省农牧民人均可支配收入在持续增长，从4608元增长到12342元。近年来，由于青海农牧民务工人数有所增加，牧民工资性收入呈上升趋势，比重逐年提高。2011—2020年，人均工资性收入增长2231元，年均增长率为11.89%。2011年，人均工资性收入为1775元；2020年，人均工资性收入为4006元，占人均可支配收入比重由38.52%下降为32.46%。虽然青海牧民工资性收入逐年增长，但与经营净收入差距仍然较大。传统畜牧业是青海牧区牧民的主要收入来源，而农牧民的经营净收入一直是牧民人均可支配收入的主要组成部分。2011—2020年，青海省人均经营净收入从2088元增长到4885元。青海农牧民的人均财产净收入所占比重较小，拉动收入增长有限。2011—2020年，青海农牧民人均财产净收入从93元增加到414元，年均增长率为6.25%。相对而言，青海农牧民的人均转移净收入稳步增长，从2011年的650元增加到2020年的3037元，增长了367%,年均占可支配收入总量的比例为28%左右。转移净收入增长的主要原因是政府扶持工作的大力推进,为牧民增收添加了新动力,促进了牧民人均可支配收入稳步增长。具体数据见表2-7。

表2-7 2011—2020年青海省农牧民人均可支配收入　　　　　　单位:元

年份	人均可支配收入	人均工资性收入	人均经营净收入	人均财产净收入	人均转移净收入
2011	4608	1775	2088	93	650
2012	5364	1989	2221	95	1057
2013	6196	2348	2570	165	1112
2014	7282	2041	3021	287	1932
2015	7933	2234	3058	325	2314
2016	8664	2464	3197	325	2678
2017	9462	2704	3764	326	2668
2018	10393	3047	3905	463	2978
2019	11499	3617	4297	410	3175
2020	12342	4006	4885	414	3037

资料来源:2012—2021年《青海统计年鉴》。

(2)青海农牧民与城镇居民可支配收入横向比较

根据青海省统计年鉴的数据,课题组收集了2011—2020年青海省城镇居民和农牧民人均可支配收入数据资料如图2-3所示。

青海省城镇居民和农牧民人均可支配收入存在较大差距。数据显示,青海省城镇居民人均可支配收入一直是农牧民人均可支配收入的3倍左右,差距主要是由人均工资性收入和人均财产净收入导致的。总体来看,青海省城镇居民和农牧民人均可支配收入逐年上升,生活水平逐渐提高。

从不同区域来看,自2011年以来,西宁市城乡居民人均可支配收入水平逐渐提升,收入情况和生活水平逐渐提高。西宁市城镇居民人均可支配收入2011年为17021元,2020年增至36959元;农牧民人均可支配收入2011年为5358元,2020年增至13487元。城镇居民和农牧民人均可支配收入的差距逐年扩大。2011年，西宁市城镇居民和农牧民人均可支配收入差距为11663元；2020年，该差距增加至23472元，如图2-4所示。

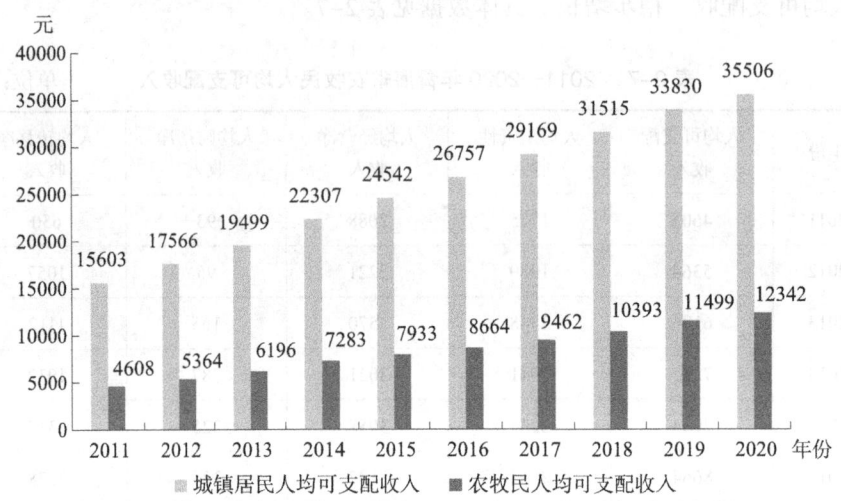

图2-3　2011—2020年青海省城镇居民和农牧民人均可支配收入

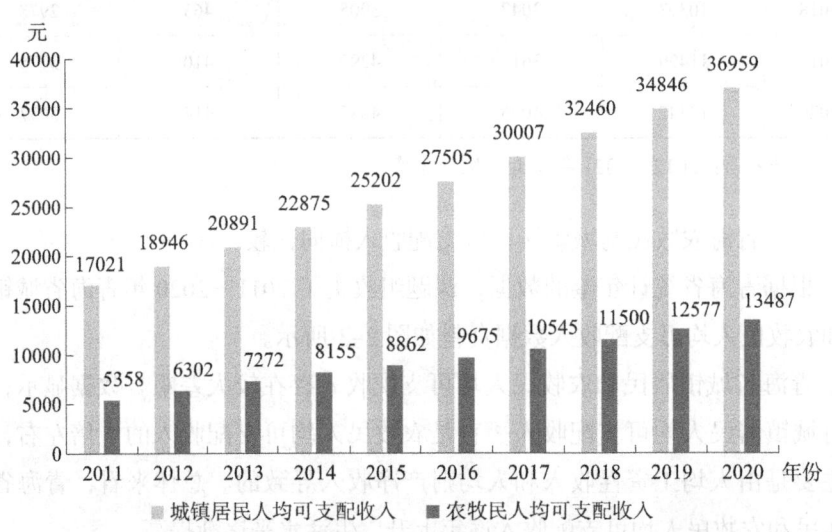

图2-4　2011—2020年西宁市城镇居民和农牧民人均可支配收入

2011年以来，海东市城镇居民和农牧民人均可支配收入水平逐渐提升，收入情况和生活水平逐渐提高。海东市城镇居民人均可支配收入2011年为15603元，2020年增至33509元；农牧民人均可支配收入2011年为4943元，

2020年增至12444元。城镇居民和农牧民人均可支配收入的差距逐年扩大。2011年，海东市城镇居民和农牧民人均可支配收入差距为10660元；2020年，该差距增加至21065元（见图2-5）。

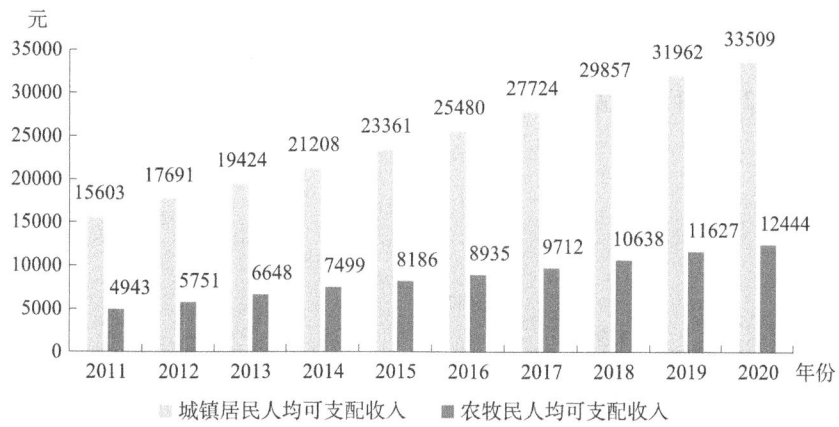

图2-5　2011—2020年海东市城镇居民与农牧民人均可支配收入

课题组收集到海东市2016—2020年农牧民人均可支配收入构成，从数据来看，工资性收入是海东市农牧民人均可支配收入的主要构成部分，农牧民人均可支配收入构成较为稳定。2016—2020年，海东市农牧民工资性收入占比维持在46.85%~50.56%；经营净收入占比维持在24.14%~26.26%；财产净收入占比维持在0.40%~0.88%；转移净收入占比维持在24.80%~26.76%（见图2-6）。

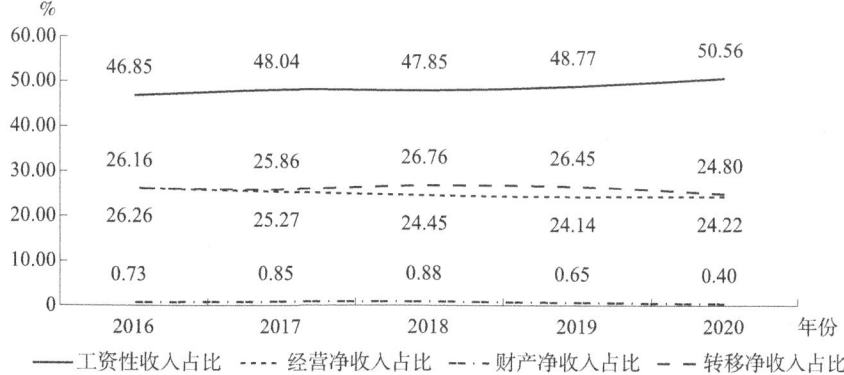

图2-6　2016—2020年海东市农牧民人均可支配收入结构占比

自 2011 年以来，海北州城镇居民与农牧民人均可支配收入水平逐渐提升，收入情况和生活水平逐渐提高。海北州城镇居民的人均可支配收入 2011 年为 16374 元，2020 年增至 35487 元；农牧民人均可支配收入 2011 年为 5710 元，2020 年增至 14842 元。城镇居民与农牧民人均可支配收入水平间的差距不断扩大。2011 年，海北州城镇居民与农牧民人均可支配收入差距为 10664 元；2020 年，该差距扩大至 20645 元（见图 2-7）。

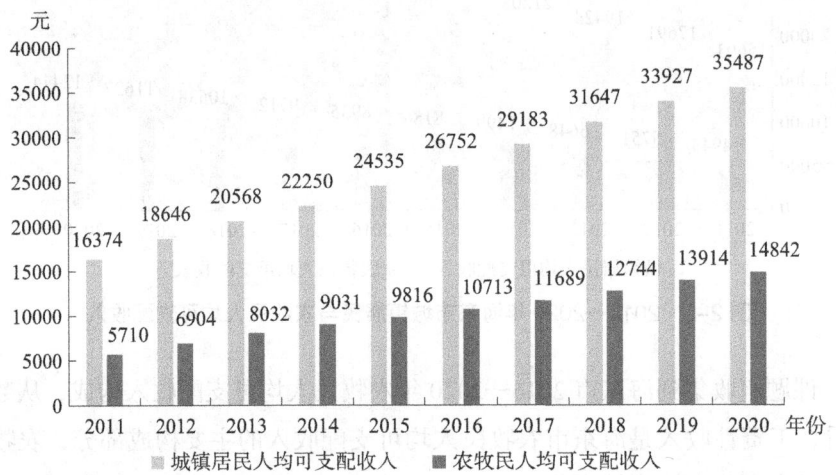

图 2-7　2011—2020 年海北州城镇居民与农牧民人均可支配收入

课题组收集了 2020 年海北州农牧民人均可支配收入的详细构成，其中，人均工资性收入 3577 元，同比增长 6.6%；人均经营净收入 8752 元，同比增长 6.7%；人均财产净收入 383 元，同比增长 6.5%；人均转移净收入 2130 元，同比增长 6.6%。经营净收入占到了海北州农牧民人均可支配收入的一半以上。

黄南州农牧民人均可支配收入水平自 2010 年以来逐渐提升，收入情况逐渐得到改观，生活水平逐渐提高。黄南州农牧民人均可支配收入水平从 2010 年的 3198 元增加到 2020 年的 10708 元（见图 2-8）。

近年来，黄南州城镇居民与农牧民人均可支配收入差距逐年拉大，2010 年城镇居民与农牧民人均可支配收入差距为 11079 元，2020 年城镇居民与农牧民人均可支配收入差距增长为 24313 元。2010 年，黄南州农牧民人均可支配收入为 3198 元；2020 年，黄南州农牧民人均可支配收入为 10708 元，比 2010 年增加了 7510 元，年均增长率为 12.90%。

2 青海牧区经济社会发展与草原旅游业现状分析

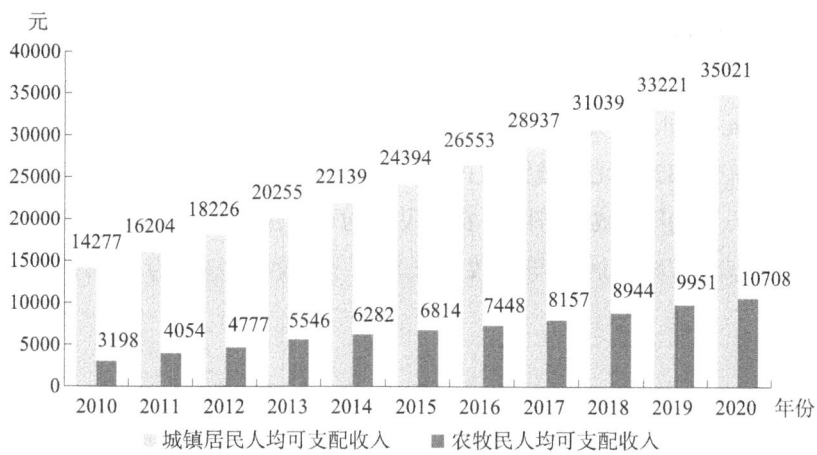

图 2-8 2010—2020 年黄南州城镇居民与农牧民人均可支配收入

2020 年，黄南州农牧区常住居民人均可支配收入 10708 元，比 2019 年增长 7.6%。其中，人均工资性收入 3445 元，增长 5.5%；人均经营性净收入 4570 元，增长 3.4%；人均财产净收入 473 元，下降 4.3%；人均转移净收入 2220 元，增长 25.3%。

2016—2020 年，黄南州经营性收入占比逐年下降，从 2016 年的 50.72% 下降为 2020 年的 42.68%；工资性收入占比从 2016 年的 27.63% 增长为 2020 年的 32.17%；财产净收入占比逐年上升，从 2016 年的 3.46% 上升为 2020 年的 4.42%，表明黄南州牧民务工人数不断增加，人民生活水平不断提高（见图 2-9）。

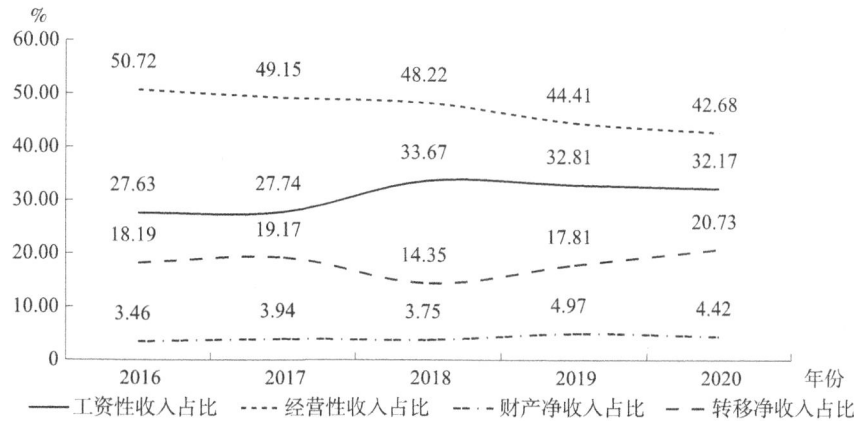

图 2-9 2016—2020 年黄南州农牧民人均可支配收入结构占比

虽然海南州农牧民人均可支配收入在2011—2020年明显提高，但与城镇居民人均可支配收入差距不断拉大。海南州全体居民人均可支配收入从2011年的8280元增加到2020年的21047元，其中，农牧民人均可支配收入从5235元增加到13380元，城镇居民人均可支配收入从15518元增加到34529元。2011年，海南州城镇居民与农牧民人均可支配收入差距为10283元；到2020年，海南州城镇居民与农牧民人均可支配收入差距为21149元（见图2-10）。

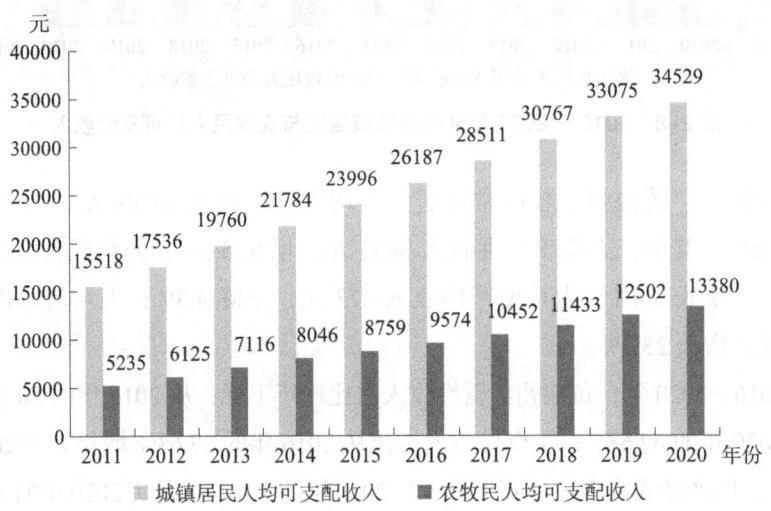

图2-10　2010—2020年海南州城镇居民与农牧民人均可支配收入

海南州属于典型的牧区，在农牧民人均可支配收入结构中，财产净收入占比最低，工资性收入、转移净收入在家庭收入中所占比重也较低，以畜牧业经营取得的经营性收入是农牧民人均可支配收入的主要来源。

近年来，海南州农牧民工资性收入比重呈上升趋势，2016年工资性收入占比为21.45%，2020年上升为28.57%；财产净收入占比逐年下降，2016年财产净收入占比为7.93%，2020年下降为4.85%；经营性收入占比较为稳定，维持在49.51%~51.20%；转移净收入占比呈下降趋势，2016年转移净收入占比为19.42%，2020年下降为17.07%（见图2-11）。目前，海南州农牧民收入结构虽有一定改善，但合理性水平还很低，应进一步促进农牧民就业多元化，优化就业结构，提高财产净收入、工资性收入的占比。

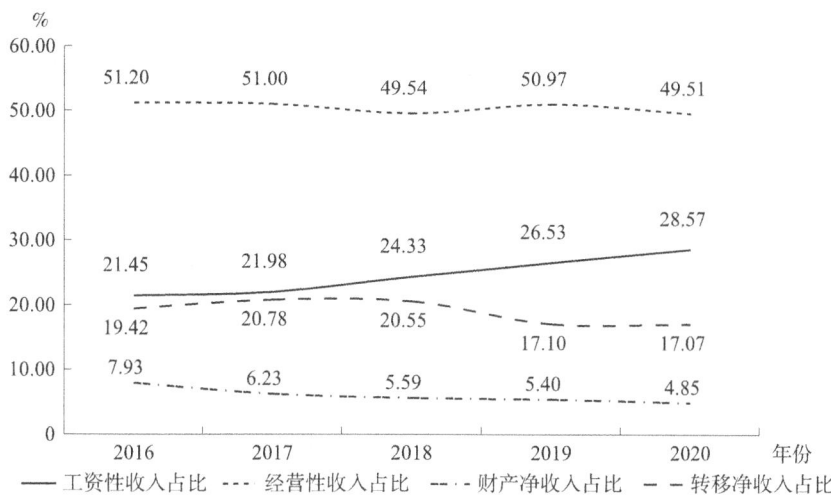

图 2-11　2016—2020 年海南州农牧民人均可支配收入结构占比

近年来,果洛州农牧民人均可支配收入逐年增长,2011 年,果洛州农牧民人均可支配收入为 3128 元,2020 年增长至 9848 元。但从收入水平上看,果洛州农牧民人均可支配收入水平较低。2011 年,果洛州城镇居民人均可支配收入为 16530 元,2020 年增长至 37328 元。与此同时,城镇居民与农牧民人均可支配收入差距明显,且存在扩大趋势,2011 年城镇居民与农牧民人均可支配收入差距为 13402 元,2020 年该差距扩大为 27480 元(见图 2-12)。

图 2-12　2011—2020 年果洛州城镇居民与农牧民人均可支配收入

从农牧民人均可支配收入构成来看，果洛州农牧民工资性收入比重呈上升趋势，2016年工资性收入占比为3.12%，2020年上升为16.88%；财产净收入占比从2016年的4.28%上升为2020年的6.90%；经营性收入占比较为稳定，维持在56.25%~71.64%；转移净收入占比呈下降趋势，2016年转移净收入占比为25.52%，2020年下降为19.80%（见图2-13）。其中，工资性收入占比逐年迅速提高，表明果洛州农牧居民就业人员大幅度增加。

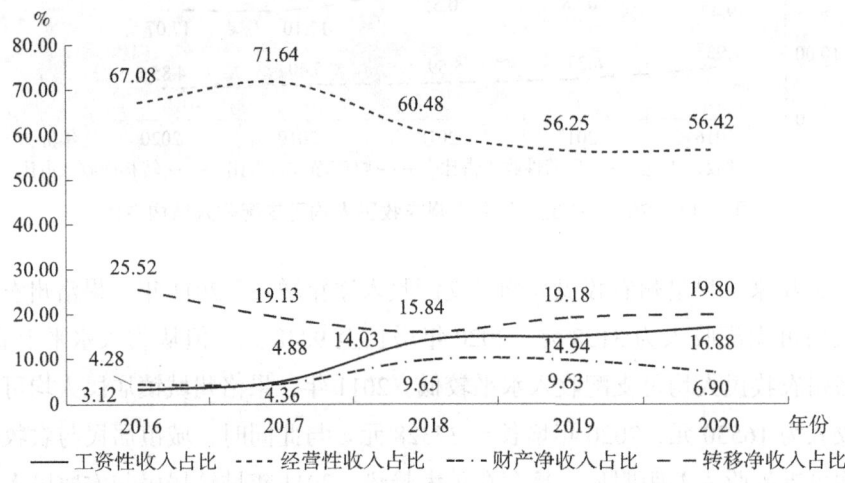

图2-13 2016—2020年果洛州农牧民人均可支配收入结构占比

近年来，玉树州农牧民人均可支配收入逐年增长。2011年，玉树州农牧民人均可支配收入为2943元，2020年增长至9800元，年均增长率达到14.3%。但从收入水平上看，玉树州农牧民人均可支配收入仍处于较低水平，远低于青海省居民人均可支配收入，与全国居民人均可支配收入差距更大。2011年，玉树州城镇居民人均可支配收入为17446元，2020年增长至37011元。与此同时，城镇居民与农牧民人均可支配收入差距逐年扩大。2011年，玉树州城镇与农牧民居民人均可支配收入差距为14503元，2020年扩大为27211元（见图2-14）。

从农牧民人均可支配收入构成来看，2019年，玉树州农牧民人均可支配收入中，人均工资性收入1473元，人均经营性收入5958元，人均财产净收入132.8元，人均转移净收入1574元。2015—2020年，玉树州人均可支配收入来源仍以经营性收入为主，但所占比重逐年下降；工资性收入占比迅速提高，从 2015 年的 3.79% 提升至 2020 年的 18.00%；财产净收入占比较为稳定，维持在 0.51%~1.89%；转移净收入占比呈现下降趋势，2017 年转移净收入占比为 30.73%，2018 年降至 15.98%（见图 2-15）。

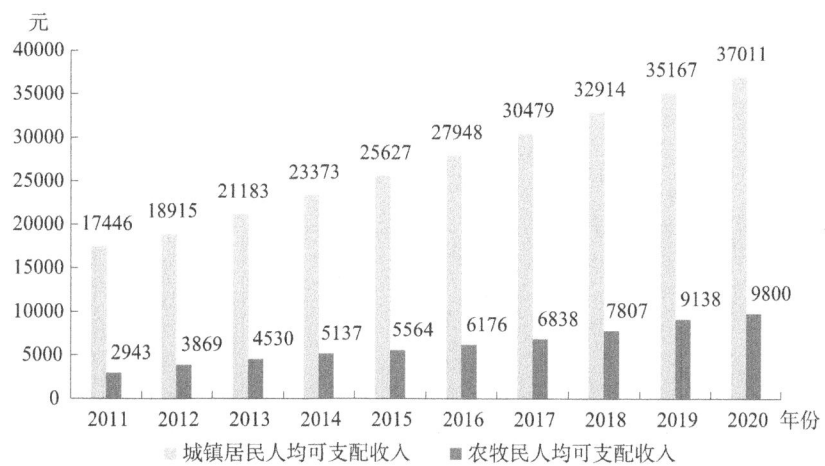

图 2-14　2011—2020 年玉树州城镇居民与农牧民人均可支配收入

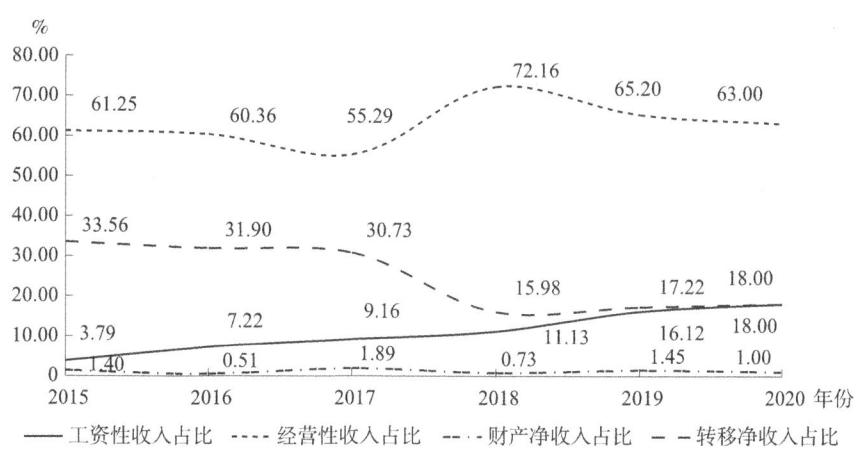

图 2-15　2015—2020 年玉树州农牧民人均可支配收入结构占比

海西州农牧民人均可支配收入同其他地区一样呈现逐年上升趋势。2011 年，海西州农牧民人均可支配收入为 6368 元，2020 年增长至 16107 元，增加了 9739 元，年均增长率为 10.86%，农牧民收入结构合理化水平有一定程度的提高，农牧民生活条件进一步改善。海西州农牧民人均可支配收入明显提高的同时，城乡可支配收入差距也不断扩大。2011年，海西州城镇居民与农牧民人均可支配收入差距为10957元，2020年扩大为20699元（见图2-16）。

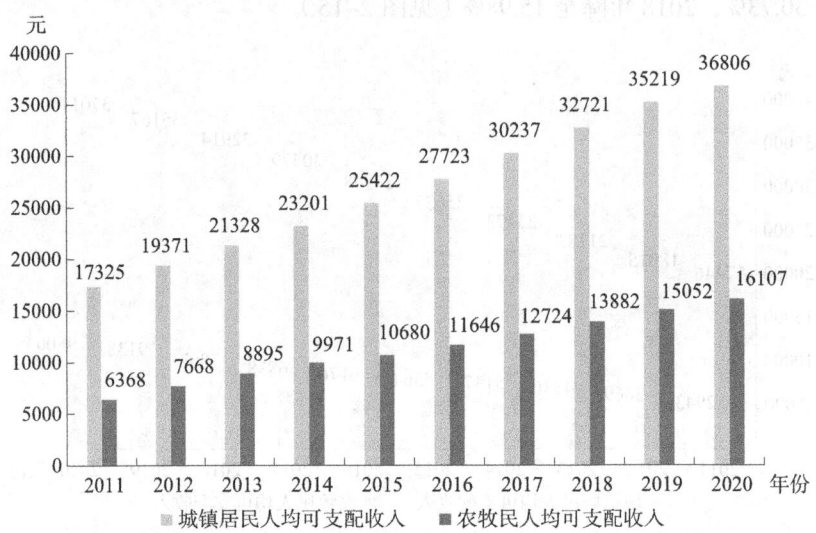

图2-16　2011—2020年海西州城镇居民与农牧民人均可支配收入

2.2.3　青海牧区消费水平现状

（1）青海省农牧民支出结构现状

改革开放以来，青海省经济发展水平逐渐提高，特别是牧区经济也发生了较大的变化，牧区农牧民的收入水平逐年提升、收入来源多样化，使得农牧民消费水平提升，发展型和享受型资料的消费在农牧民消费中的占比越来越高，但青海作为西部较为贫困和落后的省份，经济绝对发展水平仍较低。2011—2020年，青海省农牧民恩格尔系数较低，保持在38%左右，说明食品支出占比仍较大。

总体来说，青海省人均支出可分为"食品烟酒""衣着""居住""生活用品及服务""交通通信""教育文化娱乐""医疗保健""其他用品及服务"等方面。根据历年《青海统计年鉴》数据，青海省城镇居民与农牧民消费结构情况见表2-8、表2-9。

表 2-8　2011—2020 年青海省城镇居民消费结构情况　　　　　　单位：元

年份	城镇居民人均生活消费支出	食品烟酒	衣着	居住	生活用品及服务	交通通信	教育文化娱乐	医疗保健	其他用品及服务
2011	9566	3735	1186	924	719	1117	908	644	333
2012	12345	4667	1512	1232	906	1549	1097	924	458
2013	13539	4777	1675	1685	813	1743	1472	890	484
2014	17491	5228	1754	3446	1009	2235	2056	1213	550
2015	19200	5503	1902	3340	1180	3355	2022	1459	439
2016	20853	5976	1964	3809	1322	3064	2353	1750	615
2017	21473	6061	1901	3837	1399	3241	2528	1949	557
2018	22998	6351	2004	4235	1386	3612	2394	2371	645
2019	23799	6904	1941	4654	1369	3295	2436	2510	690
2020	24315	6754	1770	5054	1510	4076	2043	2525	583

资料来源：2012—2021 年《青海统计年鉴》。

表 2-9　2011—2020 年青海省农牧民消费结构情况　　　　　　单位：元

年份	农牧民人均生活消费支出	食品烟酒	衣着	居住	生活用品及服务	交通通信	教育文化娱乐	医疗保健	其他用品及服务
2011	4536	1716	348	1090	272	308	451	265	86
2012	5339	1859	405	1210	257	520	683	283	121
2013	6059	1872	449	1449	315	915	266	676	117
2014	8235	2626	615	1416	488	1392	611	944	143
2015	8568	2564	627	1462	445	1278	807	1191	194
2016	9222	2715	636	1487	464	1577	851	1279	213
2017	9902	2945	670	1739	488	1629	897	1270	264
2018	10352	3053	721	1790	495	1765	945	1332	251
2019	11343	3373	783	1965	541	1886	1033	1486	276
2020	12134	3665	823	2155	628	2147	989	1416	311

资料来源：2012—2021 年《青海统计年鉴》。

由表 2-8、表 2-9 可知，青海省农牧民的生活支出中"食品烟酒"占据了总支出的很大比例。自 1978 年以来，农牧民的收入不断增加，消费需求也随之上涨。但由于基期收入水平较低，消费需求受到抑制，一旦收入增加，农牧民就会倾向于"食品烟酒"消费。这表明农牧民的食品消费处于一个相对封闭的状态，广大牧区农牧民的"食品烟酒"商品化率还不够。由于青海省特殊的自然环境，"食品烟酒"支出中多半是自给性食品支出，自给自足的小农生活消费色彩极其浓厚。在农牧民收入不断增加的情况下，收入的大半作为家庭内部自己消费，没有进行商品流转，导致农牧民的支出中"食品烟酒"支出过多，严重挤压其他消费支出。同时，青海牧区的历史发展、饮食习惯等因素，也致使青海牧区农牧民比东部地区农民的"食品烟酒"支出略高。此外，落后的气候、农业种植水平、科技化率等致使食品成本居高不下，间接增加了农牧民的"食品烟酒"支出数额。

近年来，我国的科技水平不断提高，但是由于地理环境的局限性，青海农牧民的理念略有落后，对新型科技产品的追求热情不如沿海地区人民高涨。通过"交通通信"支出可以看出，农牧民在"交通通信"方面的支出并不是很高，并且增速不快，每年"交通通信"支出基本保持不变。但"交通通信"支出相比"生活用品及服务"略高。"生活用品及服务"的需求最少、需求档次较低，比如，中低档家具、洗衣机、电冰箱、热水器等。农牧民在生活用品方面投资选择依然倾向于低价，以提高生活质量为主的消费支出过低。

（2）青海省农牧民消费支出问题分析

整体来看，青海省农牧民"教育文化娱乐"支出不足。由于畜牧业自身的特点，牧民夏季放牧，冬季蓄草舍养，牧民较少有闲暇时间，缺少长时间外出娱乐游玩的机会，即便是娱乐，也通常在村内游乐场所进行，且支出均较小。另外，受到传统观念的影响，牧区牧民对现代化的文化娱乐持保守态度并认为"教育文化娱乐"的过多支出是一种变相的浪费。牧区牧民的文化教育水平不高，对教育的重视程度较低，这也是农牧民"教育文化娱乐"支出偏低的原因。以上因素不仅限制了牧区牧民"教育文化娱乐"的支出，更是限制了牧民的知识领域以及与外界的交流，不利于牧区经济社会的发展。

2.2.4 青海省畜牧业生产现状

青海省是畜牧业大省,无论是畜牧业总产值,还是畜产品产量,在生产总值中的占比都较高。青海省的畜牧业基本形成以牛肉、羊肉、羔羊肉、牛奶为主的特色畜产品生产基地。

纯天然、无公害的草场,没有化学污染和工业污染的大气、水源、土壤、生物等成为发展生态畜牧业的天然净土。牦牛、藏系绵羊肉营养价值高、无污染、低脂肪,具有天然野味的特点,同时,畜牧业生产中基本不使用抗生素、驱虫药物等化学合成药物,接近有机畜产品生产要求。世界畜牧业的发展趋势和消费需求,为我们发展生态畜牧业提供了广阔的市场空间。

(1) 青海省畜牧业生产总值现状

畜牧业作为青藏高原亘古至今的传统产业,目前仍是青海牧区经济发展的支柱产业,是广大牧民群众赖以生存和发展的基础产业。课题组收集到2011—2020年青海省农林牧渔业、农业、畜牧业产值情况。数据表明,青海省农林牧渔业、农业、畜牧业产值都在以稳定的态势进行增长。2011—2020年,青海省畜牧业产值从119亿元增长到295亿元。2011年,农业占比44.6%、畜牧业占比51.5%;2020年,农业占比37.3%、畜牧业占比58.2%,虽然农业占比有所下降,但从数据上看总体呈上升趋势,畜牧业由于发展比农业更快,占比率也逐渐增加,具体数据见表2-10。畜牧业对于青海省的总产值占比相对较高,已成为青海省的主导产业,是农牧民增收的主要途径。

表2-10 2011—2020年青海省畜牧业总产值 单位:亿元

项目	2011年	2012年	2013年	2014年	2015年	2016年	2017年	2018年	2019年	2020年
农林牧渔业	231	264	310	327	319	339	364	406	454	507
农业	103	117	141	144	145	156	162	169	181	189
畜牧业	119	137	158	169	158	166	183	216	251	295

资料来源:2012—2021年《青海统计年鉴》。

分地区来看,2020年,青海省农林牧渔业总产值也就是第一产业产值,最高的是海东市和西宁市,分别为127.52亿元和107.07亿元,在青海省第一产业总产值中分别占比 25% 和 21%。从畜牧业生产产值来看，西宁市和海东市也是占比最高的地区，分别为 21% 和 18%。具体数据见表 2-11。

表 2-11 2020 年青海省各地区畜牧业总产值　　　　　单位：亿元

地区	农林牧渔业	农业	畜牧业
西宁市	107.07	44.09	60.72
海东市	127.52	69.80	52.01
海北州	42.49	9.04	32.01
黄南州	38.25	6.38	29.59
海南州	70.69	17.08	46.38
果洛州	11.82	1.80	9.67
玉树州	45.20	9.10	35.07
海西州	64.07	34.86	26.24

资料来源：2021 年《青海统计年鉴》。

（2）青海省畜牧业生产产品现状

青海省畜牧业生产产品中数量最多的是草食畜和猪，其中，草食畜包括牛、羊两种。牛、羊是青海省畜牧业的主要生产产品，这也是基于青海省得天独厚的气候条件和自然资源，青海省大部分畜牧业地区处于地广人稀但自然资源丰富的状态，有利于畜牧业产业的发展。2011—2020 年，青海省畜牧业总体呈现稳步上升的态势，草食畜总计数量从 2011 年的 1977 万头（只）增加到 2020 年的 2011 万头（只），其中，在 2018 年、2019 年出现了下降的情况。牛的数量从 2011 年的 479 万头增长到 2020 年的 667 万头，增加了约 200 万头。由于三江源地区的生态保护政策及国家要求不能超载等，羊的数量从 2011 年的 1498 万只减少到了 2020 年的 1344 万只，减少了 154 万只，下降率约为 10%。但青海省的肉用畜出栏数每年在稳定上升，从 2011 年的 688 万头增长到了 2020 年的 965 万头，牛、羊的出栏数在不断上升，具体数据见表 2-12。

表 2-12　2011—2020 年青海省畜牧业生产情况及主要畜产品产量

项目	指标	2011年	2012年	2013年	2014年	2015年	2016年	2017年	2018年	2019年	2020年
牲畜年末数	草食畜合计/万头（只）	1977	1905	1945	1942	1947	1943	1946	1864	1836	2011
	牛/万头	479	459	485	485	554	598	559	528	509	667
	羊/万只	1498	1446	1460	1457	1393	1345	1387	1336	1327	1344
	猪/万头	115	117	121	121	98	94	83	78	35	72
肉用畜出栏数	草食畜合计/万头（只）	688	719	732	750	754	792	860	885	954	965
	牛/万头	99	104	109	115	117	138	134	137	150	191
	羊/万只	589	615	623	635	637	654	726	748	804	774
	猪/万头	130	132	138	141	114	105	111	117	99	45

资料来源：2012—2021 年《青海统计年鉴》。

青海高海拔下的独特高原地貌和高温差下的冷凉气候条件，为当地发展特色农牧业和生产绿色、有机农畜产品提供了得天独厚的条件。近年，青海省主要畜产品是牛肉、羊肉和牛羊的衍生品（奶类和羊毛），见表 2-13。

表 2-13　2020 年青海省各地区主要畜产品产量及牲畜存栏、出栏情况

地区	畜产品产量					牲畜年末存栏量		牲畜出栏量	
	肉类总产量/万吨	牛肉/万吨	羊肉/万吨	奶类/万吨	羊毛/万吨	牛/万头	羊/万只	牛/万头	羊/万只
西宁市	62710	37599	11071	113806	902	44.70	84.32	33.50	63.94
海东市	56391	17128	16626	70265	2516	33.88	149.05	13.30	94.68
海北州	48731	21703	26613	28997	2619	96.40	289.87	21.37	162.18
黄南州	34286	25653	8468	37891	789	80.46	88.07	27.27	46.78
海南州	69759	26914	38009	54393	4069	100.14	425.70	27.98	225.29
果洛州	27676	25124	2552	28490	214	108.94	13.24	26.82	14.48
玉树州	31103	28892	2211	23983	436	157.52	31.26	30.62	14.12
海西州	39758	9267	27625	11575	3895	30.29	262.04	8.11	152.19

资料来源：2021 年《青海统计年鉴》。

分地区来看，2020 年，海南州和西宁市的肉类总产量最高，分别占青海省肉类总产量的 19% 和 17%。其中，西宁市牛肉总产量 37599 万吨，占青海省牛肉总产量的 20%；而海南州的羊肉总产量为 38009 万吨，占青海省羊肉总产量的 29%，因此，这两个分地区的肉类总产量相对较高。实际上，2020 年，西宁市的牛羊年末存栏量和出栏量都不是最高的。从表 2-13 可以看出，玉树州和果洛州是年末牛存栏量最多的地区，海南州和海北州是年末羊存栏量最多的地区，由于很多牛、羊产品会在省会西宁市进行交易，西宁市的畜牧业产值较高，肉类总产量也较高。

2.3　青海省旅游业发展现状

青海有着悠久的历史、丰富的地方文化，以及优美的自然景观，这让其成为名副其实的旅游大省。

2.3.1　青海省旅游资源总体介绍

自改革开放以来，中国经济发展突飞猛进，人民生活水平日益提高，旅游业开始兴起。20 世纪 90 年代初，全国草原旅游开始发展起来，起初大部分是大学生暑期营、假日营等项目，表现为有组织、团体的集体出行。随着交通工具的发展和高速公路及国道、省道的修建，发展草原旅游的条件逐步成熟。青海、内蒙古、西藏、新疆、宁夏等省份大力发展草原旅游。

青海省政府非常重视草原旅游的发展。自 2000 年以来，青海省的草原旅游产业呈现跨越式增长的发展态势，草原旅游收入在地区生产总值中的占比连年上升。青海草原旅游主要表现在金银滩草原、祁连草原、沿青海湖环线等区域。青海省现有世界级旅游景点 11 个，国家级旅游景点 52 个，省级旅游景点数百个，具有开发前景的旅游资源 400 个。近年来，青海湖、塔尔寺、原子城、江河源、盐湖等旅游品牌效应逐渐凸显。

青海有独具民族风格与古典特色且是我国西北地区著名的清真寺之一的西宁东关清真大寺、国家重点文物保护单位的塔尔寺、中国最大的内陆咸水湖青海湖，也有众多自然风景优美的旅游胜地孟达天池和近年来新发展的国家地质公园等，还有极具视觉冲击的高原山脉和一望无际、风景优美的金银滩草原，以及连绵不绝、景色秀丽的祁连山脉和沁人心脾的门源百里油菜花海等。课题组将青海省 AAAA 级以上景区进行了整理归纳，见表 2-14。

表 2-14 青海省 AAAA 级以上景区概况

序号	景区名称	星标	地址	批准时间及文号
1	青海湖景区	AAAAA	青藏公路距西宁 151 千米处	2011 年 9 月全国景评委第 9 号
2	塔尔寺旅游区	AAAAA	西宁市湟中县鲁沙尔镇	2012 年 12 月全国景评委第 11 号
3	互助土族故土园旅游区	AAAAA	海东市互助县威远镇北大街 1 号	2017 年 3 月全国景评委第 1 号
4	贵德高原养生休闲度假区	AAAA	海南州贵德县旅游开发管理委员会	2010 年 8 月旅发〔2010〕61 号
5	贵德国家地质公园	AAAA	海南州贵德县尕让乡阿什贡村	2022 年 1 月 5 日青文旅发〔2022〕2 号
6	玉皇阁		贵德县银河镇	未查到
7	格尔木昆仑旅游区	AAAA	海西州格尔木市八一中路	2001 年 1 月旅办发〔2001〕29 号
8	青海省博物馆	AAAA	西宁市西关大街新宁广场	2005 年 12 月旅办发〔2005〕129 号
9	青海省金银滩—原子城景区	AAAA	海北州西海镇	2007 年 11 月旅办发〔2007〕69 号
10	青海省藏医药文化博物馆	AAAA	西宁市生物园区	2007 年 11 月旅办发〔2007〕69 号
11	大通老爷山风景名胜区	AAAA	西宁市大通县桥头镇	2008 年 12 月旅办发〔2008〕232 号
12	门源百里油菜花景区	AAAA	海北州门源县东街	2008 年 10 月旅办发〔2008〕62 号

近年来，青海省蓬勃开展了"民族文化旅游节""青洽会""郁金香节""环湖赛"等省内重大活动，举办了"中国黄南热贡艺术节""中国原子城"等大型对外推介活动，使青海得天独厚的自然资源和社会人文资源广受关注。其中，青海第一届"郁金香节"于 2002 年举办，"环青海湖国际公路自行车赛"

在 2004 年从 2.5 级升为 2.3 级，成为亚洲规模最大、级别最高的国际公路自行车赛。同时，藏羚羊作为北京奥运会的吉祥物，也为青海旅游文化做了很好的宣传。此后，每年的"环青海湖国际公路自行车赛"都成为青海旅游最亮丽的风景。

2.3.2 青海省旅游业发展现状

旅游业是当前国内外发展最快的产业，同时被誉为"永远的朝阳产业"。青海作为当前全国生态旅游资源大省，游客人数连年攀升，旅游产业发展势头迅猛，旅游收入保持较为稳定的增长趋势。据调查，2020 年，青海省旅游总收入 381.50 亿元，同比增长 22.9%（见表 2-15）。近年来，青海省旅游收入保持稳步增长态势，年均增长率达到 24.7%，增长速度十分明显[①]。

表 2-15　2015—2020 年青海省旅游收入情况

指标	2015 年	2016 年	2017 年	2018 年	2019 年	2020 年
全国旅游总收入/亿元	25866	29475	37300	41300	46900	54000
青海旅游总收入/亿元	123.75	158.54	201.90	248.03	310.30	381.50
青海旅游总收入增长率/%	34.1	28.1	27.3	22.8	25.1	22.9
青海旅游总收入占全国旅游总收入比重/%	0.47	0.54	0.54	0.60	0.66	0.71
全国旅游总人数/万人次	308941	338908	377900	413400	457800	500100
青海旅游总人次数/万人次	1581.48	1780.43	2005.58	2315.40	2876.92	3484.10
青海旅游总人数增长率/%	12.0	12.6	12.6	15.4	24.3	21.1
青海旅游总人数占全国旅游总人数比重/%	0.51	0.53	0.53	0.56	0.63	0.70

资料来源：文化和旅游部，青海文化旅游厅，2016—2021 年《青海统计年鉴》。

青海省内草原旅游资源丰富的地区有海北州、海南州、果洛州和黄南州。

---

① 数据来源于 http：//www.askci.com/news/chanye/20190306/1633191142801.shtml。

海北州旅游资源丰富、类型齐全，不但有独特的高原自然景观，如闻名遐迩的青海湖、祁连雪山、沙漠、峡谷、门源百里花海、金银滩草原、鸟岛等，而且有众多历史文化底蕴深厚的人文景观，如能够展现地方经济社会历史变迁的多处古建筑群和遗址。除此之外，海北州还拥有中国第一个核武器研制基地。

近年来，随着草场利用方式的多样化，海北州在利用草场发展传统畜牧业的同时，大力发展草原旅游业，完善草场资源利用结构，促进旅游业进一步发展。2016年，海北州接待游客733.48万人次，实现旅游业收入20.45亿元。2019年，海北州接待游客1164.56万人次，实现旅游业收入42.41亿元，上升趋势明显。2020年，由于特殊原因，接待游客下降为479.40万人次，实现旅游业收入21.44亿元，同比下降49.4%。2016—2020年海北州接待游客人数及旅游业收入情况见图2-17。

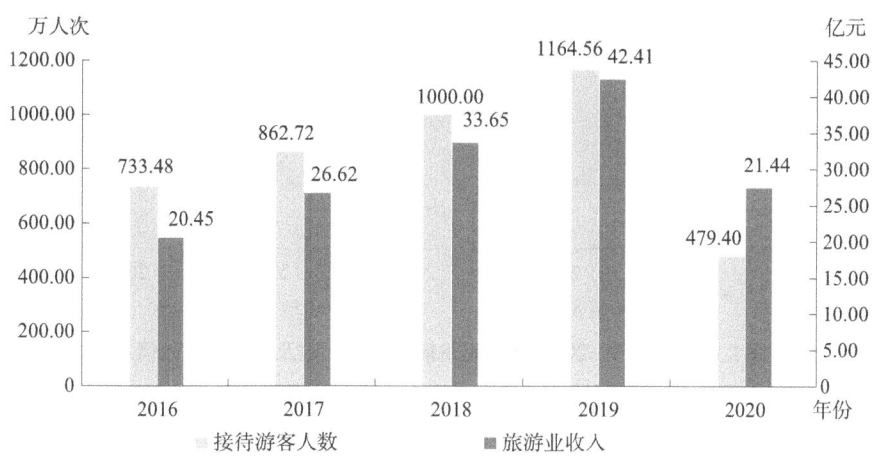

图2-17　2016—2020年海北州接待游客人数及旅游业收入情况

海南州旅游业总体呈上升趋势。如表2-16所示，2016年，海南州旅游业占第三产业比重为23%。与2016年相比，2020年，海南州旅游业收入占比明显提高，占比达46%，但总体水平在第三产业中仍偏低，应该加强旅游业，尤其是草原旅游业的发展；应加快牧区产业结构的多元化发展，优化产业结构，改善牧区牧民生产生活状况。

表 2-16　2016—2020 年海南州旅游业发展情况

项目	2016 年	2017 年	2018 年	2019 年	2020 年
旅游业收入 / 亿元	7.03	8.65	13.09	16.57	20.67
旅游业占第三产业比重 /%	23	25	34	38	46
草食畜商品率 /%	40.7	40.9	42.1	44.5	46.4

资料来源：海南州 2016—2020 年国民经济和社会发展统计公报。

2016 年，海南州接待游客 657.8 万人次，实现旅游业收入 16.57 亿元。2019 年，海南州接待游客上升至 1136.0 万人次，实现旅游业收入 37.80 亿元。2020 年，海南州接待游客 734.9 万人次，比上年下降 35.3%；实现旅游业收入 26.95 亿元，比上年下降 28.7%（见图 2-18）。

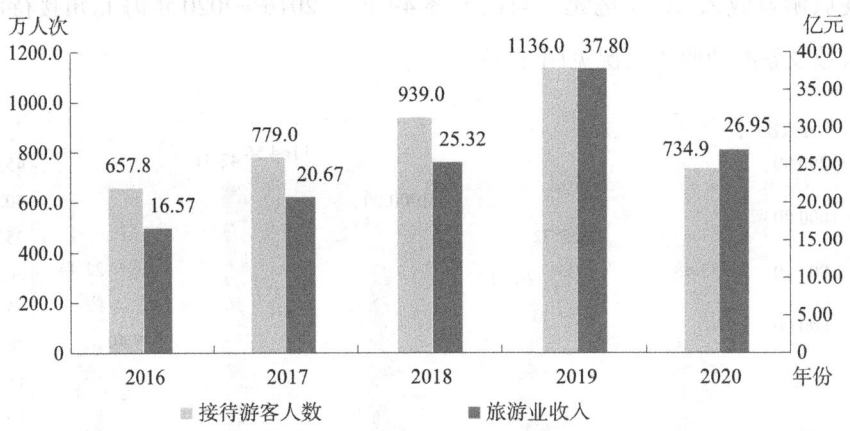

图 2-18　2016—2020 年海南州接待游客人数及旅游业收入情况

果洛州旅游资源丰富，近年来，旅游业收入水平不断提高。雄伟的名山大川、独特的地域文化，孕育了果洛州独具特色的旅游资源。黄河源头的扎陵湖和鄂陵湖，古称"柏海神湖"，是松赞干布迎娶文成公主的地方，有着见证藏汉联姻历史故事的迎亲滩。果洛州全民都有宗教信仰，宗教氛围浓厚，有玛沁的拉加寺、久治的白玉寺、达日的查郎寺、玛多的和科寺、甘德的龙恩寺、班玛的阿什羌寺等众多名刹古寺和人文景观。果洛州作为格萨尔史诗的重要发祥地之一，有众多格萨尔文化遗迹，甘德县柯曲镇的德尔文村被誉为"中国格萨尔史诗文化第一村"。2016 年，果洛州接待游客 45.91 万人次，实现旅游业收入 31047.00 万元；2019 年，果洛州接待游客 39.22 万人次，实现旅游业收入 28144.16 万元；2020 年，果洛州接待游客人数下降到 39.21 万人次，同比下降 0.03%，实现旅游业收入 34260.00 万元（见图 2-19）。

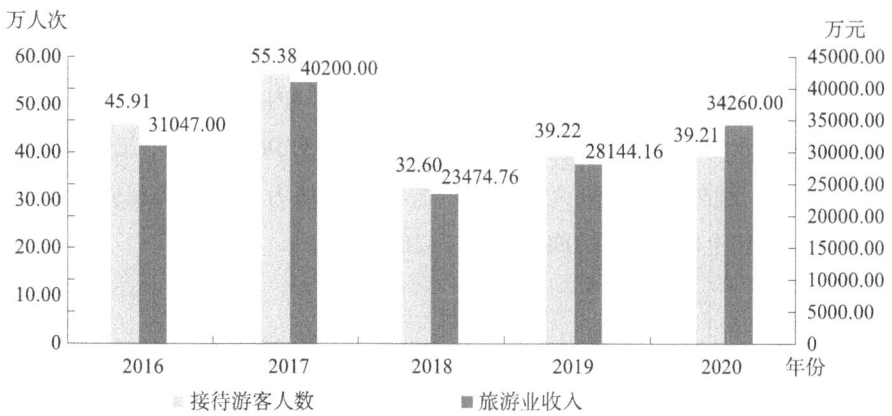

图 2-19 2016—2020 年果洛州接待游客人数及旅游业收入情况

黄南州旅游资源丰富，自然和人文景观众多，尖扎县坎布拉国家级森林公园、李家峡电站大坝和库区风光、同仁历史文化名城、热贡艺术和收入大世界吉尼斯纪录的大型卷轴画《中国藏族文化艺术彩绘大观》、藏传佛教寺院隆务寺、南宗尼姑寺、麦秀原始森林、泽库和日石经墙、河南圣湖仙女洞及青南高寒草原风光等。

黄南州文化与旅游融合发展相得益彰。黄南州政府围绕文化旅游融合发展示范区建设，编制完成文化旅游融合发展规划和文化产业发展规划。2019 年 12 月 26 日，热贡文化生态保护实验区通过国家验收，黄南州正式成为国家级文化生态保护区。而后，昂拉千户府获批第八批全国重点文物保护单位，大型藏戏《意卓拉姆》获"第八届青海省文学艺术奖"，在全国创先制定《热贡唐卡 - 青海省地方标准》，成功注册"唐卡艺术之都"商标，组建热贡艺术研究院，创建省级文化产业基地 6 个，培养州级非遗传承人 31 人。"万幅唐卡展""千人同绘唐卡"创造了吉尼斯世界纪录，"世界最大手写金书"荣获世界纪录认证。此外，黄南州重磅打造首届青海·热贡文化旅游节系列活动，藏戏艺术周、"五彩神箭杯"国际民族传统射箭精英赛、黄河国际铁人三项邀请赛、那达慕等文化体育赛事活动异彩纷呈。坎布拉景区基础建设、同仁历史文化名城修筑、州体育场改造等一批群众性文化体育场所也陆续建成投用，广播、电视人口综合覆盖率分别达到98.18%、98.15%，文化进村入户工程进展顺利，举办各类文化体育活动176场次，进一步丰富了群众精神文化生活。

2016年，黄南州共接待游客427.90万人次，其中，海外游客0.30万人次、国内游客427.60万人次，实现旅游业收入13.22亿元。2019年，接待游客810.70万人次，其中，境外游客0.30万人次、国内游客810.40万人次，实现旅游业收入23.52亿元。2020年，接待游客737.96万人次，比上年下降9.0%，其中，境外游客220人次、国内游客737.96万人次；实现旅游业收入25.88亿元，比上年增长10.0%（如图2-20所示）。

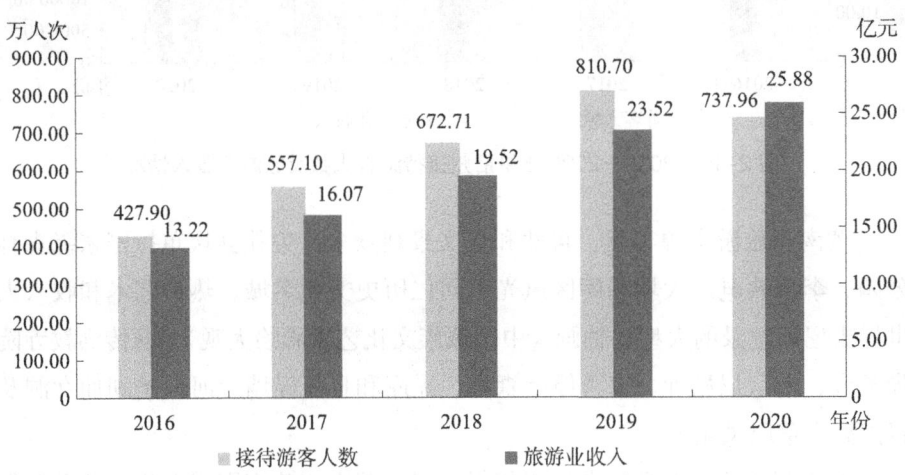

图2-20　2016—2020年黄南州接待游客人数及旅游业收入情况

2.3.3　青海省草原旅游发展现状

（1）青海省草原旅游产业化发展落后

目前，青海省旅游投入仍以市场运作为主，投资总量偏小，旅游相关配套设施利用率低且效益欠佳，加之旅游资源整合力度缺失，尚未形成规模性产业，旅游融资难的问题比较突出。近些年，青海省旅游投资商业化运作取得了一定的实效，虽然民间资本有所参与，但参与度不足，对政府依赖度高。除青海湖二郎剑景区有牧民自己经营的风景农家乐外，其他大部分景区都属于国家开发投资，参与的基础设施、道路修建等都由政府投资修建。旅游相关产业如住宿、餐饮等民间积极性也不高，只有当地人进行小规模的投资，外地资金较少流入。

（2）以自然风光为主，制约性较大

青海省旅游景点大都以自然风光为主，对自然环境资源的依赖性高。很长一段时间，青海省开展的旅游项目多为自然风光旅游，许多独特的人文旅游资源、宗教文化资源未被充分利用。与此同时，青海省的旅游产品并没有产生较好的经济与社会效应，主要在于青海省旅游产品总体开发力度不够，同质化问题严重，特色性不强、不突出。

特别是，青海省旅游淡旺季季节性明显，甚至出现旺季越旺，淡季越淡的恶性循环。在冬季，很多景区关门歇业，周边的住宿、餐饮门可罗雀，开张就意味着赔本的现象屡见不鲜。这是因为青海虽然是一个文化底蕴非常丰富的省份，但是从远古传说到近代民族文化等没有被充分挖掘。

3 青海牧民生产生活调查分析

3.1 调查情况总体说明

3.1.1 调查问卷设计

为更全面地掌握草原旅游发展下牧民的生产生活现状，同时考虑到面访调查得到的数据更真实，线上调查得到的数据相对随意而且不能区分样本所在区域，课题组分别设计了针对牧民和除牧民以外的社会公众人员的调查问卷，即以牧民为调查单位的问卷1和以除牧民外的社会公众人员为调查单位的问卷2。

问卷1从基本情况、青海牧民生活现状、青海牧民养殖现状、草原旅游发展对生产生活的影响四个方面设计了调研内容，全方位掌握了牧民家庭及个人的生产生活现状以及他们对生产生活现状的满意度。

问卷1针对面访调查设计了49个问题，主要涉及牧民生产基本情况、生活现状、养殖现状、草原旅游发展对生活的影响、思想文化观念以及生产生活满意度六个方面。牧民基本情况包括性别、婚姻状况、民族、学历4个质量指标和年龄、家庭人口数2个数量指标。针对牧民生活现状的描述，在人均纯收入基础上，主要考察牧民收支结构和住、行、基础设施完善情况，包括1个数量指标，5个质量指标。对于牧民养殖现状的调查，问卷1分别设计了针对畜牧养殖结构、数量、规模、暖棚设施、畜牧产品销售渠道、销售保障、畜牧业价格走势了解程度以及畜牧产品与牧民生活方面的各类指标。除此之外，为了更好地了解牧民的农牧经营结构，问卷1还设计了与畜牧有关如牧民种植经营和草场经营方面的指标，共2个数量指标，11个质量指标。

3 青海牧民生产生活调查分析

为调查草原旅游业对牧民生产生活的影响，问卷1从牧民周围是否有旅游区、牧民对旅游业发展态度、对国家发展草原旅游业政策认可度、对草场保护政策认可度、草原旅游业发展以来家庭生活变化、政府政策支持以及草原旅游业的影响类型方面，设计7个质量指标。除此之外，问卷1还设计了针对牧民教育、技能培训、保险、生态畜牧合作社、政府补助生活生产等方面的8个质量指标。为充分了解牧民的文化生活和思想观念面，问卷1从牧区文化活动类型、牧民参加意愿以及发展牧区文化的必要与否方面设计了3个质量指标。为更好地了解草原旅游业发展对牧民生产生活的影响，问卷1设计了青海牧民生产生活满意度，分别从生产生活总体满意度、基础设施、邻里关系、社会治安、经济收入、产品销售支持度、草原生态环境保护重要度等方面设计了8个质量指标。

问卷2以社会公众人员为调查单位，旨在从社会公众角度了解草原旅游业发展下青海牧民生产生活的满意度，主要针对线上用户回答问题，因此，在问题设计过程中考虑了线上特点。问卷2主要涉及抽样调查对象基本情况、对牧民生产生活的感知状况、草原旅游业发展对牧区牧民生产生活影响的感知状况。基本情况主要涉及年龄、性别以及学历，包括1个数量指标，2个质量指标。为了更好地了解社会公众人员对牧区牧民生产生活的感知情况，问卷2分别设计了了解程度、收入水平、消费水平、收支结构、住、行、基础设施、教育等方面的8个质量指标。为了充分了解社会公众与牧区牧民畜牧养殖关系，问卷2从畜牧结构、是否购买过牧民畜牧产品、购买畜牧产品满意度、购买畜牧产品途径等方面设计出5个质量指标。问卷2调查了社会公众对草原旅游业发展与牧民生产生活影响的了解情况，主要围绕牧区草场保护态度、牧民工作变化、草原旅游业发展态度、国家发展草原旅游业政策的态度、环境保护重要度、草原旅游业发展的影响等方面设计了8个质量指标。

3.1.2 调查对象的确定

本研究针对青海省草原旅游背景下的牧民生产生活展开研究，调查对象的选取原则是：调查对象全部为青海牧区牧民且居住在草原景区或草原景区30千米范围内。2018年，青海省牧业人口346.7万人，根据草原旅游区的面积与青海省草原面积的占比，估计出与草原旅游相关的牧业人口约占1.7%，总体而言，抽样比率大约为 1% 的样本量是可以得到调查问题的正确结果的，课题组经过核算，确定调查对象在 1000~1500 人比较合适。在分区域的调查对象确定过程中，采用确定典型区域再随机抽样的方法，由于本研究主要针对草原旅游背景，调查范围涉及青海省所辖 2 个地级市、6 个自治州。西宁市的草原旅游主要在环青海湖地区，典型调查地区选取位于湟源县赤岭日月山景区的日月藏乡兔儿台村，人口有 875 人[①]，根据计算，调查样本在 20~50 个；海东市的草原旅游主要在互助北山国家森林地质公园，选取互助县林川乡巴扎村，人口有 2580 人[②]，根据计算，调查样本在 20~50 个；海北州的典型地区选取金银滩草原所在地刚察县沙柳河镇恩乃村，人口有 1339 人，根据计算，调查样本在 50~100 个；海南州的草原旅游典型区域为贵德县神宝山景区，景区植被覆盖茂盛，山坡多松柏、桦树等树木，金露梅、银露梅、沙杨、垂柳分布其中，东山设有国有东山林场，地址位于贵德县河东乡，河东乡人口有 921 人，根据计算，调查样本在 20~50 个；果洛州的典型地区选择黄河源头星宿海景区——择玛多县扎陵湖乡尕泽牧委会，人口有 1355 人[③]，根据计算，调查样本在 20~50 个；玉树州典型地区选择位于唐蕃古道的囊谦县香达乡，人口有 8344 人[④]，根据计算，调查样本在 50~100 个；黄南州的典型地区选择草原旅游重点景区隆务寺所在地隆务镇；海西州的典型地区选择有"中国枸杞之乡"之称的诺木洪林场所在地都兰县诺木洪乡，该村人口约 1000 人，根据计算，调查样本在 30~50 个。

3.1.3 调查过程

牧民是青海牧区最主要的资源利用者。近年来，青海牧区旅游业发展迅猛，草原旅游的发展使牧民从传统单一的生产生活方式向新型牧业、多元经济结构、现代生活方式等方面转变，牧民的思想观念、价值取向、社会适应等方面产生了巨大变化。

---

① 数据来源于百度百科数据以及2019年青海省统计年鉴估算，https://baike.baidu.com/item/%E6%97%A5%E6%9C%88%E8%97%8F%E6%97%8F%E4%B9%A1。

② 数据来源于 https://baike.baidu.com/item/%E6%9E%97%E5%B7%9D%E4%B9%A1。

③ 数据来源于 https://baike.so.com/doc/24057518-24640812.html。

④ 数据来源于https://baike.baidu.com/item/%E5%9B%8A%E8%B0%A6%E5%8E%BF/10816223。

3 青海牧民生产生活调查分析

在调查过程中，课题组主要关注旅游发展下的青海牧民生产生活问题，也就是民生问题。对青海牧民生产生活调查，包括牧民收入、支出、教育、人口、就业、医疗卫生、住房等生活领域的问题和牧区机动车数量（生产工具）、生产领域的问题，也涵盖生产方式、土地资源（耕地和草地）、固定资产投资、生产工具（机械化、农具）、人力资本投入等宏观问题。调研组入户调查采取先分层再完全随机的抽样方法，通过预调研，对青海所有草原发展牧区进行全面梳理后，对调查地点进行主次区分，然后找出青海牧区旅游发展较快、较有特点的地区，对这些区域进行入户调研。本研究调查范围涉及青海省所辖2个地级市、6个自治州，总体上采用抽样调查法，针对不同的受访主体和访问内容，采用面访回答问卷的方式，同时辅助手机问卷发放。课题组分批次前往海北州、玉树州、黄南州等地，通过当面访谈、发放问卷等方式完成调查。为了保证入户调研收集数据的有效性，课题组调查选择在夏季和秋季初进行。

课题组采用"随机抽样+典型抽样"的方法，通过对草原旅游典型区域的走访和随机问卷回答，完成入户调查，共入户发放问卷并访谈509人，有效问卷444份，均完成问卷且数据有效。此外，为了增加问卷的覆盖性，全面掌握各类人员对青海牧民生产生活的感知度，课题组通过微信网络方式发放问卷，主要针对政府工作人员、其他群众，从不同视角全方位调查牧民生产生活情况，在手机问卷发放的过程中，注重区别不同受访群众的身份，针对不同职业、不同年龄的抽样调查对象发放不同的问卷，通过网络手机发放问卷回收618份，有效问卷592份，其中，259份为土著牧民回答问卷1的内容，333份为社会公众回答问卷2的内容（见表3-1）。调查实际完成样本量1036份，手机问卷比例57.14%，以牧民为主体回收的问卷703份（其中，面访444份，线上259份），以社会公众为主体回收的问卷333份（全部为线上回收问卷）。

表3-1 调查样本统计 单位：份

样本分类	分区域	样本量	合计
面访调查样本	西宁市	24	444
	海东市	31	

续表

样本分类	分区域	样本量	合计
面访调查样本	海北州	84	444
	黄南州	79	
	海南州	94	
	果洛州	42	
	玉树州	34	
	海西州	56	
线上调查样本	土著牧民	259	592
	社会公众	333	

资料来源：问卷调查统计。

3.2 样本特征分析

3.2.1 总样本特征分析

1036 份问卷中，样本的特征如下。从年龄分布来看，面访样本均匀，线上样本中 40~60 岁较多，性别差异不大，民族分布以藏族居多。所有原始数据见附表1，总样本特征占比具体情况见表3-2。1036 份问卷中，25~40 岁的样本个体占样本量的 30.41%，40~60 岁的样本个体占样本量的 36.00%，60 岁及以上和 25 岁以下的样本个体分别占样本量的 19.31% 与 14.28%，表明样本个体的年龄主要分布在 25~60 岁。

样本个体中，性别占比差异较小，但男性占比比女性占比稍大，其中，男性样本个体占样本量的 51.35%，女性占 48.65%。已婚的样本量占比较大为 61.39%，未婚的样本量占 38.61%，表明此次问卷样本个体中，已婚者占多数。样本个体的民族分布情况，以藏族和汉族为主，分别为 47.49% 和 32.14%；其他民族占比较小，为 20.37%，表明藏族和汉族样本个体居多。样本个体的学历构成中，多为初中、高中及中专学历，分别占样本总体的 38.03% 和 25.19%；其次是小学及以下学历，占 20.27%；大专及以上学历样本个体占比较少，占 16.50%。样本个体家庭人口构成中，3~6 人的家庭样本个体占比较大，占样本总量的 75.58%；2 人及以下或 7 人及以上的家庭样本个体占比较小，分别为 12.07% 和 12.36%，表明此次问卷样本个体中，家庭人口为 3~6 人的居多。

表 3-2　总样本特征占比情况　　　　　　　单位：%

组别		面访问卷占比	线上问卷占比	合计
年龄	25 岁以下	7.72	6.56	14.28
	25~40 岁	11.78	18.63	30.41
	40~60 岁	12.74	23.26	36.00
	60 岁及以上	10.62	8.69	19.31
性别	男性	18.34	33.01	51.35
	女性	24.52	24.13	48.65
婚姻状况	已婚	23.84	37.55	61.39
	未婚	19.02	19.59	38.61
民族	汉族	5.79	26.35	32.14
	藏族	27.03	20.46	47.49
	其他民族	10.04	10.33	20.37
学历水平	小学及以下	14.29	5.98	20.27
	初中	17.28	20.75	38.03
	高中及中专	8.01	17.18	25.19
	大专及以上	3.28	13.22	16.50
家庭人口	2 人及以下	3.96	8.11	12.07
	3~6 人	31.27	44.31	75.58
	7 人及以上	7.63	4.73	12.36

资料来源：问卷调查统计。

3.2.2　面访样本特征分析

分析受访对象的基本特征有助于从抽样调查对象的心理状态判断问卷的有效性、真实性。在 444 份有效面访问卷中，年龄结构合理，抽样调查对象的婚姻、受教育程度符合调查需要。

（1）调查样本的年龄结构

本次入户调查总调查样本数量为444人，区域调查样本数量从高到低依次为：海南州94人、海北州84人、黄南州79人、海西州56人、果洛州42人、玉树州34人、海东市31人、西宁市24人。

在本次调查中，25岁以下调查样本数量占比最低，仅占总调查样本数量的18.02%；25~40岁调查样本数量占比较高，占总调查样本数量的27.48%；40~60岁调查样本数量占比最高，占总调查样本数量的29.73%；60岁及以上调查样本数量占比较低，占总调查样本数量的24.77%。

西宁市25岁以下调查样本数量为4人，占25岁以下总调查样本数量（80人）的5.0%；25~40岁调查样本数量为5人，占25~40岁总调查样本数量（122人）的4.1%；40~60岁调查样本数量为6人，占40~60岁总调查样本数量（132人）的4.5%；60岁及以上调查样本数量为9人，占60岁及以上总调查样本数量（110人）的8.2%。

海东市25岁以下调查样本数量为5人，占25岁以下总调查样本数量（80人）的6.3%；25~40岁调查样本数量为8人，占25~40岁总调查样本数量（122人）的6.6%；40~60岁调查样本数量为8人，占40~60岁总调查样本数量（132人）的6.1%；60岁及以上调查样本数量为10人，占60岁及以上总调查样本数量（110人）的9.1%。

海北州25岁以下调查样本数量为15人，占25岁以下总调查样本数量（80人）的18.8%；25~40岁调查样本数量为20人，占25~40岁总调查样本数量（122人）的16.4%；40~60岁调查样本数量为27人，占40~60岁总调查样本数量（132人）的20.5%；60岁及以上调查样本数量为22人，占60岁及以上总调查样本数量（110人）的20.0%。

黄南州25岁以下调查样本数量为13人，占25岁以下总调查样本数量（80人）的16.3%；25~40岁调查样本数量为19人，占25~40岁总调查样本数量（122人）的15.6%；40~60岁调查样本数量为29人，占40~60岁总调查样本数量（132人）的22.0%；60岁及以上调查样本数量为18人，占60岁及以上总调查样本数量（110人）的16.4%。

海南州25岁以下调查样本数量为12人，占25岁以下总调查样本数量（80人）的15.0%；25~40岁调查样本数量为24人，占25~40岁总调查样本数量（122人）的19.7%；40~60岁调查样本数量为32人，占40~60岁总调查样本数量（132人）的24.2%；60岁及以上调查样本数量为26人，占60岁及以上总调查样本数量（110人）的23.6%。

果洛州25岁以下调查样本数量为10人，占25岁以下总调查样本数量（80人）的12.5%；25~40岁调查样本数量为16人，占25~40岁总调查样本数量（122人）的13.1%；40~60岁调查样本数量为9人，占40~60岁总调查样本数量（132人）的6.8%；60岁及以上调查样本数量为7人，占60岁及以上总调查样本数量（110人）的6.4%。

玉树州25岁以下调查样本数量为9人，占25岁以下总调查样本数量（80人）的11.3%；25~40岁调查样本数量为12人，占25~40岁总调查样本数量（122人）的9.8%；40~60岁调查样本数量为7人，占40~60岁总调查样本数量（132人）的5.3%；60岁及以上调查样本数量为6人，占60岁及以上总调查样本数量（110人）的5.5%。

海西州25岁以下调查样本数量为12人，占25岁以下总调查样本数量（80人）的15.0%；25~40岁调查样本数量为18人，占25~40岁总调查样本数量（122人）的14.8%；40~60岁调查样本数量为14人，占40~60岁总调查样本数量（132人）的10.6%；60岁及以上调查样本数量为12人，占60岁及以上总调查样本数量（110人）的10.9%。

调查样本分年龄、分地区占比情况具体见表3-3。

表3-3 调查样本分年龄、分地区占比　　　　　　　　单位：%

地区	25岁以下	25~40岁	40~60岁	60岁及以上
西宁市	5.0	4.1	4.5	8.2
海东市	6.3	6.6	6.1	9.1
海北州	18.8	16.4	20.5	20.0
黄南州	16.3	15.6	22.0	16.4
海南州	15.0	19.7	24.2	23.6
果洛州	12.5	13.1	6.8	6.4
玉树州	11.3	9.8	5.3	5.5
海西州	15.0	14.8	10.6	10.9

资料来源：问卷调查统计（原始数据见附表1）。

(2) 调查样本的性别、婚姻、民族情况

在性别方面，调查样本男性与女性人数差距较小，男性占比42.86%，女性占比57.14%；在婚姻状况方面，过半数抽样调查对象为已婚，占比57.14%；在民族方面，藏族抽样调查对象所占比例较高，达85.71%，而剩余抽样调查对象为回族，占比达14.29%，抽样调查对象中无汉族也无其他少数民族。

(3) 入户调查抽样调查对象的受教育、成员结构情况

在受教育程度方面，小学及以下学历的占比较高，比例为57.14%，初中学历的占比28.57%，高中及中专学历的占比14.29%，无大专及以上学历抽样调查对象；在家庭人口构成方面，5~6人构成的家庭占比较高，7人及以上的占比28.57%，可见海南州牧民户均家庭人口较多，但随之而来的是劳动力缺乏的问题，家庭劳动力人口2人及以下的占比较高；而常年在外打工的人口方面，2人及以下的占85.71%，大部分抽样调查对象家庭收入来源是依靠传统畜牧业，不曾外出打过工；在家庭年纯收入方面，抽样调查对象收入在3万~5万元的占比较高。

3.2.3 线上样本特征分析

回收的592份线上问卷中，333份回答问卷2，259份回答问卷1。分析受访对象的基本特征有助于从抽样调查对象的背景情况判断回答问卷的有效性。由于线上问卷与实地调查有很多不同，特分别进行分析。数据显示，应访土著牧民已婚率高于应访社会公众；在性别上，无论应访土著牧民还是社会公众都是男性多于女性。

(1) 土著牧民应访量少，年龄偏大

由于近年西部大开发政策的开展，越来越多的人关注到区域发展问题。从表3-4中可以看出，因为25~40岁的青壮年人是经济发展的主要动力，所以无论是土著牧民还是社会公众线上应访样本数量都是青壮年人居多，达总线上应访样本数量（592人）的40.71%（见表3-4）。虽然近年青海牧民人文素养有了显著提高，但相对于社会公众依然存在差距，尤其在25~40岁青壮年人群中，土著牧民调查样本数量明显低于社会公众，这表明牧区牧民各方面仍有待进一步发展。

3 青海牧民生产生活调查分析

表 3-4 调查样本分类别年龄统计情况　　　　　　　单位：份

年龄	社会公众受访量	土著牧民受访量
25 岁以下	42	26
25~40 岁	136	105
40~60 岁	109	84
60 岁及以上	46	44
合计	333	259

资料来源：问卷调查统计。

（2）男性藏民应访量多，土著牧民结婚率高

青海牧区是一个多民族聚居区域，其中以藏族为主要构成部分。在应访样本中，藏族占到了接近半数，远远高于汉族或其他民族。男性的社会经济主导地位，使土著牧民和社会公众的男性占比都高于女性，但青海牧区男女比例基本平衡。

在婚姻方面，土著牧民的已婚率明显高于社会公众。土著牧民的思想观念和历史遗留问题造成了早婚早育现象，土著牧民中已婚应访样本数量达到了总应访样本数量（259 人）的 75%。反观社会公众，已婚率和未婚率差别不大，表明土著牧民认知观念和社会公众仍有差距。

（3）应访社会公众学历较高，土著牧民学历偏低

虽然西部开发和教育资源的"向西"倾斜，已经显著提升青海牧区的总体受教育程度，但数据表明，土著牧民受教育程度依然不高，大专及以上学历仅占总应访样本数量（259 人）的 18.53%。相比之下，社会公众中，学历达到大专及以上层次的样本占比较高，超过了社会公众受访量（333 人）的 25%（见表 3-5）。教育不仅是一个根本问题，而且是一个时间跨度极长的问题，这需要青海省不断进行教育投入，尤其是对土著牧民的教育引导，进一步提升土著牧民的受教育程度。

表 3-5 调查样本分类别学历统计情况　　　　　　　单位：份

学历	社会公众受访量	土著牧民受访量
小学及以下	30	32
初中	120	95

续表

学历	社会公众受访量	土著牧民受访量
高中及中专	94	84
大专及以上	89	48
合计	333	259

资料来源：问卷调查统计。

调查主要选择草原旅游资源丰富的区域：海南州、黄南州、海北州、海西州、果洛州。课题组为完成对青海牧民生产生活的调查研究，掌握草原旅游发展下牧民生产生活现状，展开全面的走访和面访。

3.3 问卷信度、效度检验

3.3.1 信度分析

信度，又称"可靠性程度"，主要目的是分析研究中采用的测量方法与其测量结果的一致性。同时，用该一致性的高低程度评价测量量表和测量方法之间的可靠性。通常，学术界对内部一致信度的检验采用克隆巴赫 α （Cronbach's Alpha）系数，并规定如果该系数值在 0.9 以上，则问卷信度很好；如果该系数值在 0.8~0.9，则问卷信度较好；如果该系数值介于 0.7~0.8，则问卷信度可以接受。

为体现调查问卷的可靠性，指使用同一方法对青海牧区进行反复测量时，测量的结果一致，特使用信度分析问卷。问卷的信度反映了调查的真实性，是问卷改进完善程度的重要指标。一般的信度分析方法有重测信度法、复本信度法、折半信度法、α 信度系数法。

在调查问卷分析中，运用 IBM SPSS Statistics 26 统计软件对从 444 份问卷中提取出的数据进行信度分析，见表 3-6。采用 α 信度系数法和重测信度法评定信度。从总体中提取相互关联的四个问题归于一个维度，称为"维度一"。

一般认为，克隆巴赫 α 系数在 0.700~0.790 表示信度较好；在 0.800~0.900 表示内部一致性信度很好；在 0.900~0.940 表示通常能得到的最好结果；

在 0.950~0.990 表示测验可靠性非常高,但一般不常见。其中,总体 σ 为 0.795($p<0.001$),维度一 σ 为 0.795($p<0.001$)。总体 σ 和维度一 σ 均处在 0.700~0.790,表明问卷信度较好,在使用过程中的一致性程度较高。删除项后 σ 分别为 0.722、0.662、0.784、0.786,均小于总体 σ 的 0.795,表明设置的各个问题信度也较高,问题的设置是合理的。

表 3-6 青海牧民生产生活调查问卷信度情况

可靠性统计	
克隆巴赫 α 系数	项数
0.795	4

项总计统计			
项目	删除项后的标度平均值	删除项后的标度方差	修正后的项与总计相关性	删除项后的克隆巴赫 α
基础设施	11.0645	4.329	0.654	0.722
生产生活	11.0000	4.267	0.758	0.662
邻里关系	10.8065	5.428	0.519	0.784
生活状态	10.8710	5.649	0.517	0.786

总体 σ	维度一 σ	删除项后 σ
0.795	0.795	0.722
		0.662
		0.784
		0.786

3.3.2 效度分析

效度,又称"有效性",指测量方法能够准确测出所需测量的事物的程度。效度是指测量到的结果反映想要考察内容的程度,测量结果与要考察的内容越吻合,效度越高;反之,则效度越低。效度反映了问卷的稳定性,是问卷改进完善的重要指标。常用的效度检测方法有:相关法、区分法、命中率法、预期表法。

在调查问卷分析中，运用 IBM SPSS Statistics 26 统计软件对从 444 份问卷中提取出的数据进行效度分析。采用 EFA 探索性因子分析检验问卷的因子结构，将巴特利特球形检验和 KMO 检验作为进行 EFA 的评定标准，以探究所有指标是否适合进行因子分析。使用主成分分析法提取公因子，以 Kaiser 准则的特征值大于 1 为标准，同时参考特征值的碎石检验，确定提取公因子的个数。用主成分分析法提取公因子，用凯撒正态化最大方差法旋转因子。

KMO 用于检查变量间的偏相关性，取值在 0~1.000。根据 Kaiser 提出的 KMO 的取值决策标准，KMO 值越接近 1.000，变量间的偏相关性就越强，因子分析效果就越好。KMO 值在 0.900 以上极适合做因子分析，在 0.800 以上适合做因子分析，在 0.700 以上尚可做因子分析，在 0.600 以上勉强可以做因子分析，在 0.500 以上不适合做因子分析，在 0.500 以下非常不适合做因子分析。在实际运用中，KMO 值在 0.700 以上时，效果比较好；在 0.500 以下时，不适合应用因子分析。巴特利特球形检验用于判断相关矩阵是否是单位阵，即各变量是否有较强的相关性。当 $p<0.05$ 时，不服从巴特利特球形检验，应拒绝各权变量独立的假设，即变量间有较强相关性；当 $p>0.05$ 时，服从巴特利特球形检验，各变量相互独立，不做因子分析。

如表 3-7 所示，KMO 取样适切性量数为 0.749，高于 0.700，说明变量间的偏相关性较强，因子分析的效果比较好。巴特利特球形检验显著性为 0.000，小于 0.050，非常适合做因子分析。

表 3-7 青海牧民生产生活调查问卷的 KMO 检验和巴特利特球形检验

	KMO 取样适切性量数	0.749
巴特利特球形检验	近似卡方	36.567
	自由度	6
	显著性	0.000

对青海牧民生产生活调查问卷进行 EFA 探索性因子分析得到表 3-8。数据显示，EFA 探索性因子分析的结果与原假设相同，提取出了一个维度与预先设想一个维度相符合。累计贡献率超过 60%，说明问卷的效度处于可用的水平，但仍有十分大的提升空间。

表 3-8 青海牧民生产生活调查问卷的 EFA 探索性因子分析

相关性矩阵					
		V_1	V_2	V_3	V_4
相关性	V_1	1.000	0.667	0.445	0.441
	V_2	0.667	1.000	0.538	0.543
相关性	V_3	0.445	0.538	1.000	0.301
	V_4	0.441	0.543	0.301	1.000

公因子方差		
	初始	提取
V_1	1	0.679
V_2	1	0.790
V_3	1	0.508
V_4	1	0.509

总方差解释				
	初始特征值		提取载荷平方和	
成分	总计	方差百分比 /%	累积 /%	累积方差百分比 /%
1	2.486	62.145	62.14	62.145
2	0.699	17.484	79.629	
3	0.514	12.851	92.48	
4	0.301	7.52	100.00	

成分矩阵 a		成分得分系数矩阵	
成分 1		成分 1	
V_2	0.889	V_1	0.331
V_1	0.824	V_2	0.357
V_4	0.714	V_3	0.287
V_3	0.713	V_4	0.287

根据因子分析出的主成分特征碎石图可知，曲线在第 2 个因素以后特征值变化趋于平稳，近似水平线（见图 3-1）。

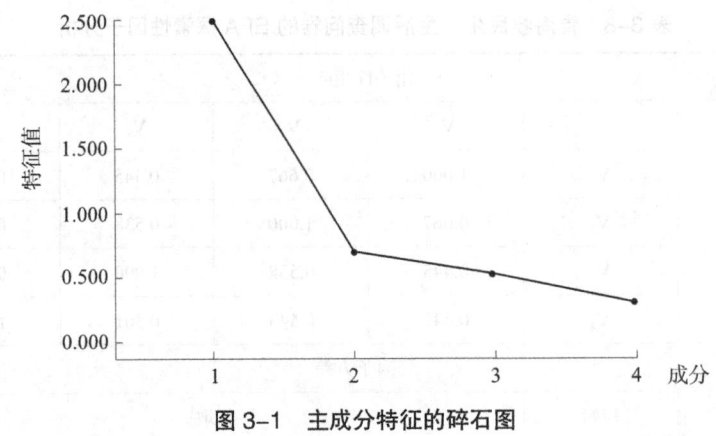

图 3-1　主成分特征的碎石图

碎石图检验准则为：曲线开始变平的前一个点被认为是提取的最大因子数。因此，从此处观测数据可以抽取 1 个因子。总方差解释第二列表示提取一个因子的共同累计方差贡献率为 62.145%，高于 60%，丢失的信息在可以接受的范围。由于仅提取了一个成分，故无法旋转此解。

3.4　青海牧民生活情况调查分析

3.4.1　青海牧民收入情况调查分析

收入问题设计在调查问卷 1 的第 7 题、第 8 题、第 11 题，根据课题组得到的问卷数据分析得出以下结论。

（1）家庭纯收入整体呈上升趋势，但地区差异较大

在国家经济增长总体放缓的大环境下，青海牧民的收入也趋于中高速增长。农牧民纯收入为当年从各个来源得到的总收入扣除产生的费用后的收入总和。纯收入是农牧民再生产投入和当年生活消费支出的基础，也是储蓄和非义务性支出的主要来源。农牧民纯收入作为一项重要的统计指标，为全面了解农牧民生产、消费、积累和社会活动情况及国民经济核算提供基础数据，为研究农牧区居民收入和生活质量的变化，监测农牧区摆脱贫困和全面建设小康的进程，满足各级政府和宏观决策部门研究制定农牧区经济政策的需要以及社会各界的信息需求，为国民经济核算提供可参考数据。

3 青海牧民生产生活调查分析

从家庭收入来看,青海农牧民年收入1万元以下的占比6.38%、1万~3万元的占比12.76%、3万~5万元的占比25.53%、5万~10万元的占比38.29%、10万元及以上的占比17.04%,其中,年收入5万~10万元的农牧民占比最高,如图3-2所示。分析来看,年收入处于1万~5万元的中低收入家庭占比较低,低收入家庭和中低收入家庭所占比例都在缩小,5万元及以上的中高收入家庭所占比例明显扩大,家庭收入整体呈上升趋势。

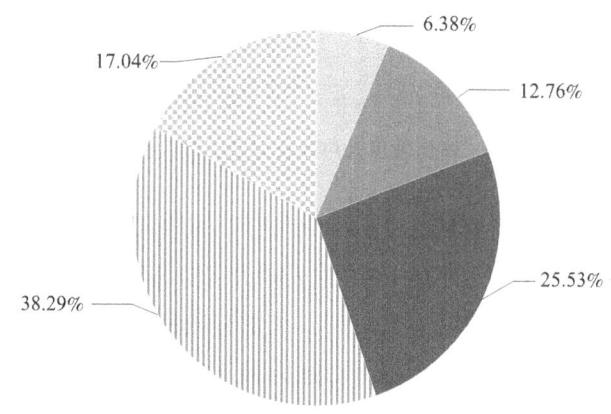

图3-2 青海农牧民家庭收入占比情况

青海省农牧民人均纯收入保持在1万~5万元的家庭居多,收入分布符合青海省的发展现状。调查(703份问卷,有效数为563份)显示,被调查农牧民家庭的人均纯收入在1万元以下的较低收入家庭占比为15.5%,在1万~3万元的家庭占比为30.2%,在3万~5万元的家庭占比为41.7%,在5万元及以上的较高收入家庭占比为12.6%。家庭人均纯收入在3万~5万元的中高收入家庭在牧区是比较普遍的,这说明青海省的传统畜牧业发展日益良好,这一部分通常是草场面积较大、家畜养殖规模较大的农牧民家庭,一年的农畜产品销售量占了家庭收入的大部分;人均收入超过5万元的较高收入家庭,一般都是在发展传统畜牧业的基础上,发展草原旅游业、兼职务工等,增加了家庭的收入来源,灵活就业和第三产业融合发展使他们获得了更多的家庭收入;而人均收入不超过1万元的家庭,大部分是因病致贫或是缺少劳动力(见图3-3)。

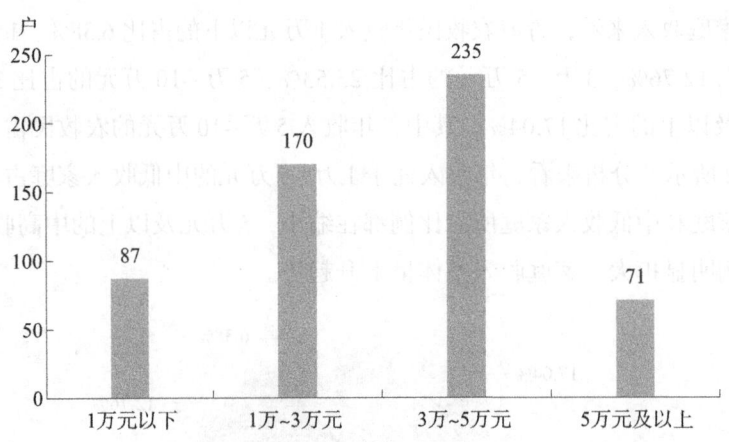

图 3-3 青海牧民入户调查家庭纯收入统计情况

调查结果显示，青海牧民（703份问卷）的收入较高，1万~5万元收入的家庭已经占到总体牧民的75.1%，这表明大部分青海牧区牧民的经济收入较高，近年牧区经济总体发展态势较好，大部分牧民的收入得到极大提高，牧民的生产、生活水平得到极大提升。这为接下来牧区经济的进一步发展提供了良好基础。另外，收入较低和极高的牧民数量较少，其中，收入在1万元以下的牧民和收入在5万元及以上的牧民分别占样本总人数的18.9%与6.0%。这说明牧区呈现"橄榄球"式经济，即中间较高收入者占绝大多数，而两端较低和极高收入者占比皆少。这种是较为理想的经济发展模式，多数人收入达到较高水平意味着区域总体经济水平发展良好，而收入较低者和收入极高者较少则意味着要改进目标。调查详细数据见附表1，对青海牧民人均年收入调查统计情况见表3-9。

表 3-9 青海牧民入户调查人均年收入统计情况

人均年收入	面访/份	线上/份	总计/份	占总样本量百分比/%
1万元以下	114	19	133	18.9
1万~3万元	181	86	267	38.0
3万~5万元	126	135	261	37.1
5万元及以上	23	19	42	6.0

资料来源：问卷调查统计。

3 青海牧民生产生活调查分析

分区域来看，青海牧民家庭纯收入总体水平较高，但是区域差异十分明显，整体发展不协调。课题组深入青海省各地区调研得到的 444 份人均年收入分区域数据见表 3-11。

由表 3-10 可知，西宁市牧民人均年收入多集中在 3 万~5 万元，占比为 37.50%。与西宁市相比，果洛州、黄南州和海南州的牧民人均年收入主要集中在 1 万~3 万元，占比都在 45.00% 左右。根据调查数据绘制受访牧民人均年收入区域差别统计图（见图 3-4）。由图 3-4 可知，西宁市和海东市经济相对其他区域较为发达，这两个区域人均年收入差异较小，牧民的收入比较均衡，而且贫富差距很小，这也证明了西宁市和海东市经济发展势态良好，牧民总体收入相较以往得到显著提高。相比于西宁市和海东市牧民收入平稳，果洛州、玉树州和海西州的牧民收入差异较大，牧民人均年收入多集中在 1 万~3 万元，其他收入区间的牧民相对较少。

表 3-10 线下问卷分区域人均年收入占比情况   单位：%

地区	1 万元以下	1 万~3 万元	3 万~5 万元	5 万元及以上
西宁市	20.83	29.17	37.50	12.50
海东市	32.26	29.03	32.26	6.45
海北州	21.43	38.10	35.71	4.76
黄南州	27.85	48.10	24.05	0
海南州	24.47	45.74	23.40	6.38
果洛州	28.57	45.24	23.81	2.38
玉树州	35.29	41.18	20.59	2.94
海西州	21.43	33.93	33.93	10.71

资料来源：问卷调查统计。

经济收入的差异化代表贫富差距的显现，区域经济的发展是导致收入差异的重要因素，这些区域的牧民通过各种方法增收，部分牧民收入显著增加导致了收入差异化。海北州、黄南州和海南州相比其他地区牧民收入差异更加明显，在这部分区域中更多的牧民人均年收入集中在 1 万~3 万元，但相比之前的区域（果洛州、玉树州、海西州）贫富差距更加明显。另外，海北州、黄南州和海南州同比其他地区，牧民人均年收入在 1 万元以下的占比明显更高，这三个区域未来经济发展任务较为艰巨，牧民的总体收入水平有待提高，要使整体经济快速发展才能从根本上解决收入区域差异性问题。

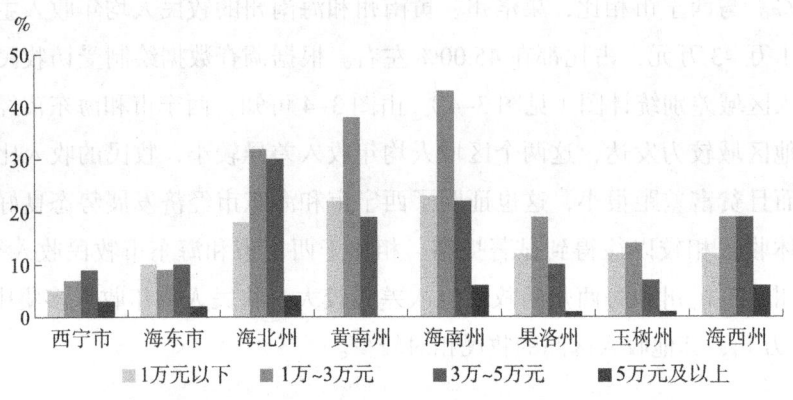

图 3-4　青海牧民入户调查人均年收入区域差别统计情况

　　西宁市和海东市的人均年收入较高，究其原因是地理优势和政策优势。近年来，青海省不断加大对城市的政策倾向，着力打造西宁市在青海省的经济地位。西宁市拥有青海省最优质的教育资源，有青海省唯一的 211 院校；优质人才的培养使得城市收入明显提升，西宁市和海东市的人均年收入集中在 3 万~5 万元，明显优于青海省其他地区。正是因为城市收入的增加，青海牧区的人口逐步向城市迁移，牧区牧民数量相对减少。从青海省地理地形图来看，可以明显看出西宁市和海东市海拔相对其他区域较低，更加邻近内地经济发达地区，并且交通更加便利。尤其是西成铁路作为我国西部的一条高速大通道，是国家"十三五"期间重点工程建设项目之一，被纳入国家《"十三五"现代综合交通运输体系发展规划》。西成铁路途经青海省海东市、黄南州，邻甘肃省、四川省，接轨在建成兰铁路，之后与成兰铁路共线。这使得更多资金、技术、人才直接流入西宁市和海东市，使两市的人均收入明显高于其他区域人均收入。尤其是西宁市中年收入在 5 万元以上的人数占到西宁市总调查人数的 13.0%。可见，青海省城市就业规模和人数不断增加，牧区就业人数逐渐减少。

3 青海牧民生产生活调查分析

（2）由收入来源单一，逐渐向多元化演变

对收入来源的调查显示，牧民家庭收入来源多样化，除传统畜牧业经营收入外，外出打工成为牧民主要收入来源。在被访的牧民中，传统畜牧业收入占总收入的 49.55%；有 54.73% 的牧民经济收入主要来源于外出打工；旅游业附加收入、出租草场及政府补贴成为牧民新的收入来源，分别占抽样牧户样本的 23.42%、24.32% 和 20.27%，如图 3-5 所示。

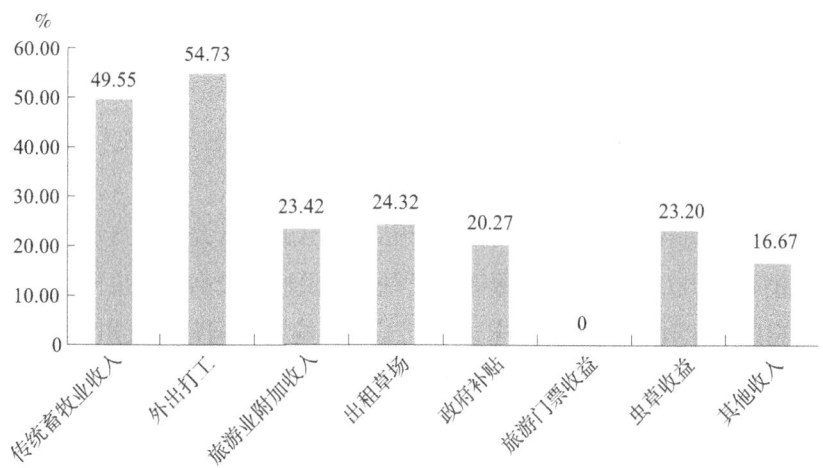

图 3-5 青海牧民入户调查主要经济来源统计情况

根据问卷 1 中第 8 题收集到的数据分析，青海牧民家里的主要经济来源是传统畜牧业收入，占 91.49%，其中，外出打工收入占 36.17%、旅游业附加收入占 10.64%、政府补贴占 4.25%、旅游门票收益和出租草场各占 2.12%、虫草收益占 1.45%、其他收入占 13.33%。

调查数据显示，从农牧户家庭收入主要来源来看，家庭成员在外务工等工资性收入占比约为 33%，传统畜牧业收入、旅游业附加收入、旅游门票收益、虫草收益等经营性收入占比分别为 33.0%、13.6%、3.9%、14.5%，出租草场、政府补贴等转移净收入占比分别为 7.9%、14.2%。可以看出，农牧户家庭的主要收入来源中，家庭成员外出打工和传统畜牧业收入两项的占比均为 33%，这与过去单一的传统畜牧业收入不同，现如今农牧户的家庭收入来源出现了多元化的发展，其中，最明显的是外出打工收入占比明显增加。同时，随着草原旅游业的发展，旅游经营性收入也成为农牧户家庭收入来源的重要组成部分。从这些数据中还可以发现，随着国家精准扶贫工作的贯彻落实，政府补贴等财政转移性收入也是青海省农牧户家庭收入来源浓墨重彩的一部分。

近年来，农畜产品价格高涨，给农牧民带来一定的收益。一方面，高涨的农畜产品价格与高涨的生产成本相抵销；另一方面，价格并不是全部在生产过程中上涨的，其中一部分是在流通过程中上涨的。农畜产品流通过程中价格上涨带来的收益与农牧民无关，他们的收入并没有因此增加。

3.4.2 青海牧民消费结构调查分析

生产性投入主要包括养殖业投入和种植业投入。养殖业投入分为饲草料投入（包括购买饲草费用、饲料费用）和家畜养殖投入（包括直接人工费用、间接人工费用）。

（1）牧区消费能力有待提高，生产资料支出压力最大

在消费支出方面，青海省藏区牧民每年支出比例最高的是生产资料支出，生活资料的支出比例次之。其中，生产工具和购买草饲料的支出占比分别为18%与17%；生活资料的支出中大部分为食品支出，占比达到12%；而医疗支出仅为7%（见图3-6）。

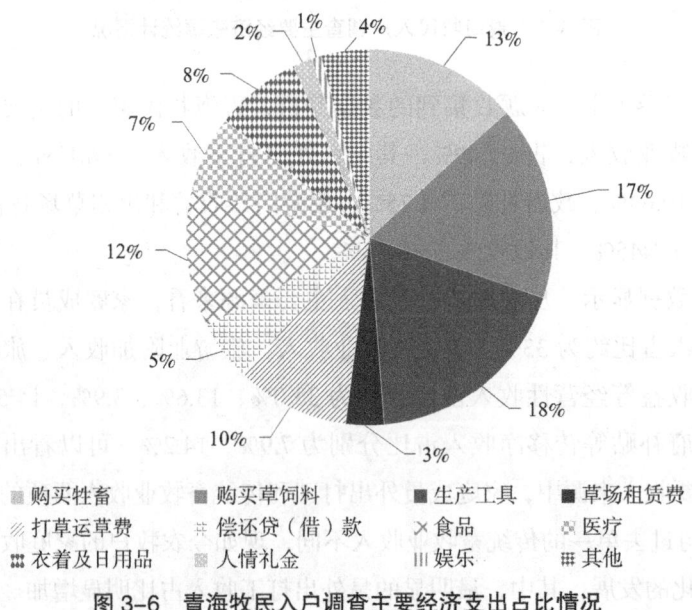

图3-6 青海牧民入户调查主要经济支出占比情况

就藏区现状分析，由于藏区地域辽阔，且在国家"生态优先"发展的大环境下，藏区牧民一年生产资料的支出约占消费支出的1/3。对于藏区牧民来说，每年的生产资料消费是必不可少的。在生活资料的消费中，食品、医疗、衣着等的比例较高。相对而言，食品消费处于合理稳定的区间，因藏区牧民的食物基本都是自给自足，他们的食品支出主要为水果、零食、蔬菜等。医疗支出在牧民支出中只占7%，一是因为当地牧民对于健康的观念老旧，他们认为小病吃药就可以，不会刻意去医院检查和治疗；二是因为当地医疗条件有限，对于牧民来说"看病难"——有些乡镇距离当地县城达130多千米，地域的辽远导致牧民生病了就以吃药作为主要的治疗模式，所以，在藏区医疗支出并不是很高。

（2）牧户消费水平提升，消费结构进一步改善

在牧民的消费构成中，以医疗支出、购买生产资料、日常消费支出和教育支出为主。由此可知，随着生活水平的提升，农牧民对自身的健康颇为关注，定期检查及医治使得医疗支出增加。在课题组抽样调查的样本中，医疗支出成为53.49%农牧户家庭消费支出项目；随着草场利用方式的多元化和摩托车等便利交通工具的普及，畜牧业生产经营方式发生显著改变，摩托车以及草场等生产资料方面的支出占到调查样本的45.95%；日常消费支出仍是农牧户重要的消费支出项目；学生的生活条件有所改善从而导致教育方面的支出有所增加，此次入户抽样调查中，教育支出占抽样农牧户的35.56%；另外，青海牧区为藏族等少数民族聚居地，藏传佛教在信教群众中有着广泛而深刻的影响，因此，宗教支出是部分农牧户消费支出的重要部分，约占7.68%（见图3-7）。

青海是我国畜牧业大省，优质牧场和牧民数量众多，牧民放牧数量的多少决定着牧民家庭畜牧产量的高低，而生产性支出的结构也是牧民生产选择的表现。

总体来说，青海牧民生产支出可分为"购买牲畜""购买草饲料""生产工具""草场租赁费""打草运草费"等几个方面。牧区牧民生产性支出规模小，无论上一年的收入是多还是少，牧民每年的生产性支出几乎都没有变化，支出项目也没有明显增加或减少。实际上，生产性支出是提高牧民收入水平的基本措施和必要手段，有限的支出规模则是青海牧区阻碍畜牧业经济发展水

平提升的一个巨大障碍。

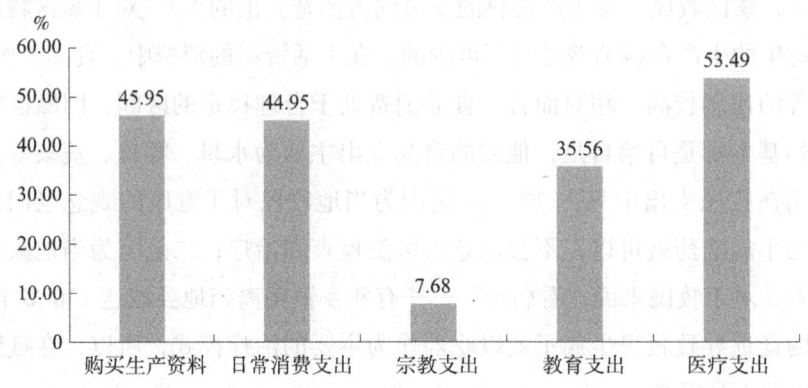

图 3-7　青海牧民入户调查消费支出结构统计情况

另外，青海牧民支出方式以直接购买生产资料为主。直接支出是指牧民将货币或物资直接投入生产，间接支出是指牧民以其资本通过上交国家税收、提留、福利事业费、包干上缴、科技投资、相关教育、人才培养、优良育种等方式的投资。这说明牧民的直接支出是其经济增长的主要动力之一，但间接支出更能增加牧民的收入。

青海牧区牲畜养殖多以牛、羊为主，极少出现其他养殖品种，这就会导致很多问题。如牲畜的抵抗性有限，同一品种一旦遇上暴发性疾病灾害就会导致大面积死亡。牲畜的各个生长期需求环境不同，有利因素促进生产丰收，恶劣因素造成减产、失收，影响牧民收入进而影响粮食安全。

另外，观赏性极高的牲畜附加价值也更大，如羊驼等。作为新一代"网红神兽"，羊驼的附加价值越来越高。近年来，青海牧区旅游业的发展越来越迅速，如果能把畜牧业和旅游业结合起来，就会产生更多的经济价值。

青海省人少地多，加之自身复杂的地理、气候条件，一些地区很难做到大规模畜牧养殖，由于大多数牧民养殖规模较小且相对分散，草场的利用率下降，畜牧业产量随之减少，牧民的放牧收益必定会受到影响。

经调查，青海牧区畜牧生产经营的集约化程度大大低于其潜在集约化水平。经过分析发现，影响牧区牧民集约化经营的因素主要分为三个。第一，牧区牧民受教育水平普遍较低，这成为影响牧民发展集约化经营的主要因素。由于集约化经营对于牧区牧民来说是一种新事物，而受自身文化水平的约束，认知程度有限，对集约化的经营方式并不能很快接受。第二，畜牧业生产的专业化程度普遍偏低，这是制约牧民集约化经营的另一个重要因素。尽管有少部分牧民实现了专业化水平较高的畜牧业生产经营，但大部分牧民并未实现规模化、专业化的生产经营方式，因此不能从根本上提高牧区畜牧业生产的集约化水平。第三，畜牧产品的商品化程度不足会对牧民集约化经营产生很大阻碍。由于畜牧产品的商品化程度越高，越能通过集约化经营抵御市场风险，牧民的集约化经营水平也越高。

（3）各牧区牧户消费结构趋于合理，但区域性差异较大

随着经济的发展和牧户收入水平的提高，青海省牧户消费结构趋于合理化，但各州市间的消费支出结构呈现出显著性区域差异（见表3-11）。

表3-11 青海分区域入户调查消费结构统计情况　　　　　单位：%

支出项目	西宁市	海东市	海北州	黄南州	海南州	果洛州	玉树州	海西州
购买生产资料（买车辆、租草地等）	41.67	35.48	40.48	46.84	44.68	61.90	52.94	42.86
日常消费支出	50.00	48.39	29.76	36.71	38.30	52.38	47.06	46.43
宗教支出	4.17	6.45	5.95	5.06	10.64	7.14	2.94	8.93
教育支出	20.83	19.35	25.00	22.78	43.62	35.71	29.41	33.93
医疗支出	58.33	38.71	35.71	41.77	47.87	28.57	64.71	44.64

资料来源：问卷统计分析。

由表3-11可知，西宁市农牧户的消费结构以医疗支出和日常消费支出为主。海东市和海西州的消费结构支出以日常消费支出、医疗支出为主。与海东市和海西州消费结构不同，海北州、黄南州及果洛州消费结构中购买生产资料（买车辆、租草地等）占比较大。医疗支出和购买生产资料项目在海南州与玉树州消费结构中占主要地位。各市州消费结构的区域性特征与各市州经济社会发展水平、区位环境特征以及政策因素具有紧密联系。

在较好的工业基础、区域经济发展水平和城乡协调发展背景下，西宁市、海东市和海西州牧户整体收入水平与消费结构水平较其他各州表现出明显的优势。海北州、黄南州和果洛州消费结构的突出特征在于凭借丰富的草场资源，在传统畜牧业基础上，加大现代化生产资料的投入，优化畜牧生产方式，

使得生产资料购买支出占比较大。近年来，中央和地方对各州医疗服务型基础设施进行完善，使各州牧户医疗需求得到极大满足，各州牧户医疗支出占比较大，特别是玉树州灾后医疗基础设施的重建和医疗基础设施水平的提升使牧户潜在的医疗需求得到满足，医疗支出和购买生产资料（买车辆、租草地）项目在海南州与玉树州消费结构中占主要部分。绘制各市州牧户消费支出结构占比星图，可以更清楚地看到分区域牧户消费支出情况（见图3-8）。

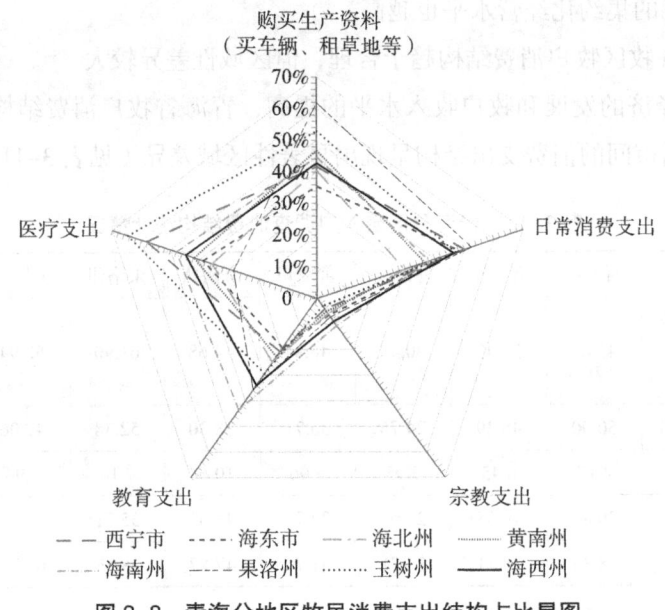

图 3-8　青海分地区牧民消费支出结构占比星图

3.4.3　青海牧民就业情况调查分析

在对青海省及青海牧区牧民就业情况大致了解的基础上，课题组针对牧区牧民就业问题的特殊性，实际走访了青海各市州牧区，对牧区牧民的经济收入来源、职业技能培训、农牧业经营结构各个方面进行了深入调研。

（1）牧区牧民就业形势多元化，但对传统畜牧业仍有较大依赖性

以牧户家庭收入的主要来源为依据，牧区牧民就业形势多元化。根据调查样本，54.73%的牧户经济收入主要来源于外出打工，旅游业附加收入、出租草场和政府补贴也成为牧户收入新的主要来源，分别占抽样牧户样本的23.42%、24.32%和20.27%，但仍有49.55%的牧户收入来源于传统畜牧业，

表明近年来虽然牧区牧民就业形势逐渐多元化,但对传统畜牧业仍有较大依赖性。

(2)牧区牧户的农业经营结构单一

调研资料显示,牧区牧户的农业经营结构较为单一。在实际走访的过程中发现,牧区牧民在经营畜牧业的基础上较少种植其他经济作物或者粮食作物。在经营传统畜牧业基础上种植其他经济作物或粮食作物的牧区牧民仅占抽样调查样本的41.44%,单一从事畜牧业养殖的牧民占比达58.56%。

(3)动物防疫和饲养是牧区牧民主要的职业技能需求

针对牧区牧民职业技能培训方面的情况,课题组结合青海牧区特点,设计了相关职业技能类型并进行调研,发现动物防疫和饲养是牧区牧民最需要的培训技能,占到抽样调查样本的54%;与畜牧业相关的草地种植和保护也是牧区牧民想要获得的职业技能,占到抽样调查样本的30%;然后是以服务业为主的技能培训如唐卡、电焊、厨师、服装加工类技术等,约占15%(见图3-9)。

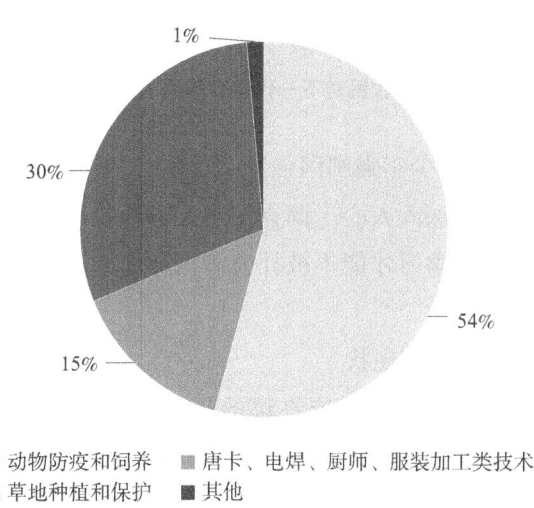

图3-9 青海牧民入户调查职业技能培训类型占比

3.4.4 青海牧区教育问题调查分析

课题组针对青海牧区教育情况进行了深入调研发现,虽然牧区牧民对教育的重视程度较高,但牧区存在教育体制尚未健全、办学成本高等问题。

（1）教育观念深入人心

针对牧区的教育发展，特设定了"您家对下一代教育问题的重视程度"一题，结果有 75.68% 的牧民家庭非常重视下一代的教育问题，15.09% 的牧民家庭重视下一代教育，9.01% 的牧民家庭一般重视下一代教育，只有 0.23% 的牧民家庭不重视下一代教育，如图 3-10 所示。

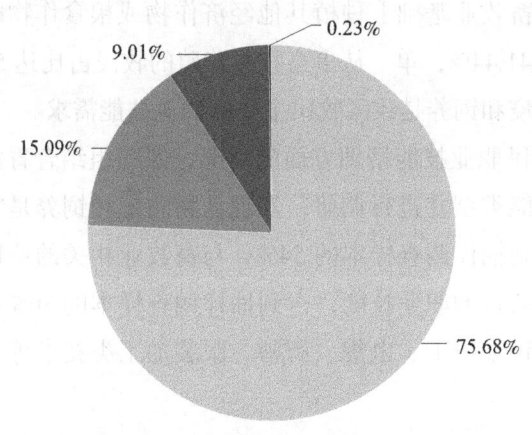

图 3-10　青海牧民对下一代教育问题的重视程度占比

教育是一国之本，"少年强则国强"。藏区牧民对于下一代教育的重视程度之高，说明这些观念深入人心。调查发现，当地牧民认为，在如今快速发展的时代背景下，只有学习才能不被社会淘汰，才能走出家乡，才能为家乡的发展做出贡献。

（2）牧民最想改善教育现状

本次调查问卷中每户家庭都有在读的孩子，当被访者谈及教育问题时，不善言辞的他们也会慷慨激昂地诉说对于改善教育问题的殷切希望。藏区教育的现状是幼儿园在村里读，从小学开始就到县城寄宿制学校就读，由于路途遥远等原因，孩子基本都是 2~3 周回一次家，且上学和回家的方式都是父母接送。在当地，大部分家庭是骑摩托车接送孩子上下学，其中有部分牧民单次行程就有 130 多千米，用摩托车接送大大增加了孩子上学的风险。

（3）牧区学校办学成本高

根据调查，尽管新的教育改革机制使青海省农牧区中小学公用经费得到很大程度的提升，但牧区的不少中小学校反映改革措施难以有效实施。其中，很重要的一个原因在于，牧区学校普遍是寄宿制，受自然地理环境的影响，牧区牧民居住分散，牧区孩子上下学交通较为困难，因此，寄宿制学校成为牧区孩子上学的普遍选择。但寄宿制意味着需要配备更多的宿舍、管理人员和运营费用，很大程度上增加了牧区学校的办学成本，同时，对学生生活补贴的提高也相应增加了学校成本。在牧区普遍存在的分散化居住大环境下，尽管实现了集中办学，但规模相对较小，并不能实现规模效应，这也是牧区优势教育资源无法集中有效发挥作用的主要原因。

3.4.5 青海牧区牧民生活条件调查分析

保障和改善民生福祉是社会发展的目标，而住房是民生建设的重要内容。近年来，青海省坚持党的领导，坚持共建共享理念和社会公平原则，坚持运用发展的眼光看待和解决民生问题，始终坚持经济发展和民生建设良性互动、多元共建的路径以及机制。

基于草原旅游发展对牧区牧民生产生活方式的系统性影响，对青海牧区牧民的住房专题进行调研，包括住房满意度，住房产权属性，住房质量如水、电、暖、网络等住房配套设施，关乎住房方面的日常支出、购房建房的资金来源渠道、住房购房需求、住房保障政策等。通过分析青海牧区牧民住房现状，进而追溯和厘清草原旅游业的发展与青海牧区牧民住房条件改善之间的关系，使草原旅游业的发展更好地与青海牧区的民生问题相结合，更好地发挥草原旅游业对解决民生问题的促进作用。

（1）大多数青海牧区牧民拥有固定住房

抽样调查数据显示，青海牧区牧民拥有固定住房的比例为86%，以定居为主。由于经济和社会的发展、青海牧区牧民住房观念的变化和政策的扶持，青海牧区牧民的住房方式发生了较大变化，从传统简陋的帐篷、草坯房逐渐转变为砖木、石木、砖混结构的固定住房。尤其是青海省游牧民定居工程的实施，对青海牧区牧民居住方式的改善起到了显著作用。为解决青海牧区50多万游牧民定居，以及牧区牧民住院就医、牧区子女上学不便等民生问题，青海省在国家政策资金的扶持下，实施了游牧民定居工程，旨在改善青海牧区牧民的居住、医疗卫生、教育、交通等基础设施状况，并取得了显著成效。

另外，近年来，随着扶贫政策的实施，青海省结合本省实际，对农村危房实施改造，在一定程度上改善了农村农牧民的住房条件。加之青海省在更好地协调生态与民生关系的过程中，实施大规模的生态移民和易地扶贫搬迁政策，使青海牧区农牧民住房条件进一步改善。因此，近年来，青海牧区牧民的固定住房率有很大程度的提高。

此外，青海牧民的人居环境水平得到提升，相应配套基础设施进一步完善。青海牧区牧民拥有固定住房的占大多数，即以定居为主，绝大多数牧民拥有畜牧暖棚。这表明，近年来，青海省游牧民定居工程、扶贫政策、农村危房改造政策以及生态移民和易地扶贫搬迁政策的实施，对进一步改善青海牧区牧民的居住条件方面影响显著。因此，应该进一步加大对牧区的住房改造和基础设施投资力度。牧区牧民生活用电来源以国家电网输送用电为主，运用太阳能作为生活用电比例较低。这表明，牧区能源消费结构进一步优化，能源利用清洁度进一步得到提高。随着国家电网建设的加强，牧区能源消费结构将会进一步优化，牧区能源利用结构的优化不仅能够改善牧区牧民的生产生活水平，对于牧区生态环境的改善也具有显著影响，能够进一步优化牧区生态环境，促进人与自然环境的协调发展。

（2）少数青海牧民未享受建房补贴

抽样调查数据显示，青海牧民享受建房补贴的占81%，未享受建房补贴的占19%，表明政府对牧区牧民建房补贴还不能做到全覆盖。近年来，青海省不断加大牧区住房条件改善力度，如住房改造政策、游牧民定居工程的实施，进一步改善了牧区牧民人居环境，但由于青海省深居内陆、地处西部、经济发展水平较低，在人居环境改善上的实施力度受经济发展水平和环境制约，牧区住房融资方式和结构还需进一步优化，以便更好为解决牧区牧民住房问题提供资金保障。

（3）多数青海牧区基础设施比较完善

抽样调查数据显示，青海牧民家里的水、电、网络、道路等基础设施完善度达74.47%，另外，道路差占19.15%，不通电占14.89%，无网络占8.51%，说明牧区的基础设施完善度比较高，但在道路、电、网络建设方面有待提升（见图3-11）。究其原因在于，青海省经济发展水平较低，除国家和地区财政扶持外，自身能力较弱，基础设施投资力度和完善水平低于经济发达省份。

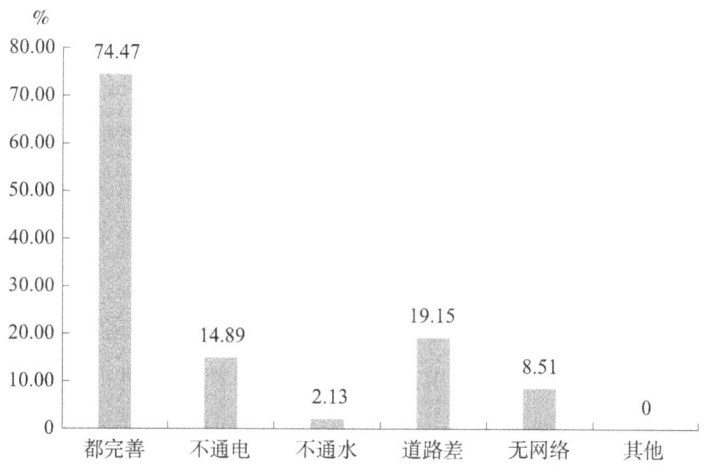

图 3-11 青海牧区入户调查基础设施完善情况统计

另外，青海幅员辽阔，人口分布不均且各州人口密度偏小，其中，人口密度较小的玉树州人口密度为 1.53 人/平方千米，人口的分散居住加大了基础设施投资困难度并且降低了投资效益；青海省各市州间具有明显的区域差异，尤其是在经济发展水平上，在基础设施的完善度上也表现出明显的区域差异。因此，要进一步创新牧区基础设施投资方式，加大对区域比较薄弱的基础设施投入力度，如交通、电力能源、网络设施。另外，在满足青海牧区牧民基本生活服务的同时，要兼顾投资效益，使投资效益和牧民基本生活设施的满足之间达成更好的协调性。

（4）青海牧区能源利用结构需优化

抽样调查数据显示，青海牧区在生活生产用电方面，85% 以国家电网输送为主，15% 为太阳能发电。也就是说，青海牧民生活用电来源以国家电网输送为主，随着青海省对青海牧区住房和配套基础设施投入的加大、城镇化水平的提高，青海牧区牧民生产生活方式发生明显改变。在能源利用结构方面，逐渐从以畜粪、秸秆、煤炭能源利用结构为主向利用太阳能和国家电网输送的电力能源方向转变，能源利用清洁度进一步提高。随着国家电网建设的加强，牧区能源消费结构会进一步优化，牧区能源利用结构的优化不仅能够改善牧区牧民的生产生活水平，对于牧区生态环境的改善也具有显著影响，进一步优化牧区生态环境，促进人与自然环境的协调发展。

3.4.6 青海牧民精神文化方面调查分析

从 703 个样本中，分别分析被调查对象满足文化需求的途径、所在的牧区有哪些文化设施和文化组织、所在的牧区举办过什么样的文化活动、觉得发展牧区文化是否有必要、更喜欢哪种文化活动、对牧区文化建设中面临困境的看法、对所处牧区举办的文化活动的满意度，以及对个人的价值取向的看法等问题，具体分析如下。

（1）计算机或手机等现代电子设备是牧民满足文化需求的主要途径

在被调查对象满足文化需求的途径中，计算机或手机占 86%，看书、看报纸占 13.33%，看电视占 20%。大部分牧民通过计算机或手机满足自己对文化的需求，选择看书、看报纸的大多数为年龄在 25 岁以下的群体，60 岁以上的群体大多选择通过看电视满足自己的文化需求。

（2）牧区文化设施以文化站为主并且对牧户影响甚微

在被调查对象所在牧区的文化设施和文化组织类型中，图书室占 13.33%，广播室占 6.67%，文化休闲广场占 26.67%，健身设施占 6.67%，文化站占 53.33%。有部分抽样调查对象从未去过任何文化设施，可见本地文化设施的宣传力度不足，对牧民生活的影响程度微乎其微。

（3）牧户所在地区举办文化活动的形式较为多样化

在被调查对象所在牧区举办过的文化活动中，民俗文化活动占 34.46%，运动会占 31.53%，才艺比赛占 29.73%，其他占 4.05%，举行民俗文化活动、运动会和才艺比赛的比例较高，其余占比较低，可见本地举办文化活动的形式较为多样化（见图 3-12）。

（4）牧户对本地举办的文化活动参与意愿较高，但参与积极性需进一步提升

在被调查对象对参与本地举办的文化活动参与意愿表达中，选择"愿意"的占比为 46.17%，选择"一般"的占比为 18.02%，选择"大家去，也就去"的占比为 35.81%。大部分牧民还是比较愿意参加本地举办的文化活动的，但参与积极性需进一步提升（见图 3-13）。

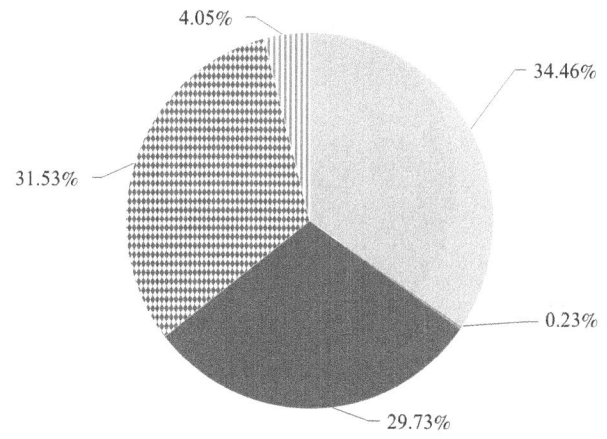

图 3-12　青海牧民入户调查文化活动占比情况

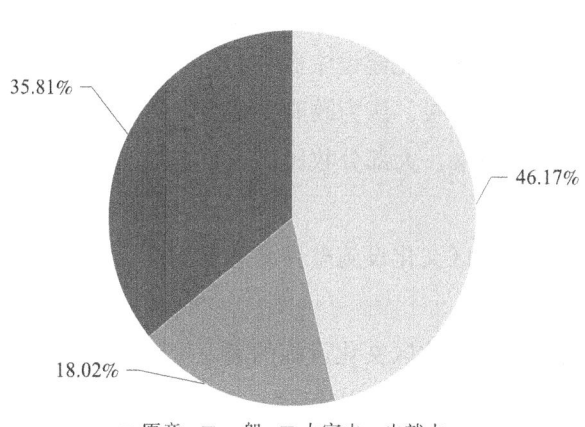

图 3-13　青海牧民参与本地文化活动意愿占比情况

（5）牧户对所在牧区文化发展的意愿较为强烈，但仍有提升的空间

受调查对象对发展牧区文化的必要性调查中，选择"必要，能丰富牧区文化生活，提高牧民的文化水平和道德修养"的占45.27%，选择"无所谓，顺其自然"的占34.91%，选择"不必要，发展牧区经济更为重要"的占19.82%。青海省绝大多数牧民还是愿意参加本地组织的文化活动的，而且认为发展牧区文化能丰富本地文化生活，提高牧民的文化水平和道德修养（见图3-14）。

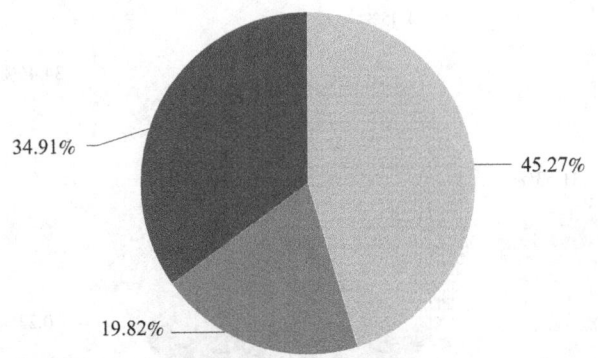

- 必要，能丰富牧区文化生活，提高牧民的文化水品和道德修养
- 不必要，发展牧区经济更为重要
- 无所谓，顺其自然

图 3-14　青海牧民入户调查牧区文化发展意愿占比情况

（6）缺乏优秀人才是牧民所在牧区文化建设面临的主要困境

在被调查对象对牧区文化建设中面临的困境持有的看法中，认为缺乏本地文化优秀人才的占比 60%，认为政府支持力度不够的占比 20%，认为牧民文化意识淡薄的占比 20%。大部分牧民认为，本地文化建设面临的困境是缺乏优秀人才。

（7）牧户对所在牧区文化设施整体满意度不高，本地文化基础设施仍需进一步改善

在被调查对象对所处牧区文化设施的满意度调查中，选择"不满意"的占比 6.67%；选择"一般"的占比较高，为 73.33%；而选择"满意"的仅为 20.00%。愿意参加本地举办的文化活动的抽样调查对象，对于所处牧区的文化设施，7.69% 的人选择了"不满意"，23.08% 的人选择了"满意"，而 69.23% 的人选择了"一般"，可见牧户对所在牧区文化设施整体满意度不高，本地文化基础设施仍需进一步完善。

3.5　青海牧民生产情况调查分析

3.5.1　青海牧区人力资源调查分析

人口问题是一个地区最重要的问题之一，人口是所有生产生活的基础。

就其本质来说，人口问题是人类自身生产和再生产与物质资料生产和再生产两者的相互适应问题。因此，在对青海近年来人口数量、人口自然增长率和少数民族人口结构概述的基础上，通过对牧区人口实际的抽样调查，了解牧区人口现状，发现牧区人口结构性问题，有利于促进牧区人口、经济、社会和资源环境的协调发展。

（1）青壮年人口较多，老年化趋势较为明显

青海牧区平均人口密度较小，青壮年劳动力人口较多。调查资料显示，年龄在25~40岁和40~60岁的人口数分别占抽样调查样本的27%与30%。在调查过程中，发现牧区老年化问题比较突出，在444份实际调研样本中，60岁及以上的老年人口占抽样调查样本的25%。

虽然青壮年人口较多，但是劳动力利用不充分。由上述可知，青海省青壮年劳动力十分充足，但是大部分聚集在家庭内部而不会选择外出务工，青海牧区农业多半还是以放牧和畜牧养殖为主，劳动力数量大于劳动力需求，从而造成大量的剩余劳动力。同时，这几年我国畜牧业养殖逐步引进先进的工业化设施，对各项生物信息进行科学检测，劳动力需求进一步减少。科技越发达劳动力需求越小，但牧区青壮年劳动力数量并没有减少，甚至在逐年增加，就业机会的减少导致大量劳动力赋闲在家，不仅对劳动资源造成极大浪费，也可能形成家庭潜在的不安定因素，进而造成社会整体负面影响的上升。因此，必须使牧区大量青壮年劳动力得到有效利用，才有利于青壮年劳动力自身的有效发展。

（2）牧区牧民以家庭聚居形式为主

由于受传统畜牧业生产方式的影响，牧区牧民普遍以家庭聚居形式为主，家庭人口数多为3~6人。在调研资料中，人口数在3~6人的家庭占到抽样调查样本的72.97%，人口数在7人及以上和2人及以下的家庭分别占到抽样调查样本的17.79%与9.23%（见图3-15）。牧区牧民家庭劳动力数量较多，拥有3~4人劳动力的家庭占总人口的60%；他们基本不会选择在外打工，家里常年在外打工人口在2人以下的占总人口的96%。

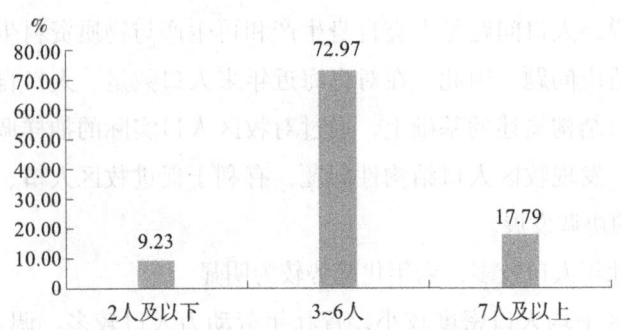

图 3-15 青海牧民入户调查家庭人口数所占比例

（3）受访牧区牧民教育程度普遍偏低

在调查过程中，受访群体以已婚和女性牧民为主，女性受访牧民占到抽样调查样本的 57.21%，男性仅占 42.79%。另外，已婚牧民占抽样调查样本的 55.63%，未婚牧民占抽样调查样本的 44.37%（见表 3-12）。

表 3-12　青海牧民入户调查性别和婚姻状况统计情况　　　　　单位：%

牧民特征	类型	占全部样本的比重	牧民特征	类型	占全部样本的比重
性别	男	42.79	婚姻状况	已婚	55.63
	女	57.21		未婚	44.37

资料来源：问卷统计分析。

抽样调查的数据显示，受访牧区牧民受教育程度普遍偏低，多集中在初中及以下学历层次，占调查样本量的 73.65%；高中及中专学历占比为 18.69%；大专及以上学历仅占 7.66%，如图 3-16 所示。

劳动力素质较低，不利于青海非农产业发展。劳动力素质主要包括身体健康素质和知识技能文化素质两个方面。在传统方式下，畜牧业生产经营对牧民的知识技能等文化素质要求较低，只需要具备代代相传的各种经验即可。随着现代化牧业生产经营方式的出现，其效率远远高于传统牧业形式，因而对从事畜牧产品生产经营的牧民现代知识技能等文化素质要求越来越高。而牧区牧民接受现代知识技能教育的观念并不高，导致其接受的现代化教育有限，文化程度普遍偏低，现代化的知识技能缺乏，不利于牧业现代化、产业化的发展。另外，青海牧区近年来非农产业发展迅速，这对牧民的自身素质

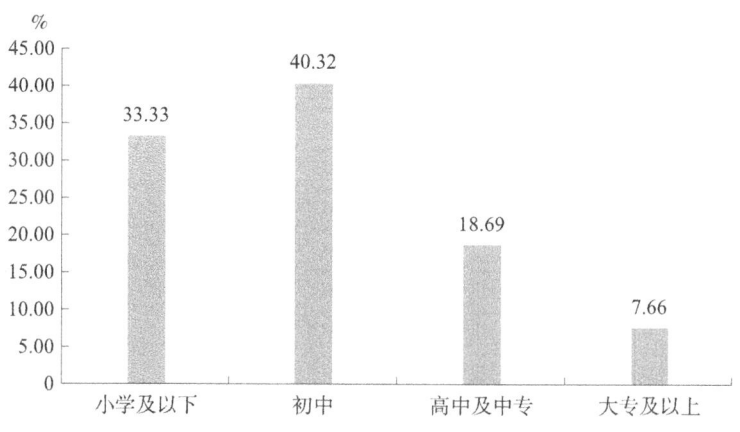

图 3-16 青海牧民入户调查受教育程度比例

要求更高。较低的文化水平，直接体现在牧民不能快速适应新的发展模式、经济形势，不能使用创新型科学技术和创新型管理理念，这严重影响了牧区非农事业的进程。短时间内可能体现不明显，但从长远发展来看，严重制约了牧民的家庭收入，阻碍了牧区经济飞速发展。

3.5.2 青海牧区生产类型调查分析

（1）牧户家庭生产类型多元化，但依然依赖畜牧业

土地利用类型变动必定紧跟着家庭生产方式的转变。本研究以家庭收入的主要来源为依据，将牧户分为纯农户、纯牧户、农牧户和纯打工户四种类型，对研究区域农牧户的家庭生产结构进行了调查。纯农（牧）户是指以种植（养殖）为主要收入来源的家庭，但这些家庭中也有个别成员以打工为职业，为家庭提供一份收入来源。农牧户是指种植收入和养殖收入在家庭总收入中均占一定比重的家庭。纯打工户是指仅仅依靠打工维持生计，收入来源中无养殖或种植收入的家庭。但要从定义上严格区分牧户的分类比较困难，因此，本研究不进行严格区分。

（2）家庭生产类型多元化，但依然依赖畜牧业

以牧户家庭收入的主要来源为依据，牧户家庭生产类型趋于多元化。在调查样本中，54.73%的牧户经济收入主要来源于外出打工；旅游业附加收入、出租草场及政府补贴成为牧户新的收入来源，分别占到抽样牧户样本的

23.42%、24.32% 和 20.27%。但仍有 49.55% 的牧户收入来源于传统畜牧业，表明近年来牧户家庭生产类型虽然逐渐多元化，但畜牧业生产仍是主要生产类型（见图 3-17）。

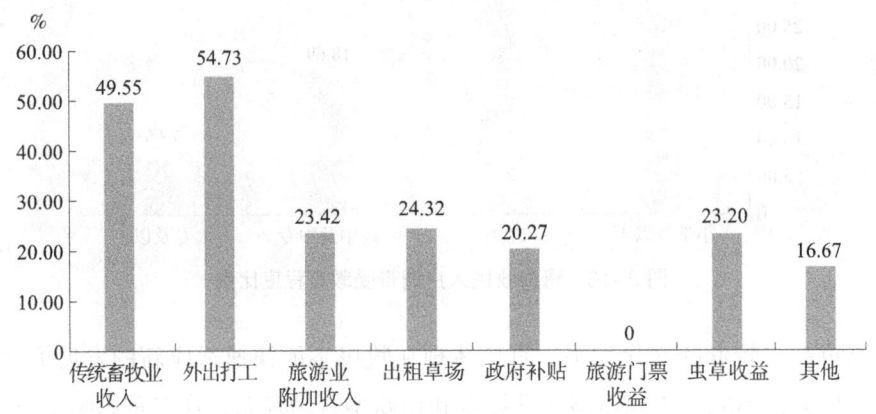

图 3-17 青海牧民入户调查家庭收入来源类型占比

（3）牧户家庭生产类型呈现显著的区域性差异

在牧户家庭收入的主要来源方面，各州市牧户家庭生产类型呈现出明显的区域差异（见图 3-18）。在经济水平较高的西宁市和海东市，传统畜牧业收入并非牧户家庭收入来源的主要部分，而外出打工、旅游业附加收入是牧户新的收入来源，表明西宁市和海东市牧户的生产类型是以旅游业与劳务为主，以传统畜牧业为辅。海西州牧户家庭收入来源既表现出西宁市和海东市牧户家庭经济来源结构的特征，又有明显的地区特点，除传统畜牧业收入占比较小和外出打工收入占比较大外，旅游业附加收入、出租草场、政府补贴及虫草收益成为该地区牧户在多元化生产条件下的收入来源。玉树州、果洛州、海南州、黄南州和海北州的牧户家庭收入来源虽呈现多样化特征，但仍以传统畜牧业收入为主，传统畜牧业生产仍是主要生产类型。

（4）生产方式多元化转变

生产方式从单一的传统畜牧业向农牧业、旅游业兼而有之转变。经调查，在青海牧区，63% 的农牧民有意愿在放牧的同时进行种植经济作物或者粮食作物的行为，只有 11% 的农牧民表示只愿意从事传统畜牧业。随着农牧民从事经营活动的意识逐渐增强，部分在旅游景区的农牧民种植油菜花等观赏性经济作物以此获得旅游业的收益，并且带动了当地牧民参与共同促进当地旅游业发展。

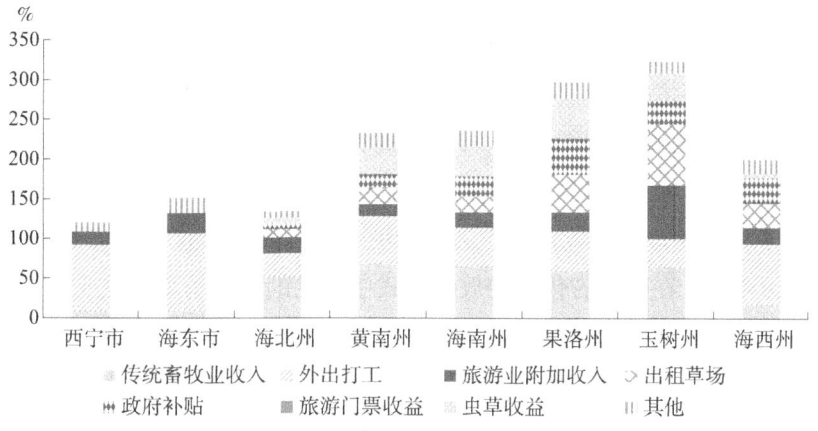

图 3-18 青海分区域入户调查牧民家庭收入来源结构

3.5.3 青海牧区生产工具调查分析

在生产资料中，生产工具起决定性作用，人类征服自然与改造自然的深度和广度取决于生产工具的发展水平。总体来看，青海牧区生产工具已由传统粗放型向现代型转变。

（1）生产工具趋向现代化

在关于生产工具的研究中，管理体系的研究成果较为丰富。自改革开放以来，我国的农地经营制度改革中，农机经营发展从单一模式向多元化趋势转变，出现了多种具体形式和组建方法，丰富了农机经营模式的研究内容，有农机合作社、农机联合体、农机服务队、农机协会、农机服务公司等。农机经营模式可归为农机合作社、股份（合作）制农机服务公司、农机专业服务队、农机专业协会和农机大户五类。农业经济发展水平关系到经营者对农业机械的购买力，而经营收益则决定着经营者是否需要购买或使用农业机械，是农业机械化发展的内在动力，政府对农业、农机工业及农机科研与教育的扶持，是农业机械化发展的外在动力。

近年来，青海牧区土地的利用方式由传统的自给自足的畜牧业逐渐朝合作社规模化、生态化经营的方向转变，牧区畜暖棚实现全覆盖，最主要的生产工具（放牧工具）发展势头良好，随着家电下乡等惠农补贴政策的推广，牧区交通工具种类和数量明显增加，放牧方式也从完全的走动放牧逐渐演变为半机动车半人工放牧。

在课题组实地调研过程中，几乎所有牧民家中都有机动车其中，机动车类型占比较大的是摩托车和汽车，所占比例分别为86.94%和75.45%；皮卡车的占比为21.62%，如图3-19所示。这和近年来青海省大力发展牧区的交通设施以及牧区逐渐演变的放牧方式相辅相成。

由于特殊的自然环境，在广袤的草场上放牧是青海牧区牧民主要的生产方式。历史上，在青海省传统的放牧方式中常见的都是骑马放牧或步行放牧。如今，随着国家道路的建设，牧区的主要生活地点都修建了硬化路，家电下乡等惠民政策也将汽车、摩托车等交通工具普及到基层牧区。因此，在部分地势平坦的草场上，牧民的放牧方式也由传统的粗放型向现代绿色型转变，将骑马放牧转变为新型的摩托车放牧，既为牧民放牧节约了时间，也提高了劳动生产率。

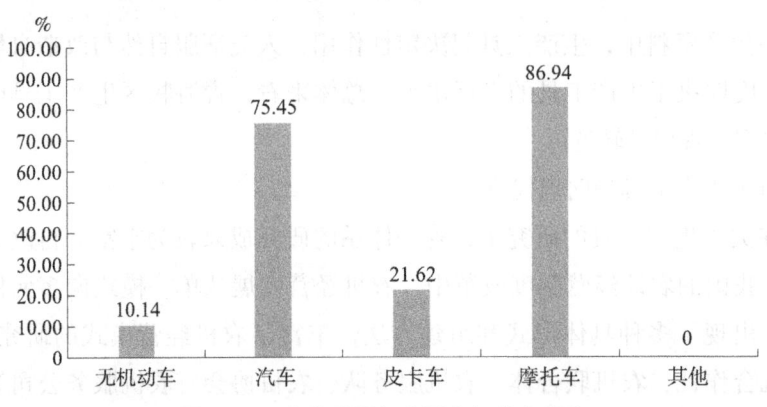

图3-19 青海牧民入户调查机动车占比

由图3-19可知，摩托车和汽车等现代交通工具成为牧户畜牧生产经营的主要生产资料。随着牧区交通等基础设施的完善，牧户生产经营方式和养殖规模的变化，摩托车和汽车凭借其便捷的代步优势，在牧户的畜牧生产经营中占据了主要地位，成为牧户生产经营中不可或缺的生产资料。

畜牧暖棚也是重要的生产工具。青海牧区畜牧暖棚拥有率较高，83%的受访家庭拥有畜牧暖棚，17%的受访家庭没有畜牧暖棚。暖棚设施的完善有利于降低牧民畜牧经营的风险，提升牧区畜牧生产经营的水平。畜牧业是牧区牧民的主要经营方式，在牧区牧民的生产生活中占有重要地位，因此，青海省在实施游牧民定居工程的过程中，高度重视对牧区畜牧养殖基础设施的改造，加大对畜牧暖棚的投资力度，显著提升了青海牧区牧民的畜牧暖棚拥有率。

（2）放牧方式集聚化

以家庭为主的放牧生产经营方式仍然是青海牧区的主要生产方式。根据调查样本数据，可经营草场面积在600亩以下的牧户占抽样调查样本的76.80%，可经营草场面积在600亩以上的牧户仅占抽样调查样本的23.19%（见图3-20）。在抽样调查过程中，青海牧区以家庭自己放牧的生产经营方式为主，占到抽样调查样本的86.94%。

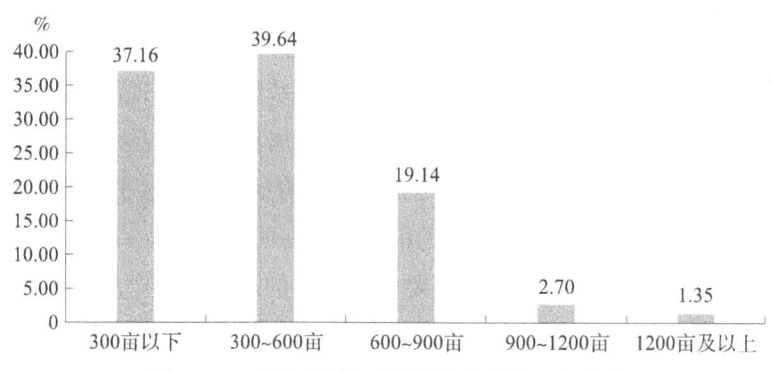

图3-20 青海牧区入户调查经营草场面积占比

饲草料作为家畜赖以生存的植物性食物，是发展畜牧业的物质基础。畜业及畜产品的数量和质量与饲草料生产的数量以及品质有密切关系。饲草料生产在畜牧业中占有重要地位。国内外畜牧业发展的历史经验表明，没有量足、质优的饲草料，畜牧业就无法达到稳定、优质和高效率的发展。依赖于天然草地放牧家畜的草地畜牧业，是不稳定且脆弱的，过度放牧会造成草地的严重退化、沙化和盐碱化。因此，畜牧业增长方式，由粗放型经营向集约型经营转变，是我国经济与社会发展的需要和畜牧业发展的必然趋势。

在青海省政府的推动下，青海大部分牧区进行了天然草地的补播改良，建立了半人工草地，一方面有效保护草场面积朝着良性循环；另一方面增加饲草料数量，满足牧民日趋增长的饲草料需求。与此同时，农区也建立了优质、高产、稳产的人工饲草料地，加强了对农作物秸秆等饲草料的有效收集与储存，特别是在干草加工过程中，捡拾压扁设备和二次加压设备的运用，使得饲草料霉变、发黄等现象大幅减少，在很大程度上保障了青海牧区畜牧养殖动物的安全过冬。

而饲草料的发展，也推动着青海牧区的生产方式从最传统的散养放牧模式逐渐向半散养半圈养模式转变，有效减少了牧区草场的破坏，保护了草原生态，使得青海畜产品的质量向绿色、生态型转变。

3.5.4 青海牧区畜牧业发展调查分析

畜产品生产在我国具有悠久的历史。改革开放以来，我国畜牧业的迅速发展，使城乡居民获得越来越多的动物性食品成为可能。在收入增加和供给增长的共同作用下，居民对植物性食品消费减少、对动物性食品消费增加，大大改变了食品消费结构。其中，城乡食品消费结构也表现出明显差异，最突出的是城市居民肉类食品消费显著高于农村居民肉类食品消费在食品总消费中的比重。当然，畜产品的消费结构也会随着居民收入水平的变化而变化，高收入居民和低收入居民在畜产品的消费上存在明显差异。

青海牧区是一个以畜牧业为主要生产方式的地区，畜产品是其最多的生产资料。因此，对于青海牧区来说，发展畜牧业是最具有潜力的产业。2018年，青海省委、省政府提出"一优两高"的发展策略；2019年，青海省与农业农村部签署了共建青海绿色有机农畜产品示范省的合作框架协议，力求打造"生态青海、绿色农牧"品牌，为农牧业绿色发展贡献青海力量。

此次调查显示，在各方努力下的青海牧区畜牧业发展已取得良好成果，畜牧业结构日趋优化，产品质量日渐提升，稳步向现代化、多元化模式发展。

（1）牧户养殖类型多样化，牦牛和绵羊仍是青海牧户养殖的主要畜牧产品

青海牧户养殖牲畜的种类有奶牛、牦牛、绵羊、猪、马、山羊和骆驼，养殖最多的是牦牛和绵羊，养殖比例分别为68.69%和70.05%；马和奶牛的养殖比例居中，分别为35.81%和18.92%；骆驼的养殖比例最小，为2.70%（见图3-21）。

3 青海牧民生产生活调查分析

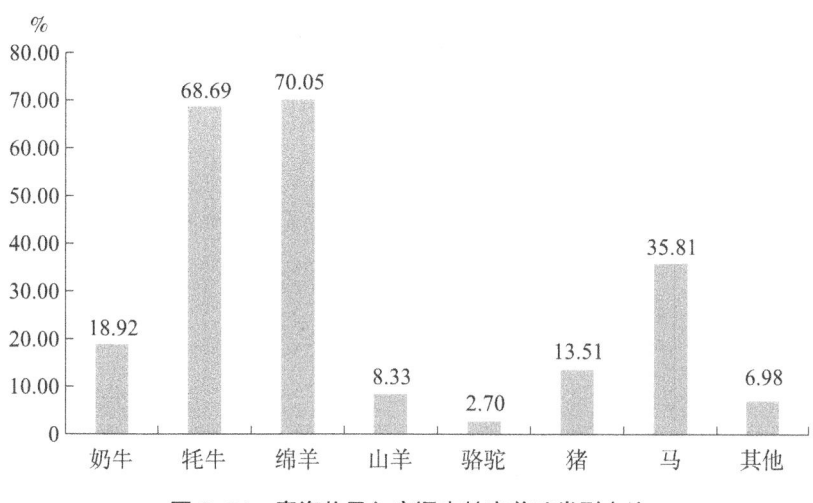

图 3-21 青海牧民入户调查牲畜养殖类型占比

（2）牧户养殖规模变化差异小，养殖数量主要集中在 200 头（只）以上

在养殖的牲畜总量方面，青海 60.00% 以上的牧户养殖数量都为 200 头（只）以上，26.67% 的牧户养殖数量在 100~150 头（只），只有 13.33% 的牧户养殖数量在 50 头（只）以下。就养殖规模而言，80.00% 的牧户没有什么变化，13.37% 的牧户养殖规模减小了，只有 6.67% 的牧户养殖规模增加了。

近几年，青海牧户牲畜养殖种类主要是牦牛和绵羊，这两个种类都是青海传统的畜牧种类，几年间并没有太大的变化。大部分牧户养殖牲畜数量都为 200 头（只）以上，养殖规模都没有发生变化，且放牧方式基本都是自己放牧，这主要是由于牧户的草场面积都是代际遗传下来的，草场面积变化不大，放牧方式也没有明显变化。

（3）养殖规模稳中有增

青海省统计公报数据显示，2018 年，青海省牛出栏 135.59 万头，比上年增长 2.6%；羊出栏 748.10 万只，比上年增长 3.0%，整体呈稳中有增的发展态势。

青海省畜牧业发展规模适中，每户的牲畜总量基本维持在 100 头（只）以下，占比达到 43%。其中，牲畜总量在 100~300 头（只）的牧户占比 42%，300 头（只）以上的牧户占比仅为 15%（如图 3-22 所示）。

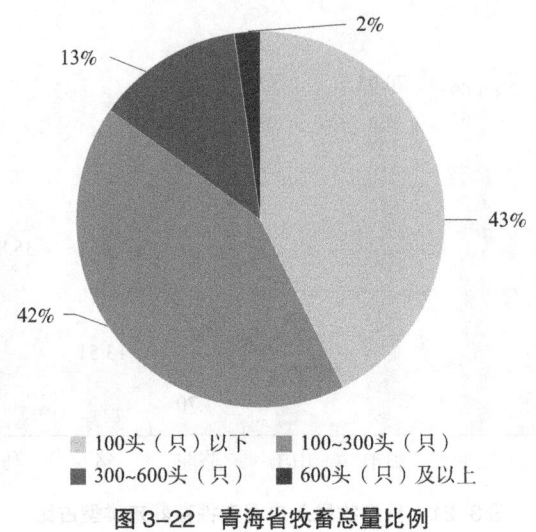

图 3-22 青海省牧畜总量比例

就养殖规模来说，青海牧区的养殖规模基本处于稳中有增的发展态势，大部分牧户的养殖规模近几年都没什么变化，占比达到46%，养殖规模增长了的牧户和养殖规模减少了的牧户占比均为27%（见图3-23）。课题组在与牧户交谈时了解到，他们的养殖规模不变的原因有两个：一是因为每户的草场规模是固定的，且都是世袭罔替，所以每人拥有的草场面积基本不变；二是为了保护草场质量，保持生态平衡。牧民家的放牧方式一般都是分成夏季牧场和冬季牧场，进行轮换放牧，这也是养殖规模变化较小的主要原因。由

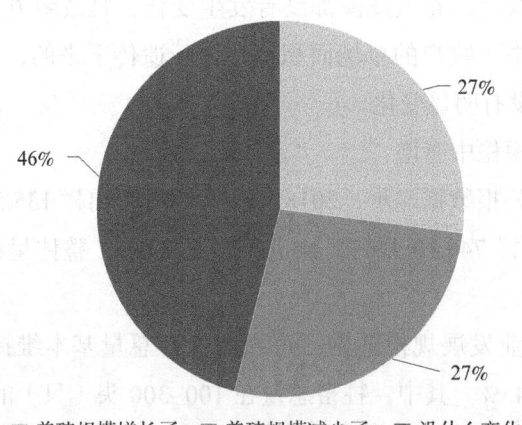

图 3-23 青海牧民入户调查牲畜养殖规模变化比例

于畜产品质量受制于地理环境、草场土质、日照温度等自然条件,青海省地域辽阔、多山多草原,畜牧业多为散养形式,这也保证了畜产品的质量。

(4)养殖种类发展多样化

牦牛自古就有"高原之舟"的称号,它承担着牧民的运输、耕作等日常生产活动,也是牧民御寒食物的来源,是青海牧区最古老的物种之一。藏系绵羊,具有抗严寒、耐粗饲、适应高海拔、体质强壮等特点,是我国三大原始绵羊品种之一,也是青海牧区主产的家畜之一。

近几年,随着青海旅游业的发展和推动,青海牧区的牲畜养殖种类逐渐多样化,部分旅游牧区如金银滩草原的牧民增加了骆驼、羊驼等旅游观赏性动物的养殖,用于增加旅游性收益。

调查显示,牦牛和绵羊是青海牧区的养殖基本种类,分别占比68.69%和70.05%。马的养殖主要是用于参加赛马赛、进行基础放牧和基础交通,因此占比达到35.81%。骆驼的养殖主要是在景区附近的牧民以此产生旅游收益,而从事旅游事业的牧户有限,因此,牧区骆驼的养殖数目占比仅有2.70%,但这2.70%的养殖数量不仅为牧民增收做出了贡献,也为青海牧区物种的多样性发展添砖加瓦。

(5)产业结构由传统单一性向多元结构转变

在近几年的中央一号文件中,"一二三产业融合"都是最重要的关键词之一。一二三产业融合即农产品生产、加工和销售服务的有效衔接,是质量发展、绿色发展和高效益发展,是现代农业的新发展。其中,推进一二三产业融合的重点产业在于加工业和休闲旅游的发展以及创业创新的强大动能支持。

倡导和推动一二三产业融合有利于增加牧区农牧民收入,对农产品原料进行加工,使农产品实现价值增值。另外,通过对加工后的农产品进行销售,能够获得销售利润,进一步提升农牧民的收益。

近年来,随着青海牧区旅游的成功推广,不仅提高了青海省旅游的知名度,也实实在在地帮助牧民实现了增收。

(6)畜牧业科技含量较低,技术推广发展缓慢

科技创新是决定一个国家现代农业建设进程快慢和竞争力强弱的关键因素,但从整体水平来看,青海牧区农业科技与我国其他地区存在较大差距,科技进步在畜牧业增长中的贡献率仍比较低。

（7）畜牧业科技含量较低

青海牧区的经济发展缓慢，根本原因是技术停滞，经营传统畜牧业的牧民世世代代都以同样的生产方式进行放牧，年复一年地放牧同样规模的牛羊，使用同样的生产要素和技术。牧民对于畜牧业科技知识知之甚少，除传统畜牧业中牧民的文化和科技水平低外，技术信息传播不畅、科技推广不力也是重要原因。因此，在被问及最需要的培训时，大多数牧民最想加强的是有关畜牧养殖的技术培训。

由图3-9可知，青海牧民最需要的劳务培训是动物防疫和饲养技术，占比高达54%，与其相匹配的草地种植和保护技术也达到30%。而可以提高城市生存技能的技术，如唐卡、电焊、厨师、服装加工类技术等则不是牧民的首要需求。这和当地牧民的生产方式有很大关系，在他们看来，放牧时间自由、劳动强度低、收入不错，而进城务工不但会因为缺乏技术只能做最底层的工作，收入极低，而且会因为语言、食物等方面的障碍，不能很好地解决衣食住行的问题。同时，由于牧民知足者常乐的处世态度，抽样调查对象基本对他们的生活持满意态度，改变现有生产方式的欲望不大。

一直以来，畜牧行业人才匮乏，畜牧业科技发展缓慢。一是由于传统观念的限制，难以吸引人才投身于畜牧业相关产业；二是由于畜牧业人才教育培养体系不完善，目前，青海省有相当数量的畜牧业管理者都是自学成才，并未受过系统的、专业的教育；三是由于农业部门内部激励机制不健全，农业科技创新受限制，科技队伍受人才流失影响，对牧民的技术指导滞后。

政府加大对农业科技进步的支持力度，坚持用现代发展理念指导牧区畜牧业的发展，做好发展规划，发挥青海独特的资源优势，突出地方特色，以市场需求为导向，以科技进步为支撑，不断延长产业链，推广龙头企业带动"公司+农户"等模式的实施，增强和发挥畜牧业对牧区就业增收、生态保障、观光旅游、文化传承等多种功能，实现牧区畜牧业的可持续发展。

（8）农牧业发展装备水平较低，推广力度不足

近年来，青海省农牧业物资装备建设取得了较大进步，但与先进地区相比仍有较大差距。虽然目前农牧业科技进步贡献率达到53.0%，农作物良种覆盖率达到96.2%，耕种收割综合机械化水平达到54.2%，主要农产品加工转化率超过50.2%，进入了基本实现农牧业机械化阶段，但是青海牧区依旧处

于低层次、简单机械化阶段，主要作物的关键生产环节机械化程度仍然较低。特别是，牧区畜牧业机械化长期处于较低水平，除了打草、捆草等简单机械外，均无实用型机械可言。

青海省农机化事业需进行良好的统筹规划，使牧区农机装备水平、作业水平、服务水平、科技水平和安全水平进一步提高，让农牧业生产方式进入以机械化作业为主的新阶段，为高原特色生态农牧业发展提供强力支撑。

（9）生态畜牧业合作社数量少、质量低，农牧民养殖缺乏高效的管理模式和经营模式

就生态畜牧业合作社而言，66.67%的地区无生态畜牧业合作社，33.33%的地区有生态畜牧业合作社。先进管理理念和高效经营理念的缺乏，让农牧民对于合作社的优势并没有形成准确定位，不愿意举办和加入合作社，使合作社难以保持稳定发展，农牧民难以从中获利，形成管理和经营模式的恶性循环。

（10）贷款难是制约牧户生产发展的主要因素

制约农业生产发展的主要因素是贷款难，贷不到款的主要问题是银行、农村信用社担心农户没有偿还能力，对农民不信任。31%的农民缺乏担保、抵押的财产；30%的农民认为能贷到款，但手续十分麻烦。由于养殖业、种植业的扩大再生产，新良种、新技术的引进和应用需要大量资金的支持，资金借贷成为影响农业发展壮大的瓶颈，也成为阻碍农民提高生活质量、改善生活水平的重要因素。银行借贷的成功率和时效性在农民调整种植业结构、发展新型养殖中起决定性因素。在牧民资金负担中排前三位的是：子女上学、看病和扩大再生产缺少资金，在调查对象中分别占比67.4%、65.7%和53.2%。

3.5.5 青海牧区生产方式调查研究

青海牧区的生产方式既表现出绿色生态发展的现代化生产方式特征，又受传统经济模式、地理区位、自然条件等因素的制约存在着粗放型经营、对自然的依赖度高等传统落后的特点。在对青海牧区生产方式有大致了解的基础上，课题组通过走访的形式对牧区牧民生产经营方式进行了进一步了解。

生产方式从单一的传统畜牧业向农牧业、旅游业兼而有之转变。抽样调

查数据显示,青海牧区63%的牧民有意愿在放牧的同时进行种植经济作物或者粮食作物的行为,只有11%的牧民表示只愿意从事传统畜牧业。牧民从事经营活动的意识逐渐强烈,部分在旅游景区的农牧民通过种植油菜花等观赏性经济作物获得旅游业的收益,并且带动当地牧民共同促进当地旅游业发展。

4 青海牧民生产生活满意度与社会认知度调查分析

旅游发展是一把"双刃剑",在促进草原经济发展的同时,对当地生态环境、传统文化带来的负面效应也在不断加剧。因此,在旅游大发展的背景下,很有必要从政府、社会、家庭、个人等层面对牧民生产生活现状进行全面系统的调查,对存在问题的根源进行梳理分析,研究解决问题的办法和途径,对构建和谐社会,建设新牧区,科学提高牧民收入和实现牧民"幸福梦"具有现实意义与实际作用。基于牧民自我感知角度,从自我满意度、他人满意度和政府满意度三个维度展开调查;基于社会公众他人感知视角,从两个维度展开调查,即对他人认知满意度与政府工作利他满意度。

4.1 青海牧民生产生活满意度调查分析

4.1.1 青海牧民生产生活满意度调查

课题组在青海牧区调研中发现,牧区藏民普遍认为没有发展旅游产业的必要性,自给自足或者牛羊经济已经带来可观的收入。在放牧较轻松的时候,他们更愿意在家里晒晒太阳或者睡觉,甚至有些牧民对于旅游服务行业持排斥态度,因为他们还保留着不想服务别人的思想观念。还有大部分牧民家里有虫草收入,对旅游产业的发展更加不屑一顾,与其低三下四服务别人,不如这样来钱快,更具有冲击性。

在海南州的调研中发现,青海湖周边的牧民每年定期开放牧场供游客参观,带来的年收益有近5万元,其他特色农牧产品的销售也带来了可观的收入。因此,青海草原旅游的发展为当地牧民增产增收,使其生活水平日益提高。

课题组在海北州一户经营旅游部落的牧民家调研时,问该牧民教育意味着什么,该牧民对于教育非常重视,他认为家里的年轻人都必须上大学,要有文化才能发展。经过多年来的旅游发展,牧民不再故步自封、安于现状,而是积极地经营各种草原旅游产业,如住宿、特产销售、租赁汽车等。

在课题组调研的牧区中,抽样调查数据显示,牧民附近有旅游资源并且非常了解旅游资源且去过或有意向去的比例为31%;认为周围没有旅游资源的有40%,也就是说有一大部分人对周边的旅游业发展并不关注,还有29%的牧民回答不知道,可能是因为他们不了解旅游业,也可能是因为他们不愿意回答(见图4-1)。

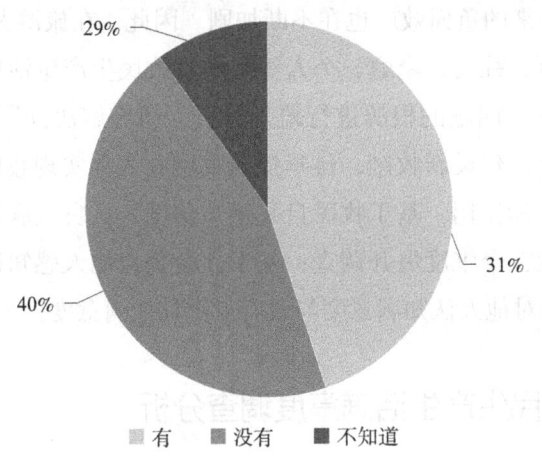

图4-1 青海牧民对旅游资源的熟悉程度占比

对于是否支持旅游业的发展,大部分牧民持支持态度,支持原因主要是旅游业可以改善他们的生活,而认为发展旅游业有利于增加外界对当地了解的牧民比例较低,只有15.09%。可以看出,当地牧民的生产生活发展还处在提高物质财富的层面,对于提高地区知名度等考虑得较少。

有少部分牧民对当地发展旅游持反对意见。他们认为,发展旅游业相比传统畜牧业而言,收入微薄;发展旅游业的手续较为复杂、成本较高,当地对于旅游服务业的环保手续等比较严格,部分想要发展旅游业的牧民迫于环保和经济压力最后不得不放弃;游客的不文明现象普遍存在,景区附近的草场经常遍布垃圾,很有可能破坏当地脆弱的生态环境,持这部分意见的牧户认为与其破坏环境求发展，不如保护环境求平衡发展（见图4-2）。

调研中发现，牧区牧民对于政府的技能培训和政策宣传都非常认真地完成与学习，多元的经营理念也在慢慢地生根发芽，草原旅游带来的不仅是收入的增加，更多是牧民对于各种知识和思想的吸收，这对今后的草原可持续高质量发展有着极大的推动作用。

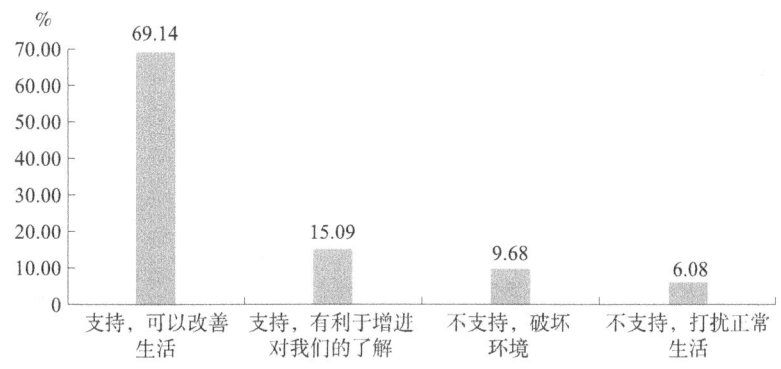

图4-2　青海牧民对草原旅游业发展态度比例

青海牧区牧民对住房及基础设施的满意度还有比较大的提升空间。对住房、水、电、卫生、医疗、教育、通信、道路、治安等基础设施非常满意和满意的牧民占44.53%，一般的占38.98%，不满意和非常不满意的占16.50%，说明牧区牧民对住房、水、电、卫生、医疗、教育、通信、道路、治安等基础设施的满意度还有较大提升空间（如图4-3所示）。结合青海省经济社会发展水平和生态环境状况，尤其是青海地广人稀、牧区牧民居住分散、自然环境恶劣的先天环境特征，以及牧区牧民整体文化教育水平和思想观念落后等社会因素，要完善牧区住房、水、电、卫生、医疗、教育、通信、道路、治安等基础设施条件，必须坚持因地制宜观点，在加大政策资金投入力度的同时，进一步激发牧区牧民的内生动力和创造力，如创新牧区的城镇化建设，使人口集中、相应配套基础设施集中，完善牧区牧民住房和配套基础设施，从而提高牧区牧民生活便利度。

青海牧区牧民对住房、水、电、卫生、医疗、教育、通信、道路、治安等基础设施满意度显著不高，应继续提升对牧区住房、水、电、卫生、医疗、教育、通信、道路、治安等基础设施完善度。总体来说，青海省在改善牧区牧民住房条件和基础设施状况方面，应该坚持因地制宜的观点，综合考虑本省经济发展水平和生态环境状况，充分利用国家政策资金，激发牧区牧民内生动力，进一步提升牧区牧民生活水平。

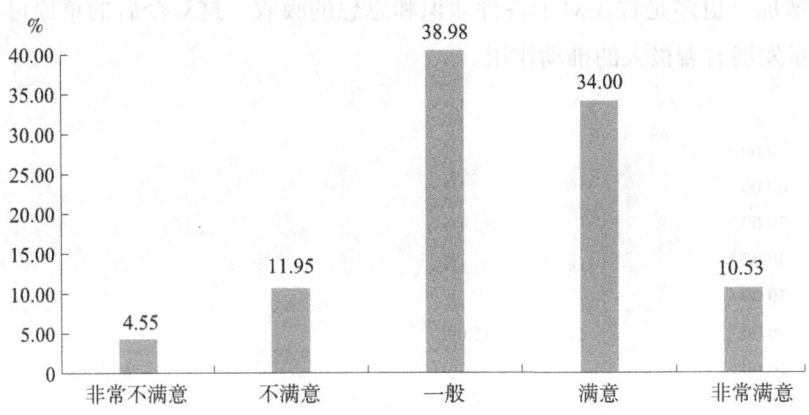

图 4-3　青海牧民入户调查基础设施满意状况占比

4.1.2　青海牧民生产生活满意度分析

生活满意度，主要是依照个人选择标准，对人们在一定时期内的总体生活情况进行总体性的评价分析，是对人们生活质量的重要衡量标准。调研小组共收集了 703 份问卷，其中，面访问卷 444 份，线上问卷 259 份。

（1）对收入及社会生活满意度较低

通过询问青海牧民对所处地区的基础设施是否满意、对当前的亲属关系及邻里关系是否满意、对当前的经济收入是否满意三个方面，分析青海牧民对当前生产生活状况是否满意，调查数据见表 4-1。

表 4-1　青海牧民对当前生产生活状况满意度统计情况　　　　　　　单位：%

问卷题目	非常不满意	不满意	一般	满意	非常满意
您对当前自家生活总体的满意度	2.99	7.54	35.42	41.82	12.23
您对当前自家生产条件的满意度	5.55	10.10	39.12	34.57	10.67
您对当前自家经济收入的满意度	11.95	13.37	34.71	29.59	10.38
您对当前亲属、邻里关系的满意度	4.41	6.40	38.83	37.41	12.94

资料来源：问卷统计分析。

4 青海牧民生产生活满意度与社会认知度调查分析

总体分析，青海牧民对当前自家生产生活总体的满意度不高，同时，对当前自家生产条件的满意度较低，对当前亲属、邻里关系的满意度较低，值得关注的是，青海牧民对草原旅游对本地生产生活影响的满意度较低。

在抽样调查对象对当前自家生活总体的满意度方面，感觉非常不满意的人群占2.99%，感觉不满意的人群占7.54%，感觉一般的人群占35.42%，感觉满意的人群占41.82%，感觉非常满意的人群仅占12.23%，因此受访地区绝大部分人群对于当前自家生产生活总体满意度不高。

在抽样调查对象对当前自家生产条件的满意度方面，感觉非常不满意的人群占5.55%，感觉不满意的人群占10.10%，感觉一般的人群占39.12%，感觉满意的人群占34.57%，而感觉非常满意的人群仅占10.67%。其中，感到非常不满意、不满意和一般的人群占比为54.77%；而感到非常满意、满意和一般的人群占比84.36%；感到不满意和一般的人群占比为49.22%，占比较高，说明受访地区绝大部分人群对当前自家生产条件的满意度不高。

在抽样调查对象对当前自家经济收入的满意度方面，感觉非常不满意的人群占11.95%，感觉不满意的人群占13.37%，感觉一般的人群占34.71%，感觉满意的人群占29.59%，而感觉非常满意的人群仅占10.38%。其中，感到当前自家经济收入不满意的人群和感到一般的人群两者比约为0.385∶1，而感到一般的人群比感到不满意的人群占比略多。由此可见，受访地区大部分人群对当前自家经济收入的满意度一般。大多数表示满意的人群是因为自家有稳定收入来源；而持不满意态度的人群则是由于收入不稳定，多数人均收入偏低。

在抽样调查对象对当前亲属、邻里关系的满意度方面，感觉非常不满意的人群占4.41%，感觉不满意的人群占6.40%，感觉一般的人群占38.83%，感觉满意的人群占37.41%，感觉非常满意的人群仅占12.94%。感觉不满意和感觉一般的群体占比45.23%，占比较高，说明受访地区对于当前的亲属关系、邻里关系满意度不高。对当前亲属、邻里关系均持不满意态度的，大部分原因是亲戚之间距离较远，平时很少来往。

总体来说，青海牧区牧民对目前生活状态满意度还有很大的提升空间。换言之，要针对牧民关注的"生产条件""经济收入""亲属、邻里关系"等具体方面加强工作，让牧区牧民从主观上提高对各方面的满意度。抽样调查牧民对当前牧区社会治安的满意度、对当前牧区教育资源配给的满意度、对当前牧区医疗资源配置满意度和对他人（游客、导游等）保护草原生态的满意度情况见表4-2。

表4-2　草原旅游影响本地生产生活牧民满意度统计情况　　　　单位：%

问题	非常不满意	不满意	一般	满意	非常满意
您对当前牧区社会治安的满意度	14.79	23.76	38.55	21.05	1.85
您对当前牧区教育资源配给的满意度	22.19	33.43	31.29	11.81	1.28
您对当前牧区医疗资源配置的满意度	21.34	30.87	36.27	10.53	1.00
您对他人（游客、导游等）保护草原生态的满意度	2.84	22.19	36.13	28.02	10.81

资料来源：问卷统计分析。

在对当前牧区社会治安的满意度方面，感觉非常满意的人群占比1.85%，感觉满意的人群占比21.05%，感觉一般的人群占比38.55%，感觉不满意的人群占比23.76%，感觉非常不满意的人群占比14.79%，整体满意度一般。持满意态度的群体，对当前牧区社会治安状况均持支持的态度，认为当前牧区社会治安可以改善治安情况，保持社会稳定，有利于牧区社会和平发展；而持不满意态度的群体，同样也不支持当前牧区社会治安状况，认为当前牧区社会治安状况对现在社会没有给予帮助。

在对当前牧区教育资源配给的满意度方面，感觉非常满意的人群占比1.28%，感觉满意的人群占比11.81%，感觉一般的人群占比31.29%，感觉不满意的人群占比33.43%，感觉非常不满意的人群占比22.19%，说明受访人群对于当前牧区教育资源配给满意度不高。持满意态度的群体，对当前牧区教育资源配给均持支持的态度，认为当前牧区教育资源配给可以提高牧区牧民教育文化水平，有利于教育资源配给的完善；而持不满意态度的群体，同样也不支持当前牧区教育资源配给状况，认为当前牧区教育资源配给对牧区牧民教育问题没有给予有效的帮助。

在对当前牧区医疗资源配置的满意度方面，感觉非常满意的人群占比1.00%，感觉满意的人群占比10.53%，感觉一般的人群占比36.27%，感觉不满意的人群占比30.87%，感觉非常不满意的人群占比21.34%。感觉不满意的人群和感觉非常不满意的人群占比52.21%；感觉非常满意的人群和感觉满意的人群占比11.53%，说明受访人群对于当前牧区医疗资源配置满意度不高。持满意态度的群体，对当前牧区医疗资源配置均持支持的态度，认为当前牧区医疗资源配置得到了改善；而持不满意态度的群体，同样也不支持当前牧区医疗资源配置，认为当前牧区医疗资源配置地区之间分配不合理，医疗保障制度的设计存在缺陷，覆盖面小，保障功能不健全。

抽样调查的结果显示，目前，牧民对他人（游客、导游等）保护草原生态的满意度不高，他们认为，导游和游客的草原环境保护意识不强。牧民对于他人（游客、导游等）保护草原生态的满意度占比情况：感觉非常满意的人群占比10.81%，感觉满意的人群占比28.02%，感觉一般的人群占比36.13%，感觉不满意的人群占比22.19%，感觉非常不满意的人群占比2.84%，说明抽样调查人群对于他人（游客、导游等）保护草原生态的满意度一般。持满意态度的群体不到40%，他们认为，当前他人（游客、导游等）保护草原生态有较大改善；而持不满意态度的群体占25%以上，他们认为，当前他人（游客、导游等）保护草原生态环境做得不好，对草原生态造成了破坏。

（2）对政府行为及基础设施发展满意度一般

调查情况显示，青海牧民对政府出台的草原旅游业发展政策、所在牧区市政基础设施等内容满意度一般。

根据调查数据，统计出牧民对政府出台的草原旅游发展政策的满意度、对所在牧区市政基础设施的满意度、对政府支持自有产品销售情况的满意度和对退牧还草政策实施方式的满意度，见表4-3。

表4-3 草原旅游业政策供给牧民满意度统计情况   单位：%

问题	非常满意	满意	一般	不满意	非常不满意
您对政府出台的草原旅游发展政策的满意度	8.53	27.45	34.99	25.32	3.70
您对所在牧区市政基础设施的满意度	10.53	34.00	38.98	11.95	4.55
您对政府支持自有产品销售情况的满意度	3.70	20.77	42.53	17.50	15.50
您对退牧还草政策实施方式的满意度	12.94	29.16	37.55	15.50	4.84

资料来源：问卷统计分析。

在对政府出台的草原旅游发展政策的满意度方面，感觉非常满意的人群占比 8.53%，感觉满意的人群占比 27.45%，感觉一般的人群占比 34.99%，感觉不满意的人群占比 25.32%，感觉非常不满意的人群占比 3.70%，整体满意度一般。持满意态度的群体，对草原旅游业的发展均持支持的态度，认为草原旅游业的发展可以改善生活，有利于增加外界对本地区的了解；而持不满意态度的群体，同样也不支持草原旅游业的发展，认为旅游业的发展会对环境造成破坏。

在对所在牧区市政基础设施的满意度方面，感觉非常满意的人群占比 10.53%，感觉满意的人群占比 34.00%，感觉一般的人群占比 38.98%，感觉不满意的人群占比 11.95%，感觉非常不满意的人群占比 4.55%。其中，感觉满意的人群和感觉一般的人群占比 72.98%，说明抽样人群对所在牧区市政基础设施整体满意度较高。持满意态度的群体，对所在牧区的交通、给水、排水、燃气、环卫、供电、通信等基础设施建设均持满意态度，认为所在牧区基础设施建设对当前生活给予了较好的帮助，自身生活也得到了改善；而持不满意态度的群体，同样也对所在牧区的交通、给水、排水、燃气、环卫、供电、通信等基础设施建设不满意，认为目前所在牧区基础设施建设不完善。

在对政府支持自有产品销售情况的满意度方面，感觉非常满意的人群占比 3.70%，感觉满意的人群占比 20.77%，感觉一般的人群占比 42.53%，感觉不满意的人群占比 17.50%，感觉非常不满意的人群占比 15.50%，说明受访人群对政府支持自有产品销售情况的满意度一般。持满意态度的群体，对政府支持自有产品销售情况均持支持的态度，认为自有产品销售不仅能增加销售渠道，还能提高自身收入，从而改善生活；而持不满意态度的群体，同样也对政府支持自有产品销售情况持不支持的态度。

在对退牧还草政策实施方式的满意度方面，感觉非常满意的人群占比 12.94%，感觉满意的人群占比 29.16%，感觉一般的人群占比 37.55%，感觉不满意的人群占比 15.50%，感觉非常不满意的人群占比 4.84%，说明受访人群对退牧还草政策实施方式的满意度一般。持满意态度的群体，对于退牧还草政策实施方式均持支持的态度，认为退牧还草政策实施，在加快牧区经济发展，提高广大牧民生活水平，维护生态安全，保持社会稳定，促进民族地区的团结方面，都具有重大意义。

4 青海牧民生产生活满意度与社会认知度调查分析

（3）对保护生态的满意度较低

各民族通过与大自然上千年的博弈，形成了一套与当地生态环境相适应的生产生活方式，这种局部小生境的系统整合了动植物种群、地方族群的物质与精神文化的整体。但是，随着现代科技的渗入，当地的部分生产生活方式与生态环境不再适应，导致森林过度砍伐、水土流失等现象。草原旅游业是对草原资源利用的多种方式之一，更是传统畜牧业利用方式的一种替代，作为一种"无烟工业"，它的发展对生态环境具有一定程度的系统性影响。

一方面，规模化和专业化草原旅游业发展可以充分利用与优化配置草原资源，减轻单一传统畜牧业对天然草场过分利用的压力，在一定程度上缓解人地关系紧张的局面，使投资用于草原生态恢复的成本降低。通过田野调查，课题组收集了青海牧民对青海牧区生态环境方面的认知情况，其中，74%的牧民意识不到草原旅游对环境恶化有影响，只有26%的牧民认为草原旅游对环境恶化有影响，说明牧区牧民有一定程度的生态环境忧患意识，但并不细思具体原因。草原生态保护的重要性毋庸置疑，由于个体理性等，牧民并不能在这个问题上达成一致，但总体情况显示，牧民对草原生态的重视程度很高，认为草原生态环境保护非常重要和重要的牧区牧民占87%左右，说明牧区牧民的草原生态环境保护意识较强（见图4-4）。抽样调查显示，牧民赞同以退牧还草或轮牧休牧的方式保护草场的占比为98%，说明牧区牧民对以退牧还草或轮牧休牧的方式保护草场的政策非常支持。通过对青海牧区草原生

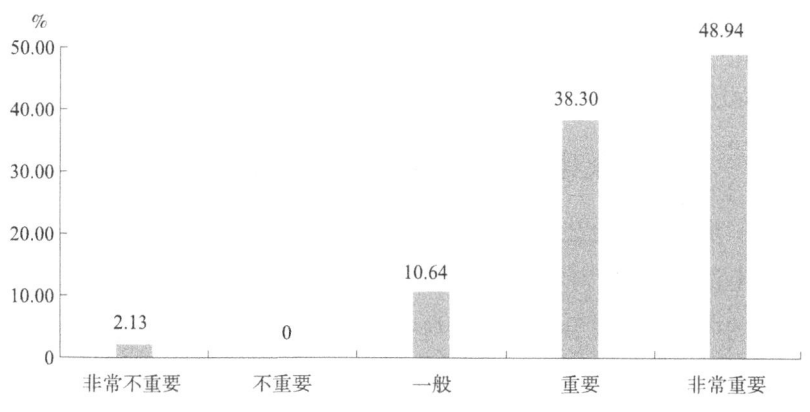

图4-4 草原生态保护重要性抽样统计

态状况的调研情况分析，得出以下认识：牧民有一定程度的生态环境忧患意识，对草原生态环境保护意识很强，对以退牧还草或轮牧休牧的方式保护草场的政策非常支持。

另一方面，草原旅游业的发展对环境的依赖性较强，如果缺乏合理的旅游环境协调发展机制和严格的环境保护规则，缺失对草原旅游从业人员和旅游人员的刚性约束，草原旅游业的发展就会进一步加重天然草场的压力，降低草场环境承载力，引致新的草原生态问题。

因此，要实现草原旅游业与生态环境的协调发展，必须坚持草原旅游可持续发展思想，一方面树立草原生态系统服务功能意识，科学合理地对草原生态系统的价值包括旅游价值进行评估；另一方面维持草原生态系统的生态安全，草原生态安全即草原生态系统内的结构和功能完整、正常，它的安全能为人类生产生活提供持续、稳定的服务。

通过对青海牧区草原生态状况的调研，进一步了解草原旅游业的发展对牧区草原生态环境的影响，可以更好地分析促进草原旅游业的发展与生态环境保护协调发展的对策方法。

4.2 青海牧区生产生活的认知度调查分析

生活满意度是个体基于自身设定的标准对其生活质量做出的主观评价，但仅作为牧民主观态度的评价，未从全样本角度分析牧区生产生活，问卷2的第27题从社会公众角度对牧区生产生活的认知度进行调查，以求从第三方的角度全面反映牧民生产生活现状。

4.2.1 社会公众对青海牧区生产生活认知度调查分析

为进一步了解社会公众对牧区人民生产生活的认识程度，问卷2的第27题着重从社会公众角度对牧区牧民生产生活认知度进行调查。

调查的内容包括社会公众对青海牧区牧民的收入水平、消费水平，青海牧区的了解程度等。

从消费和收入来看，1/3的人认为牧区牧民消费和支出水平在青海省属于中等。这说明大部分人对牧区牧民生活水平还是较为肯定的，不认为牧区一定是极度落后的地区。

从住房来看,调查对象中有182人认为牧区牧民有固定住所,占比达55%,但是有9人认为没有固定住所,有69人根本不清楚情况,有73人认为有的有、有的没有,这说明大众对牧区住房的了解并不是十分全面。在实地调研中课题组发现,党和国家对于牧区住房问题投入了大量的人力与物力,现在牧民基本上都有固定住所。

从基础设施建设来看,调研中有248人认为牧区基础设施建设需要大力完善,占比达74%。由于牧区人口较为分散,修建基础设施十分困难,通常情况下各村小组距离很远,一个村的小组中牧民距离也很远,对于基础设施建设的认识符合实际情况。

从文化教育来看,问卷2中选项回答较为平均,非常不重视、不重视和重视、非常重视选择的人数都差不多。这说明社会公众对于牧区教育的发展还不够认同,对现如今牧区教育发展和家长对其重视程度的认识都很模糊,没有形成较为统一的认知。

从在出行选择和收入来源来看,大家普遍认为政府补贴及打工为牧区人民的主要收入来源,汽车和摩托车为牧民人民的主要出行方式。

从畜牧品种来看,大部分人认为牦牛、绵羊和奶牛是主要畜牧产品。在当前牧民关注的问题中,教育、补贴、收入等都被认为是主要关注的问题。在社会公众对牧区牧民生产生活认知度调查中可以发现,当前社会公众对牧民的生产生活还是比较了解的,但是也存在如教育和住房等方面了解不足的问题。

此外,社会公众对当前牧民文化生活认可度分歧较大。牧民对自身文化的保护得到了社会公众的高度认可,67.91%的社会公众对牧区牧民保护自身文化传承感到"非常满意",表示"非常不满意"的社会公众仅占总样本数量的1.01%。这也从侧面说明,特色旅游发展的同时促进了牧区文化的保护,两者之间形成有效的良性循环。此外,社会公众也给予了牧区牧民自身幸福感极高的评价,对当前牧民文化生活表示"非常满意"和"满意"分别占总体样本数量的68.75%与20.78%。

在精神文明建设方面,社会公众满意度比文化建设满意度低得多,仅有4.73%的人对牧区的精神文明建设"非常满意",而认为"一般"的样本占总样本数量的47.64%。从具体行为来看,牧区牧民草场地保护仍未达到社会公众的要求。在草场地保护问题上,社会公众认为牧民重视程度依然不够,草场意识保护形态有待加强。

长期以来,受地域、经济、文化等的影响,青海及其特色产品的知名度不高,特别是社会公众对青海牧区的了解不够充分。为此,课题组专门调研了社会公众对牧民生产生活的了解程度,采用问卷的形式抽样调查了333人。

调查结果显示,近1/3的人对青海牧区生产生活状况了解程度较低,见图4-5。青海地广人稀,大部分人口分布在东部河谷地带,少量人口分布在广袤的牧区。社会公众对青海牧区生产生活状况了解渠道较少。随着草原旅游的进一步推进,美丽的草原景色和丰富的牧区人民文化会被社会公众所熟知。

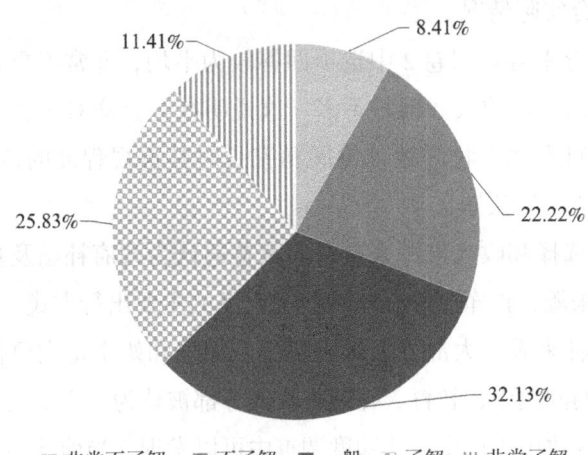

图4-5 社会公众对青海牧区生产生活状况了解程度比例

为进一步了解社会公众对草原旅游发展的认知度,问卷2的第18~26题,着重从社会公众对草原旅游及其相关问题的认知度方面进行调查。

在畜牧类产品购买方面,有249人表示购买过相关畜牧类产品,但是对于畜牧类产品的满意度不高,有201人回答畜牧类产品的满意度一般或不满意。

在保护牧区环境方面,有295人认为应该保护牧区环境,赞成通过轮牧休牧或退耕还草等措施保护牧区环境。但是有超过一半的人不认同牧民退出草原从事其他工作。

在草原旅游认可度方面,回答者中有189人在青海旅游过,144人没有在青海旅游过。在发展草原旅游态度问题中,有174人不支持,还有214人对发展草原旅游的支持政策不认可。

在草原旅游发展的影响方面，大部分人认为有很多积极影响，包括能够传播文化、增加收入等，但是有少部分人认为发展草原旅游没有影响。

当前，社会公众对于草原旅游的发展及草原旅游政策的支持还存在很大意见，认为草原旅游发展会影响原来牧区的环境及牧民的生活。此外，社会公众对牧区土特产的认可度和满意度都较低，需要重视牧区土特产质量并对其进行提升和改善。

在国家西部大开发的总体规划下，青海省的旅游事业得到了长足发展。随着青海省旅游宣传力度的不断加大，每年外来旅游人口大量涌入。但第三产业的飞速发展并没有得到社会公众对牧区经济的高度认可，相反，大部分社会公众认为，牧民的人均收入需要进一步提升，结构也需要进一步优化。这反映出牧区仍有大量可开发的项目，目前已开发的项目已不能满足社会公众对青海旅游业的需求。另外，针对牧区牧民的生产支出不断向第三产业转移的现象，部分社会公众已达成认可意见。同时，社会公众对牧区未来的旅游收益充满信心。对牧区未来旅游收益表示"非常满意"的样本占总样本数量的48.14%，接近总体样本数量的一半。

表 4-4 社会公众对牧区整体满意度   单位：%

序号	问题	非常满意	满意	一般	不满意	非常不满意
27-1	站在社会公众的角度，您对牧区牧民生活保障满意吗	13.18	14.02	29.39	25.00	18.41
27-2	站在社会公众的角度，您对近年牧区扶持开发政策满意吗	44.26	31.93	15.54	4.73	3.55
27-3	站在社会公众的角度，您对近年牧区基础设施项目建设满意吗	6.25	11.66	19.09	15.03	47.97
27-4	站在社会公众的角度，您对草原旅游服务保障满意吗	2.36	8.95	18.07	41.55	29.05

资料来源：问卷统计分析。

在社会大环境下，社会公众对牧区基础设施建设和旅游服务保障政策总体满意度不高。绝大多数社会公众认为，牧区旅游发展太快，但没有及时出台相应的后勤保障政策，这也反映出近年青海牧区旅游发展的短板。另外，旅游中的各项服务无法保证，例如，在合法权益受到侵犯时没有合理有效的解决渠道等都是社会公众对牧区现行政策认可度不高的因素。

牧区近年的扶持开发政策，使牧区大量牧民摘掉了贫困的"帽子"。通过发展特色旅游、观光型放牧、特色饮食文化等产业，延伸畜牧产业链，拓展规模经营，发挥产业功能，明显拉动牧区牧民增收，得到了社会公众的极大认可。

表 4-5　社会公众对牧民保护意识满意度调研　　　　　　　　单位：%

序号	问题	非常满意	满意	一般	不满意	非常不满意
27-5	站在社会公众的角度，您对牧民自身保护环境情况满意吗	6.93	6.59	63.51	13.34	9.63
27-6	站在社会公众的角度，您对牧区文化保护满意吗	67.91	17.06	11.32	2.70	1.01
27-7	站在社会公众的角度，您对牧区精神文明建设满意吗	4.73	8.28	47.64	26.01	13.34
27-8	站在社会公众的角度，您对牧区牧民自身幸福感程度满意吗	68.75	20.78	4.56	5.24	0.68

资料来源：问卷统计分析。

4.2.2　牧民自身对青海牧区生产生活认知度调查分析

为了掌握牧民自身是否了解青海牧区生产生活的现状，问卷1在27~34题设计了针对牧民自身的认知度调查问题。课题组对各区域进行了深入调研和走访，共发放问卷703份，其中，包括实地走访问卷444份，线上问卷259份。

在抽样调查样本中，39.64%的牧民知道周围没有旅游区；31.08%的牧民知道周围有旅游区；有29.28%的牧民或是因为本身对旅游区认知不到位，或是因为宣传力度不到位等不知道周围是否有旅游区。这说明仍存在一部分牧民没有完全认识牧区旅游发展，同时也不关注周边牧区的旅游产业发展。大多数牧民比较清楚周围是否有发展旅游区，仍需进一步提高牧民对周围旅游区发展的关注度。

在调查样本中，40.09%的牧民认为草原旅游业的发展能促进收入的增加。除此之外，认为草原旅游业的发展能促进文化传播和地方经济发展的牧民样本分别占18.69%与18.24%。但仍有9.68%的牧民认为草原旅游业的发展存在污染环境的负面影响（见图4-6）。草原旅游业的发展在增加收入、传播文化和发展地方经济方面具有显著影响。

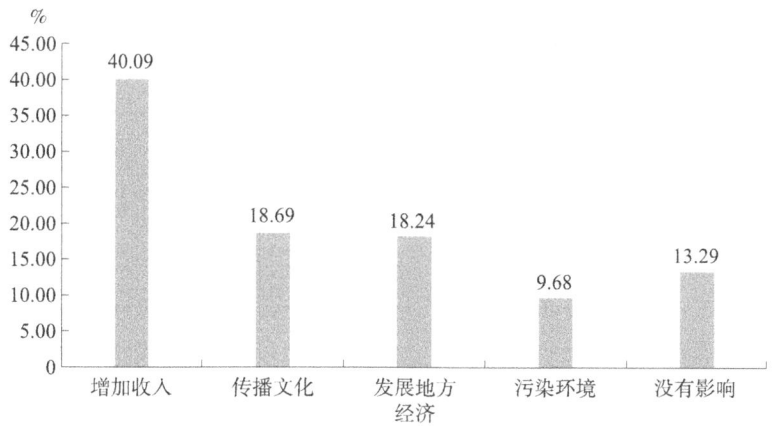

图4-6 草原旅游业发展下影响类型所占比例

自草原旅游业发展以来，其对牧户家庭生活变化的影响受到广泛关注，课题组针对此现状设计了相关问题。在调查样本中，认为草原旅游业发展以来牧户家庭生活变化非常大和变化一般的牧民均占抽样调查样本的28.60%，认为变化很小和没有变化的牧民分别占抽样调查样本的23.20%与19.59%（见图4-7）。

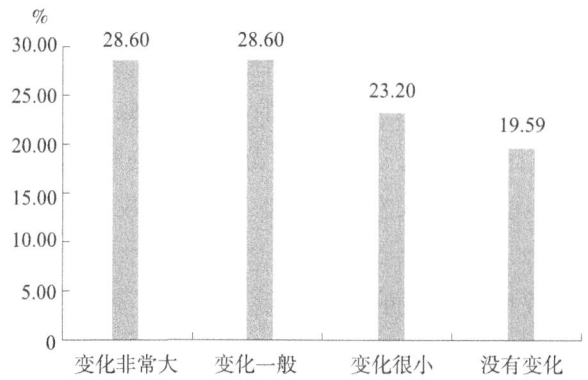

图4-7 草原旅游业的发展对牧户家庭生活变化的影响比例

草原旅游业的发展对牧户家庭生活变化的影响不太显著，84.24%的牧民对草原旅游业的发展持支持态度。认为草原旅游业的发展可以改善生活和有利于增进对牧民了解的调查对象分别占抽样调查样本的69.15%和15.09%；

认为草原旅游业的发展破坏环境和打扰正常生活的抽样调查对象分别占抽样调查样本的 9.68% 与 6.08%（见图 4-8）。

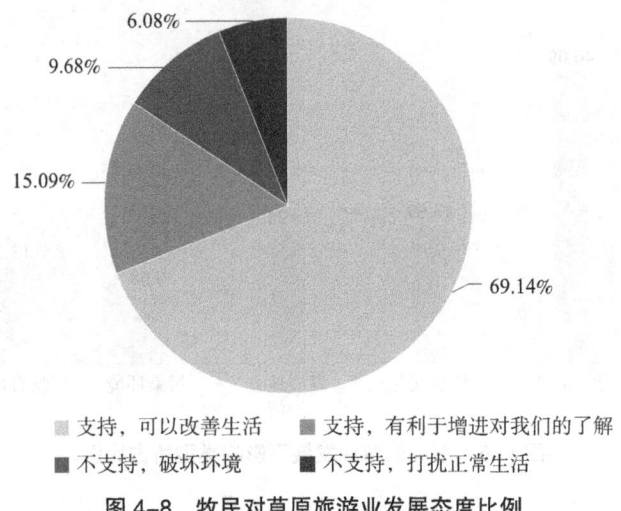

图 4-8 牧民对草原旅游业发展态度比例

当地牧民的环保意识较强，被调查对象对保护草原生态环境重要性的看法中，认为"非常重要"的占比 53.33%，认为"重要"的占比 40.00%，认为"一般"的占比仅为 6.67%。93.33% 的被调查对象重视草原生态环境的保护，说明当地牧民的环保意识较强。

大部分牧民认为本地旅游属于季节性产业，在发展草原旅游服务业时，调查对象中选择"只从事旅游服务业"的占比 8.33%，选择"依然从事原有的牧业生产"的占比 52.48%，选择"旅游服务业与牧业生产兼顾"的占比 35.36%。大部分牧民愿意夏天发展旅游业，冬天放牧。他们认为本地旅游属于季节性产业。

在当前牧区牧民最关注的自身利益问题中，调查对象选择"增加收入"的占 51.35%，选择"住房问题"的占 24.77%，选择"就业问题"的占 31.76%，选择"子女教育问题"的占 50.68%，选择"退牧还草补助问题"的占 4.05%，选择"牧区环境问题"的占 31.76%，选择"精神文化生活"的占 15.77%。大部分牧民认为，增加收入、子女教育和牧区环境问题是他们最关注的自身利益问题。

5 基于牧民家庭的典型牧民生产生活调查分析

青海省地域辽阔、草原广袤,牧民群众长久以来以牧业为生,新时代有很多牧民开始了定居生活,但各地区牧民家庭的生产生活方式还是有很多不同。为此,课题组在海北州、海南州、果洛州和黄南州这四个牧民家庭有差异的区域随机入户调查,以期调查分析出典型牧民生产生活的相关情况。

5.1 海北州牧民生产生活调查分析

在海北州随机入户调查共 84 人次,主要调查地点为金银滩草原所在地刚察县沙柳河镇恩乃村,该村有人口 1339 人,调研人员随机走访了刚察县羊场村、刚察县泉吉乡、海晏县青海湖乡的个别牧户。

金银滩草原,位于青海省海晏县境内,方圆 1100 平方千米,被麻皮河和哈利津河贯穿。金银滩草原的黄金季节是 7—9 月,鲜花盛开,百鸟飞翔,尤其是百灵鸟的歌声,动听迷人。在一片碧草如茵的大草原上,浮云般的羊群,棕黑相间的牦牛,星星点点地徜徉在青草和野花丛中。穿着藏服的藏民,骑着骏马悠然地在草原上缓缓而来。远处山峦起伏,偶有雄鹰飞过,莲花般的蒙古包散落在白云深处。人们以"金银遍地"形容这片美丽而富饶的土地,故得名"金银滩",包括著名的金滩、银滩大草原,是世界名曲《在那遥远的地方》的诞生地。这里还曾是鲜为人知的神秘禁区,它孕育了新中国第一颗原子弹、第一颗氢弹,是中国第一个核武器研制基地,目前是"国家爱国主义教育示范基地"和"国家重点文物保护单位"。

5.1.1　海北州牧户生产生活调查

（1）入户调查对象特征分析

在年龄结构上，调查对象以青壮年劳动力为主。其中，25~60岁抽样调查对象占比较大，为56%；60岁及以上和25岁以下的抽样调查对象占比分别为26%与18%（见表5-1）。

表5-1　海北州入户调查年龄结构　　　　　　　　单位：%

年龄分布	占全部样本的比重
25岁以下	18
25~40岁	24
40~60岁	32
60岁及以上	26

资料来源：问卷统计分析。

在性别构成上，调查对象呈现女性偏多的特征。在入户调查对象中，女性占比达62%，明显高于男性占比。此外，已婚的抽样调查对象占全部样本的比重较大，为62%（见表5-2）。

表5-2　海北州入户调查性别、婚姻结构　　　　　单位：%

牧民特征	类型	占全部样本的比重	牧民特征	类型	占全部样本的比重
性别	男	38	婚姻状况	已婚	62
	女	62		未婚	38

资料来源：问卷统计分析。

在民族构成上，调查对象中藏族等少数民族居多。藏族抽样调查对象所占比例较高，达67%；汉族和其他少数民族抽样调查对象占比较小，仅占33%。

在受教育程度方面，小学及以下学历和初中学历的抽样调查对象居多，占比分别为43%与27%；高中及中专、大专及以上学历抽样调查对象占比较小，分别为19%和11%。

在家庭成员构成方面，以3~6人构成的家庭抽样调查对象为主，占调查样本的79%；7人及以上、2人及以下构成的家庭抽样调查对象占比较小，分别为18%和4%。

（2）入户抽样调查对象生活现状分析

人均纯收入 1 万~3 万元的牧民家庭居多，其次是人均纯收入 3 万~5 万元的牧民家庭。

据调查，受访牧民家庭中，人均纯收入 1 万~3 万元的占比达 38%；人均纯收入 3 万~5 万元的占比为 36%；人均纯收入在 1 万元以下的占比为 21%；人均纯收入 5 万元及以上的占比较小，为 5%。

在收入结构方面，传统畜牧业收入仍是牧民家庭收入的主要来源，旅游业附加收入占比较小。调查样本中，51% 的牧民收入来自传统畜牧业经营收入，30% 的牧民收入来源于外出务工，20% 的牧民收入来源于旅游业附加收入，表明牧民的收入来源趋于多样化，收入结构在一定程度上得到改善。

在家庭支出结构方面，支出用于购买生产资料（买车辆、租草地等）的调查对象占样本量的 40%，医疗支出、日常消费支出及教育支出是大部分牧民主要支出部分（见表 5-3）。

表 5-3　海北州入户调查牧民家庭支出结构

牧民家庭支出	所占样本数 / 个	占全部样本比重 /%
购买生产资料（买车辆、租草地等）	34	40
日常消费支出	25	30
宗教支出	5	6
教育支出	21	25
医疗支出	30	36

资料来源：问卷统计分析。

牧区牧民的住房、水、电、网络及道路等基础设施较为完善，但少数地区的道路和网络条件有待进一步改善；摩托车是牧区牧民出行的主要交通工具，拥有摩托车的抽样调查对象占比达 95%（见表 5-4）。

表 5-4　海北州入户调查牧区基础设施、机会车类型统计情况　　　　单位：%

牧民生产生活特征	类型	占样本比重
水、电、网络、道路等基础设施完善情况	都完善	89
	不通水	0

续表

牧民生产生活特征	类型	占样本比重
水、电、网络、道路等基础设施完善情况	不通电	0
	无网络	2
	道路条件差	10
	其他	0
机动车类型	无机动车	5
	汽车	57
	皮卡车	24
	摩托车	95
	其他	0

资料来源：问卷统计分析。

（3）入户调查对象养殖现状分析

在畜牧养殖结构方面，以传统养殖品种为主要特征，养殖规模较稳定，畜牧暖棚设施较为完备。大多数受访牧民畜牧养殖品种为绵羊，养殖绵羊的受访牧民占比为98%，养殖奶牛和骆驼等畜牧品种的牧民较少；在养殖规模方面，受访牧民养殖规模主要在100~300头（只），占比达60%且养殖规模稳定，受访牧民中2016—2020年养殖规模维持不变的占入户抽样调查对象的54%，如表5-5所示。在畜牧暖棚设施方面，畜牧暖棚设施较为完备，拥有畜牧暖棚设施的抽样调查对象占比达93%。

表5-5　海北州入户调查牧民养殖情况占比　　　　单位：%

畜牧养殖特征	类型	所占样本比重	畜牧养殖特征	类型	所占样本比重
畜牧结构	奶牛	6	畜牧总量	100头（只）以下	25
	绵羊	98		100~300头（只）	60
	山羊	2		300~600头（只）	11
	骆驼	2		600头（只）以上	5
	猪	0	2016—2020年畜牧规模	养殖规模增长了	30
	马	25		养殖规模减小了	17
	其他	0		没有什么变化	54

资料来源：问卷统计分析。

5 基于牧民家庭的典型牧民生产生活调查分析

在畜牧产品销售及用途方面，表现为以政府统购统销渠道为主，基本保证产品销售，畜牧产品呈现多样化用途的特征。

在牧区畜牧产品销售渠道方面，虽呈现多样化特征，但政府统销统购是畜牧产品销售的主要渠道，占入户抽样调查样本的62%；其次是自己摆摊、生产大户带动销售以及工厂收购或个体收购等辅助销售渠道，占比分别为17%、10%及10%。

在畜牧产品销售保障方面，受访牧民的畜牧产品销售基本有保障。其中，认为销售保障还可以和有保障的抽样调查对象占比共89%。在畜牧养殖的生活作用方面，牧民养殖畜牧产品主要用于提供家庭经济收入来源，其次用于日常食用和生活保障。89%的被调查对象认为畜牧养殖用于家庭主要经济来源，39%的受访牧民认为畜牧养殖主要用于提供肉和日常食品来源。主要入户抽样调查对象中，农业经营方式单一，除了传统畜牧业外，种植经济作物或粮食作物的抽样调查对象占比仅为24%（见表5-6）。

在草场经营情况方面，大部分农户租用他人草场且自主经营，抽样调查对象为95%。

在草场经营方面，租用他人草场的抽样调查对象占比达95%。以自己放牧为主，让别人代牧与请人帮牧的抽样调查对象占比仅为10%和7%。可经营草场面积在300~600亩的抽样调查对象占入户抽样调查对象的一半（见表5-7）。

表5-6 海北州入户调查畜牧产品销售情况统计　　单位：%

畜牧产品销售特征	类型	所占样本比重	畜牧产品销售特征	类型	所占样本比重
销售渠道	自己摆摊	17	畜牧养殖的生活作用	肉和日常食品的来源	39
	工厂收购、个体收购	10		家庭主要经济来源	89
	政府统销统购	62		生活保障	26
	生产大户带动销售	10		其他	7
销售保障	有保障	60	是否种植其他经济作物或粮食作物	是	24
	还可以	29		否	76
	没有保障	12			

资料来源：问卷统计分析。

表 5-7 海北州入户调查牧民草场经营情况统计　　　　　单位：%

草场经营特征	类型	所占样本比重	草场经营特征	类型	所占样本比重
是否租用他人草场	是	95	可经营草场面积	300 亩以下	25
	否	5		300~600 亩	50
放牧方式	自己放牧	83		600~900 亩	25
	让别人代牧	10		900~1200 亩	0
	请人帮牧	7		1200 亩及以上	0

资料来源：问卷统计分析。

5.1.2 海北州牧户调查情况分析

（1）草原旅游业对入户调查对象生产生活的影响分析

绝大多数牧区牧民对草原旅游业的发展、退牧还草或轮牧休牧保护草场方式、国家发展草原旅游业的政策都持认可态度。绝大多数抽样调查对象支持草原旅游业的发展，认为一方面可以改善牧民的生活，另一方面可以增进社会大众对牧民的了解；但有较少部分抽样调查对象不支持草原旅游业的发展，认为破坏环境和打扰牧民正常生活。在国家发展草原旅游业的认可度方面，94%的抽样调查对象持非常认可或比较认可的态度。94%的抽样调查对象对退牧还草或轮牧休牧保护草场持赞同态度（见表5-8）。

表 5-8 海北州入户调查旅游业发展特征统计情况　　　　　单位：%

旅游业发展特征	类型	所占样本比重
对草原旅游业发展态度	支持，可以改善生活	85
	支持，有利于增进对我们的了解	10
	不支持，破坏环境	6
	不支持，打扰正常生活	0
国家发展草原旅游业的政策认可度	非常认可	52
	比较认可	42
	不是很认可	6

续表

旅游业发展特征	类型	所占样本比重
国家发展草原旅游业的政策认可度	完全不认可	0
退牧还草或轮牧休牧保护草场态度	赞同	94
	不赞同	6

资料来源：问卷统计分析。

草原旅游业的发展具有多方面影响，但对牧民生活变化影响的显著性程度还有待提高。其中，认为草原旅游业的发展存在增加收入、传播文化以及发展地方经济等积极影响的抽样调查对象分别占83%、12%和1%，认为草原旅游业的发展会造成环境污染的抽样调查对象占4%，认为没有影响的抽样调查对象占比为零。在本地草原旅游服务业发展与牧民择业选择方面，12%的抽样调查对象依然从事原有的牧业生产，旅游服务业与牧业生产兼顾的牧民仅占入户调查对象的75%。在草原旅游业对生活变化的影响方面，21%的抽样调查对象认为旅游业的发展对生活变化的影响很小或没有变化，草原旅游业的发展对生活变化的影响显著性不高（见表5-9）。

表5-9 海北州入户调查草原旅游业发展影响统计情况 单位：%

草原旅游业的影响	类型	所占样本比重
发展草原旅游业有什么影响	增加收入	83
	传播文化	12
	发展地方经济	1
	污染环境	4
	没有影响	0
本地草原旅游服务业发展与牧民择业选择	只从事旅游服务业	13
	依然从事原有的牧业生产	12
	旅游服务业与牧业生产兼顾	75
	其他打算	0

续表

草原旅游业的影响	类型	所占样本比重
草原旅游业的发展对生活变化的影响	变化非常大	39
	变化一般	39
	变化很小	6
	没有变化	15

资料来源：问卷统计分析。

在对下一代的教育问题重视程度方面，非常重视对下一代教育的抽样调查对象占比达89%。在希望培训到的技能类型方面，绝大多数抽样调查对象希望培训动物防疫和饲养的相关知识技能，占比达到86%；草地种植和保护也是牧民希望培训的技能（见表5-10）。

表5-10　海北州入户调查教育重视程度统计情况　　　　　　　　单位：%

牧民生活特征	类型	所占样本比重
对下一代的教育问题重视程度	非常重视	89
	重视	6
	一般	5
	不重视	0
政府免费劳务培训，希望培训哪方面的技能	动物防疫和饲养	86
	唐卡、电焊、厨师服装加工类技术等	7
	草地种植和保护	17
	其他	2

资料来源：问卷统计分析。

在享受政府补助方面，牧区牧民享受政府补助呈现多样化特征。受访牧民享受的政府补助，按覆盖面大小，依次为医疗补助、牲畜购买、退牧补助、草场费以及畜暖棚补贴（见表5-11）。

表 5-11　海北州入户调查享受政府补助情况统计　　　　　单位：%

牧民生活特征	类型	所占样本比重
享受政府补助	牲畜购买	51
	草场费	48
	医疗补助	52
	退牧补助	50
	建房补贴	0
	畜暖棚补贴	6
	其他	6

资料来源：问卷统计分析。

牧区牧民商业保险参保率低，医疗、养老保险参保率高。参加商业保险的抽样调查对象仅占入户抽样调查样本的12%，参加医疗、养老保险的抽样调查对象占比达98%（见表5-12）。

表 5-12　海北州入户调查养老保险情况统计　　　　　单位：%

牧民生活特征	类型	所占样本比重
是否参加了商业保险	是	12
	否	88
是否参加了医疗、养老保险	是	98
	否	2

资料来源：问卷统计分析。

（2）入户调查对象的文化生活及思想观念特征分析

在文化生活方面，牧区文化活动形式较为多样，且牧民参与意愿强烈。抽样调查对象所在牧区举办较为频繁的文化活动依次为运动会、民俗文化活动以及才艺比赛。入户抽样调查对象参与所在牧区举办的文化活动的意愿强，愿意参加本地举办的文化活动的抽样调查对象占比高达80%（见表5-13）。

表 5-13　海北州入户调查文化发展情况统计　　　　　　　　　单位：%

牧民思想文化特征	类型	所占样本比重
所在牧区举办过的文化活动	民俗文化活动	30
	高龄老人对本地历史的讲述	0
	才艺比赛	25
	运动会	30
	其他	15
是否愿意参加本地举办的文化活动	不愿意	0
	愿意	80
	一般	10
	大家去，我也去	11

资料来源：问卷统计分析。

在发展牧区文化的必要性方面，对发展牧区文化的必要性表现出强烈支持意愿的抽样调查对象占比为77%。大部分牧民认为，发展牧区文化在丰富牧区文化生活以及提高牧民文化水平和道德修养方面具有很大的必要性（见表5-14）。

表 5-14　海北州入户调查牧民发展文化的态度统计情况　　　　单位：%

牧民思想文化特征	类型	所占样本比重
发展牧区文化是否有必要	必要，能丰富牧区文化生活，提高牧民文化水平和道德修养	77
	不必要，发展牧区经济更为重要	6
	无所谓，顺其自然	17

资料来源：问卷统计分析。

（3）入户调查对象生产生活满意度特征分析

牧区牧民增加收入困难、生态环境恶化的问题有待解决。抽样调查对象认为，当前所在牧区最不满意的问题依次为增加收入困难、生态环境恶化、社会保障问题、社会治安不好以及教育收费问题（见表5-15）。

表 5-15　海北州入户调查牧民生产生活满意度特征统计数据　　单位：%

生产生活满意度特征	类型	所占样本比重
牧民最不满意的问题	增加收入困难	60
	社会治安不好	6
	生态环境恶化	17
	牧区干部办事不公	0
	教育收费问题	5
	社会保障问题	7
	是否有一定的社会成就	0
	其他	6

资料来源：问卷统计分析。

其中，增加收入、子女教育问题、牧区环境问题、精神文化生活以及就业问题是抽样调查对象反映的牧区牧民最关切的问题（见表 5-16）。

表 5-16　海北州入户调查牧民最关注的问题调查统计情况　　单位：%

牧民最关注的问题	类型	所占样本比重
牧民最关注自身利益问题	增加收入	93
	住房问题	6
	就业问题	19
	子女教育问题	86
	退牧还草补助问题	6
	福利保障问题	0
	牧区环境问题	52
	精神文化生活	25

资料来源：问卷统计分析。

5.2　海南州牧民生产生活调查分析

海南州位于青海省东部，东部与黄南州及海东市交界，西部邻近海西州，南部与果洛州接壤，北隔青海湖与海北州相望，因地处著名的青海湖南部，故名"海南州"。海南州地理坐标为东经98度55分至东经105度50分，北纬34度38分至北纬37度10分，东西宽260千米，南北长270千米，面积为4.45万平方千米，占青海省总面积的6.20%。海南州下辖共和、贵德、贵南、同德、兴海5县和龙羊峡行委，共有41个乡镇，州政府驻共和县。

海南州共随机调查94人次，主要调查地点为贵德县神宝山景区，该景区植被覆盖很茂盛，山坡多松柏、桦树等树木，金露梅、银露梅、沙杨、垂柳也分布其中，东山设有国有东山林场。选取点位于贵德县河东乡，该乡有人口921人，根据计算，调查样本在50~150个。

5.2.1 海南州牧户生产生活调查

（1）入户调查对象特征分析

在年龄结构上，调查对象以青壮年劳动力为主，年龄在25~60岁的抽样调查对象较多，占比达到60%（见表5-17）。

表5-17 海南州入户调查年龄分布统计情况　　　　　单位：%

牧民特征	类型	占全部样本的比重
年龄	25岁以下	13
	25~40岁	26
	40~60岁	34
	60岁及以上	28

资料来源：问卷统计分析。

在性别构成上，调查对象呈现女性偏多的特征，男性与女性差距较小，男性占比41%，女性占比59%。在婚姻状况方面，过半数的抽样调查对象已婚，占比55%（见表5-18）。

表5-18 海南州入户调查性别、婚姻状况统计情况　　　　　单位：%

牧民特征	类型	占全部样本的比重	牧民特征	类型	占全部样本的比重
性别	男	41	婚姻状况	已婚	55
	女	59		未婚	45

资料来源：问卷统计分析。

在民族构成上，调查对象中，藏族抽样调查对象所占比例较高，达65%，汉族和其他少数民族抽样调查对象占比较小，为35%。

在受教育程度方面，小学及以下学历和初中学历的抽样调查对象居多，占比达72%；高中及中专学历的抽样调查对象占比为15%；大专及以上学历的抽样调查对象占比较小，仅为13%。在家庭成员构成方面，由3~6人构成的家庭抽样调查对象占比较高，达79%；7人及以上的家庭抽样调查对象占比为16%；2人及以下的家庭抽样调查对象较少，仅有5%。

（2）入户抽样调查对象生活现状分析

牧民家庭人均纯收入1万~3万元居多。从调查结果分析，牧民家庭人均纯收入1万~3万元的样本数占抽样样本的46%；1万元以下的样本数占抽样样本的24%；3万~5万元的样本数占抽样样本的23%；5万元及以上的样本数占抽样样本的比例较小，为6%。

在收入结构方面，传统畜牧业收入仍是牧民家庭收入的主要来源，旅游业附加收入占比较小。约65%的牧民家庭收入来源于传统畜牧业，外出打工的劳务收入和虫草收益也是部分牧民家庭收入的主要来源，该部分牧民家庭占比分别为49%和37%；另外，接近20%的牧民家庭收入构成中，包括旅游业附加收入、出租草场的收入以及政府补贴，几乎没有旅游门票收益。

在家庭支出结构方面，购买生产资料（买车辆、租草地等）、教育支出，医疗支出以及日常消费支出是牧民家庭支出结构中的主要部分，用于购买生产资料（买车辆、租草地等）的调查对象占样本量的45%，教育支出、医疗支出及日常消费支出是大部分牧民的主要支出部分（见表5-19）。

表5-19 海南州入户调查家庭支出结构统计情况

牧民家庭支出	所占样本数/个	占全部样本比重/%
购买生产资料（买车辆、租草地等）	42	45
日常消费支出	36	38
宗教支出	10	11
教育支出	41	44
医疗支出	45	48

资料来源：问卷统计分析。

牧民的住房、水、电、网络、道路等基础设施较为完善，摩托车是主要交通工具。拥有固定住房的抽样调查对象比例达88%，抽样调查对象所在地的水、电、网络、道路等基础设施较为完善的比例达87%，表明绝大多数牧区牧民拥有固定住房和享受较为完善的水、电、网络及道路基础设施，但少数地区网络和道路基础设施还有待完善。另外，在机动车类型方面，拥有摩托车的抽样调查对象所占比例高达90%，其次是汽车占比为45%，皮卡车占比为22%，表明摩托车是牧区牧民的主要出行交通工具，且交通工具在一定程度上呈现多样化特征（见表5-20）。

表 5-20 海南州入户调查基础设施、机动车类型情况统计

牧民生产生活特征	类型	占样本比重
水、电、网络、道路等基础设施完善情况	都完善	87
	不通水	0
	不通电	0
	无网络	5
	道路条件差	11
	其他	0
机动车类型	无机动车	13
	汽车	45
	皮卡车	22
	摩托车	90
	其他	0

资料来源：问卷统计分析。

（3）入户抽样调查对象养殖现状分析

在畜牧养殖结构方面，在一定程度上呈现出养殖品种的多样化特征且养殖规模较稳定，畜牧暖棚设施较为完备。奶牛、绵羊以及马是牧区牧民养殖的主要畜牧品种，分别占受访对象的11%、83%及52%，在一定程度上体现了养殖品种的多样化。在养殖畜牧总量方面，受访对象的养殖畜牧总量主要

在100~300头（只），占比达66%，且养殖畜牧总量比较稳定，同时也会有一定程度的调整。超过半数的抽样调查对象养殖规模变化不大，养殖规模扩大的抽样调查对象占比达21%，26%的抽样调查对象的养殖规模出现一定程度的减小（见表5-21）。在畜牧暖棚设施方面，畜牧暖棚设施较为完备，拥有畜牧暖棚设施的受访对象占比达96%。

表5-21 海南州入户调查养殖现状统计情况　　单位：%

畜牧养殖特征	类型	所占样本比重	畜牧养殖特征	类型	所占样本比重
畜牧结构	奶牛	11	畜牧总量	100头（只）以下	23
	绵羊	83		100~300头（只）	66
	山羊	0		300~600头（只）	10
	骆驼	0		600头（只）及以上	1
	猪	0	近5年畜牧规模	养殖规模扩大了	21
	马	52		养殖规模减小了	26
	其他	0		没有什么变化	53

资料来源：问卷统计分析。

在畜牧产品销售及用途方面，表现出以政府统购统销渠道为主，畜牧产品销售基本有保障，畜牧产品呈现多样化用途的特征。

政府统购统销渠道销售畜牧产品的抽样调查对象占比达62.77%，部分牧民选择工厂收购、个体收购和自己摆摊销售畜牧产品，但所占比例较小，分别为12.77%和8.51%。在畜牧产品销售保障方面，牧区牧民畜牧产品销售基本有保障，认为销售有保障和还可以的受访对象占比达90.43%。养殖的畜牧产品呈现多样化用途，主要用于销售，然后是日常食用，将畜牧产品作为家庭主要经济来源的抽样调查对象占比达60%，用于肉和日常食品来源的抽样调查对象占比达30%。农作方式单一，牧区牧民以畜牧业为主，较少种植其他经济作物或粮食作物，会种植其他经济作物或粮食作物的抽样调查对象占比仅有15%（见表5-22）。

表5-22 海南州入户调查畜牧产品销售情况统计   单位：%

畜牧产品销售特征	类型	所占比重	畜牧产品销售特征	类型	所占比重
销售渠道	自己摆摊	8.51	畜牧养殖的生活作用	肉和日常食品的来源	30
	工厂收购、个体收购	12.77		家庭主要经济来源	60
	政府统销统购	62.77		生活保障	20
	生产大户带动销售	9.15		其他	0
销售保障	有保障	27.66	是否种植其他经济作物或粮食作物	是	15
	还可以	62.77		否	85
	没有保障	9.57			

资料来源：问卷统计分析。

在草场经营情况方面，牧区牧民主要选择自主经营草场。受访对象都没有租用他人草场的情况，近96%的受访对象选择自己放牧，且牧民经营的草场面积主要集中在600亩及以下，占比达90.42%（见表5-23）。

表5-23 海南州入户调查牧民草场经营情况统计   单位：%

草场经营特征	类型	所占比重	草场经营特征	类型	所占比重
租用他人草场	是	0	可经营草场面积	300亩以下	56.38
	否	100		300~600亩	34.04
放牧方式	自己放牧	96		600~900亩	9.57
	别人代牧	3		900~1200亩	0
	请人帮牧	1		1200亩及以上	0

资料来源：问卷统计分析。

5.2.2 海南州牧户调查情况分析

（1）草原旅游业对入户调查对象生产生活的影响分析

绝大多数牧区牧民对草原旅游业的发展、退牧还草或轮牧休牧保护草场的方式、国家发展草原旅游业的政策持认可态度。

绝大多数牧区牧民支持草原旅游业的发展，认为一方面可以改善牧民生活，另一方面可以增进社会大众对牧区及牧民的了解。支持草原旅游业发展的受访对象占比达86.17%，但有少部分受访对象认为发展草原旅游业会破坏环境，打扰正常生活，占比达13.83%。受访对象对国家发展草原旅游业的政策认可程度不一，有57.44%的受访对象对国家发展草原旅游业的政策持认可态度，持不认可态度的受访对象占比达42.56%。在对以退牧还草或轮牧休牧方式保护草场的态度方面，绝大多数抽样调查对象赞同以退牧还草或轮牧休牧方式保护草场，占比达93.62%（见表5-24）。

表5-24 海南州入户调查牧民对草原旅游业政策态度统计情况　　　　单位：%

旅游业发展特征	类型	所占样本比重
对草原旅游业发展态度	支持，可以改善生活	71.28
	支持，有利于增进对我们的了解	14.89
	不支持，破坏环境	9.57
	不支持，打扰正常生活	4.26
国家发展草原旅游业的政策认可度	非常认可	25.53
	比较认可	31.91
	不是很认可	21.28
	完全不认可	21.28
退牧还草或轮牧休牧保护草场态度	赞同	93.62
	不赞同	6.38

资料来源：问卷统计分析。

草原旅游业发展具有多方面影响，但对牧民生活变化影响的显著性程度仍有待提高。绝大多数抽样调查对象认为，发展草原旅游业会有增加收入、传播文化、发展地方经济等积极影响，分别占样本比重的23%、23%、27%；认为发展草原旅游业会有污染环境等消极影响的，占抽样调查对象样本比重的16%；但有少部分抽样调查对象认为发展草原旅游业没有影响，占抽样调查对象样本比重的11%。此外，绝大多数抽样调查对象依然从事原有的牧业生产，所占比重达85%，只有11%的抽样调查对象选择旅游服务业与牧业生产兼顾。有 23% 的抽样调查对象认为草原旅游业的发展对生活变化影响非常大，认为没有变化和变化很小的抽样调查对象占比达 54%（见表 5-25）。

表 5-25 海南州入户调查牧民对草原旅游业的影响态度统计情况　　单位：%

草原旅游业的影响	类型	所占比重
发展草原旅游业有什么影响	增加收入	23
	传播文化	23
	发展地方经济	27
	污染环境	16
	没有影响	11
本地草原旅游服务业发展与牧民择业选择	只从事旅游服务业	0
	依然从事原有的牧业生产	85
	旅游服务业与牧业生产兼顾	11
	其他打算	4
草原旅游业的发展对生活变化影响	变化非常大	23
	变化一般	23
	变化很小	27
	没有变化	27

资料来源：问卷统计分析。

海南州牧民在对下一代教育问题的重视程度方面，表示非常重视的抽样调查对象占比达 85%。在希望接受培训到的技能方面，绝大多数抽样调查对象希望培训动物防疫和饲养方面的技术知识，草地种植和保护也是牧民希望培训的技能，两者占比分别达 90% 和 81%（见表 5-26）。

表 5-26 海南州入户调查教育重视程度统计情况　　单位：%

牧民生活特征	类型	所占样本比重
对下一代教育问题的重视程度	非常重视	85
	重视	9
	一般	5
	不重视	1

续表

牧民生活特征	类型	所占样本比重
政府免费劳务培训，希望培训哪方面的技能	动物防疫和饲养	90
	唐卡、电焊、厨师、服装加工类技术等	13
	草地种植和保护	81
	其他	0

资料来源：问卷统计分析。

在享受政府补助方面，牧区牧民享受政府补助呈现多样化特征。具体补助包括草场费、退牧补助、医疗补助、畜暖棚补贴、建房补贴、牲畜购买。在抽样调查对象中，享受草场费、退牧补助、医疗补助、畜暖棚补贴、建房补贴、牲畜购买的占比分别为80%、73%、60%、51%、23%、19%（见表5-27）。

表5-27 海南州入户调查牧民享受政府补助情况统计 单位：%

类型	牲畜购买	草场费	医疗补助	退牧补助	建房补贴	畜暖棚补贴	其他
所占比重	19	80	60	73	23	51	0

资料来源：问卷统计分析。

医疗、养老保险基本实现全覆盖。海南州牧民参加商业以及医疗、养老保险方面的调查显示，参加商业保险的抽样调查对象占比为21%，参加医疗、养老保险的抽样调查对象占比达100%（见表5-28）。

表5-28 海南州入户调查保险情况统计 单位：%

牧民生活特征	类型	所占比重
是否参加了商业保险	是	21
	否	79
是否参加了医疗、养老保险	是	100
	否	0

资料来源：问卷统计分析。

（2）入户调查对象的文化生活及思想观念特征分析

在所在牧区举办的文化生活方面，文化活动形式较为多样，民俗文化活动、运动会以及才艺比赛是主要活动形式。但牧民参加本地举办的文化活动方面的意愿不明显,抽样调查对象愿意参加本地举办的文化活动占比仅为23%;更多牧民表现出"一般"和"大家去,也就去"的无所谓心态,这样的抽样调查对象占比达53%;表示不愿意的抽样调查对象占比为23%(见表5-29)。

表5-29 海南州入户调查文化生活及思想观念特征调查统计情况　　　单位:%

牧民思想文化特征	类型	所占比重
所在牧区举办过的文化活动	民俗文化活动	43
	高龄老人对本地历史的讲述	0
	才艺比赛	21
	运动会	32
	其他	4
是否愿意参加本地举办的文化活动	不愿意	23
	愿意	23
	一般	21
	大家去,也就去	32

资料来源:问卷统计分析。

在发展牧区文化必要性方面,牧区牧民对发展牧区文化的意愿性不强,64%的抽样调查对象持无所谓的中立态度;仅有11%的抽样调查对象认为有必要;26%的抽样调查对象认为没必要,发展经济更为重要(见表5-30)。

表5-30 海南州入户调查牧区文化发展意愿统计情况　　　单位:%

牧民思想文化特征	类型	所占比重
发展牧区文化是否有必要	必要,能丰富牧区文化生活,提高牧民的文化水平和道德修养	11
	不必要,发展牧区经济更为重要	26
	无所谓,顺其自然	64

资料来源:问卷统计分析。

（3）入户调查对象生产生活满意度特征分析

生态环境恶化、增加收入困难、教育收费问题有待解决。生态环境恶化、增加收入困难、教育收费问题是抽样调查对象中反映的牧区牧民最不满意的方面，占比分别达48%、32%、32%（见表5-31）。

表5-31　海南州入户调查牧民最不满意的问题统计情况　　　单位：%

类型	增加收入困难	社会治安不好	生态环境恶化	牧区干部办事不公	教育收费问题	社会保障问题	是否有一定的社会成就	其他
所占比重	32	3	48	0	32	5	0	0

资料来源：问卷统计分析。

对于当前牧区牧民最关注的自身利益问题方面，牧区环境问题、子女教育问题、福利保障问题、就业问题、住房问题、增加收入及精神文化生活是抽样调查对象反映的牧区牧民最关注的问题（见表5-32）。

表5-32　海南州入户调查自身利益问题统计情况　　　单位：%

类型	增加收入	住房问题	就业问题	子女教育问题	退牧还草补助问题	福利保障问题	牧区环境问题	精神文化生活
所占比重	21	21	21	26	1	26	36	16

资料来源：问卷统计分析。

5.3　果洛州牧民生产生活调查分析

果洛州位于青海省东南部，是青藏高原的中心地区，更是中华民族的母亲河——黄河的发源地。果洛州地理范围为东经97度54分至东经101度50分，北纬32度31分至北纬35度40分，大武是其州府所在地，距离省会西宁440千米。果洛州东与甘肃省甘南藏族自治州接壤，南与四川省甘孜藏族自治州和阿坝藏族羌族自治州相邻，西部与青海省玉树州相接，北靠青海省海西州、海南州及黄南州。果洛州总面积7.8万多平方千米，约是青海省总面积的11%。果洛州下辖玛沁、班玛、甘德、达日、久治、玛多6个县。

果洛州共随机调查42人次，主要调查典型地区选择了黄河源头星宿海景区，位于玛多县扎陵湖乡尕泽牧委会，人口有1355人。星宿海，历史上曾被用来表示整个黄河源头地区，是黄河出山东行后第一个"加油站"。"海"是一个盆形湿地，东西长约30千米，南北距离较短仅几千米至十几千米之间。说是"海"，其实并非到处有水，而是在盆地中相对更低洼的地方聚集水源形成大大小小的水坑和水塘，多到可用满天星斗来比拟。另外，扎陵湖和东边与它相距不远的鄂陵湖，是河源地区最大的两个湖。

5.3.1 果洛州牧户生产生活调查

（1）入户调查对象特征分析

在年龄结构上，调查对象以青壮年劳动力为主。入户抽样年龄分布在25~60岁的调查对象占样本比重的60%，25岁以下的调查对象占样本比重为24%，60岁及以上的调查对象占样本比重为17%。

在入户抽样调查对象中，以女性和已婚抽样调查对象为主。入户抽样调查的男性占比为43%，女性占比为57%；已婚抽样调查对象占入户抽样调查样本的64%，未婚的抽样调查对象仅占36%（见表5-33）。

表5-33 果洛州入户调查性别、婚姻情况统计　　　　　　单位：%

牧民特征	类型	占全部样本的比重	牧民特征	类型	占全部样本的比重
性别	男	43	婚姻状况	已婚	64
	女	57		未婚	36

资料来源：问卷统计分析。

在民族构成上，抽样调查对象以藏族居多，占入户抽样调查对象的83%；汉族抽样调查对象占比为12%；其他少数民族民族占比较低，仅为5%。

在受教育程度方面，小学及以下学历和初中学历的抽样调查对象居多，占比分别为45%与31%；高中及中专学历、大专及以上学历的抽样调查对象占比较小，仅占24%。

在家庭成员构成方面，以3~6人构成的家庭抽样调查对象为主，占到调查样本的62%；其次是由7人及以上构成的家庭抽样调查对象，占比为31%；2人及以下构成的家庭抽样调查对象占比较小，仅有7%。

(2)入户抽样调查对象生活现状分析

果洛州牧民家庭人均纯收入以1万~3万元居多,占比达45%;其次是人均纯收入1万元以下的牧民家庭,占比为29%;人均纯收入在3万~5万元的牧民家庭占比为24%;人均纯收入在5万元及以上的牧民家庭占比较小,为2%。

在收入结构方面,果洛州牧民家庭收入来源多样化,传统畜牧业收入、外出打工、虫草收益、政府补贴以及出租草场是受访牧民收入主要来源,旅游业附加收入占比较小。

在牧民家庭收入构成方面,60%的抽样调查对象收入来源于传统畜牧业经营;以外出打工收入、虫草收益、政府补贴以及出租草场为主要收入来源的牧民,占比分别为50%、50%、48%以及45%;24%的受访牧民收入来源于旅游业附加收入。表明牧民的收入来源趋于多样化,收入结构在一定程度上得到改善。

果洛州牧民家庭支出结构常规化。购买生产资料(买车辆、租草地等)、日常消费支出、教育支出以及医疗支出是牧民家庭支出结构中的主要部分。用于购买生产资料(买车辆、租草地等)的调查对象占样本量的62%,且日常消费支出、教育支出以及医疗支出是牧民家庭支出结构中的主要部分(见表5-34)。

表5-34 果洛州入户调查家庭支出结构统计情况   单位:%

牧民家庭支出	占全部样本比重
购买生产资料(买车辆、租草地等)	62
日常消费支出	52
宗教支出	7
教育支出	36
医疗支出	29

资料来源:问卷统计分析。

果洛州牧民的住房、水、电、网络及道路等基础设施较为完善,摩托车和汽车是主要交通工具。抽样调查对象所在牧区水、电、网络、道路等基础设施比较完善，但少数地区的道路和网络条件仍有待进一步改善；摩托车和汽车是牧区牧民出行的主要交通工具，拥有摩托车或汽车的抽样调查对象占比分别为 90% 和 83%（见表 5-35）。

表 5-35 果洛州入户调查基础设施、机动车类型统计情况　　　　单位：%

牧民生产生活特征	类型	占样本比重
水、电、网络、道路等基础设施完善情况	很完善	88
	不通水	0
	不通电	0
	无网络	24
	道路条件差	36
	其他	0
机动车类型	无机动车	17
	汽车	83
	皮卡车	24
	摩托车	90
	其他	0

资料来源：问卷统计分析。

（3）果洛州入户抽样调查对象养殖现状分析

果洛州牧民家庭的畜牧养殖结构方面，在一定程度上呈现出养殖品种的多样化特征，且养殖规模较稳定，畜牧暖棚设施较为完备。

大多数受访牧民畜牧养殖品种为绵羊、牦牛，占比均为 76%；养殖奶牛和骆驼等畜牧品种的牧民则较少。在养殖畜牧总量方面，受访对象养殖畜牧总量主要在 300~600 头（只），占比达 48%；养殖畜牧总量在 300 头（只）以下的占比为 53%。养殖规模稳定，受访牧民在 2016—2020 年养殖规模维持不变的占入户抽样调查对象的 52%（见表 5-36）。在畜牧暖棚设施方面，畜牧暖棚设施较为完备，拥有畜牧暖棚设施的抽样调查对象占比达 76%。

表 5-36 果洛州入户调查畜牧养殖结构统计情况　　　　单位：%

畜牧养殖特征	类型	所占样本比重	畜牧养殖特征	类型	所占样本比重
畜牧结构	奶牛	5	畜牧总量	100 头（只）以下	29
	绵羊	76		100~300 头（只）	24
	牦牛	76		300~600 头（只）	48
	骆驼	0		600 头（只）及以上	0
	猪	0	2016—2020 年畜牧规模	养殖规模扩大了	24
	马	71		养殖规模减小了	24
	其他	0		没有什么变化	52

资料来源：问卷统计分析。

果洛州畜牧产品销售渠道畅通，在牧区畜牧产品销售渠道方面，呈现多样化销售的特征，但政府统销统购仍是牧区牧民畜牧产品销售的主要渠道，占入户抽样调查样本的 60%；生产大户带动销售和工厂收购、个体收购成为产品的辅助销售渠道，占比均为 12%。在畜牧产品销售保障方面，受访牧民的畜牧产品销售基本有保障。其中，认为销售保障有保障和还可以的抽样调查对象占比为 68%。在畜牧养殖的生活作用方面，71% 的入户抽样调查对象认为畜牧养殖是用于家庭主要经济来源，52% 的入户抽样调查对象认为畜牧养殖主要用于提供肉和日常食品的来源。调查对象的农业经营方式单一，除了传统畜牧业外，种植其他经济作物或粮食作物的抽样调查对象占比仅有 24%（见 5-37）。

表 5-37 果洛州入户调查畜牧产品销售情况调查统计　　　　单位：%

畜牧产品销售特征	类型	所占样本比重	畜牧产品销售特征	类型	所占样本比重
销售渠道	自己摆摊	0	畜牧养殖的生活作用	肉和日常食品的来源	52
	工厂收购、个体收购	12		家庭主要经济来源	71
	政府统销统购	60		生活保障	36
	生产大户带动销售	12		其他	0

续表

畜牧产品销售特征	类型	所占样本比重	畜牧产品销售特征	类型	所占样本比重
销售保障	有保障	20	是否种植其他经济作物或粮食作物	是	24
	还可以	48		否	76
	没有保障	24			

资料来源：问卷统计分析。

在果洛州调查中发现，在草场经营情况方面，牧民大都自主经营草场且面积主要集中在 600~900 亩，抽样调查对象中无租用他人草场的情况。自己放牧、让别人代牧的抽样调查对象占比分别为 95% 和 5%。可经营草场面积在 600~900 亩的抽样调查对象占入户抽样调查样本的 60%（见表 5-38）。

表 5-38 果洛州入户调查草场经营情况统计　　　　　　单位：%

草场经营特征	类型	所占样本比重	草场经营特征	类型	所占样本比重
是否租用他人草场	是	0	可经营草场面积	300 亩以下	5
	否	100		300~600 亩	24
放牧方式	自己放牧	95		600~900 亩	60
	让别人代牧	5		900~1200 亩	7
	请人帮牧	0		1200 亩及以上	5

资料来源：问卷统计分析。

5.3.2　果洛州牧户调查情况分析

（1）草原旅游业对入户调查对象生产生活的影响分析

在果洛州调研过程中发现，绝大多数牧区牧民对草原旅游业的发展、退牧还草或轮牧休牧保护草场的方式、国家发展草原旅游业的政策持认可态度。绝大多数抽样调查对象支持草原旅游业的发展，认为一方面可以改善他们的生活，另一方面可以增进社会大众对牧区牧民的了解，但有少部分抽样调查对象不支持草原旅游业的发展，认为破坏了环境和打扰了正常生活。在对国家发展草原旅游业的认可度方面,71.43%的抽样调查对象持非常认可或比较认可态度,90.48%的抽样调查对象持赞同退牧还草或轮牧休牧保护草场态度(见表5-39)。

表5-39 果洛州入户调查牧民政策认可程度统计情况 单位:%

旅游业发展特征	类型	所占样本比重
对草原旅游业发展态度	支持,可以改善生活	57.14
	支持,有利于增进对我们的了解	30.95
	不支持,破坏环境	9.52
	不支持,打扰正常生活	2.38
国家发展草原旅游业的政策认可度	非常认可	47.62
	比较认可	23.81
	不是很认可	4.76
	完全不认可	0
退牧还草或轮牧休牧保护草场态度	赞同	90.48
	不赞同	9.52

资料来源:问卷统计分析。

果洛州草原旅游业发展具有多方面影响,但对牧民生活变化影响的显著性程度仍有待提高。其中,认为草原旅游业的发展存在增加收入、传播文化以及发展地方经济等积极影响的抽样调查对象占比均为31%,但也有7%的抽样调查对象认为草原旅游业的发展会造成环境污染。在果洛州草原旅游服务业的发展与牧民择业选择的关系方面,59.52%的抽样调查对象依然从事原有的牧业生产;其次是旅游服务业与牧业生产兼顾的抽样调查对象,占入户调查对象的35.71%。在草原旅游业的发展对生活变化影响方面,52.38%的抽样调查对象认为草原旅游业的发展对生活变化的影响很小或没有变化,草原旅游业的发展对生活变化的影响显著性不高(见表5-40)。

表 5-40　果洛州入户调查草原旅游业的影响特征统计情况　　　单位：%

草原旅游业的影响	类型	所占样本比重
发展草原旅游业有什么影响	增加收入	31.00
	传播文化	31.00
	发展地方经济	31.00
	污染环境	7.00
	没有影响	0
本地草原旅游服务业发展与牧民择业选择	只从事旅游服务业	2.38
	依然从事原有的牧业生产	59.52
	旅游服务业与牧业生产兼顾	35.71
	其他打算	2.38
草原旅游业的发展对生活变化影响	变化非常大	4.76
	变化一般	42.86
	变化很小	28.57
	没有变化	23.81

资料来源：问卷统计分析。

（2）果洛州牧民对下一代教育非常重视

对果洛州的调查显示，在对下一代的教育重视程度方面，非常重视对下一代教育的抽样调查对象占比达85%。在希望培训的技能类型方面，绝大多数抽样调查对象希望培训与动物防疫和饲养相关的技术知识、草地种植和保护技能，占比分别达90%、81%。

（3）在享受政府补助方面，牧区牧民享受政府补助呈现多样化特征

果洛州受访牧民享受的政府补助中，按覆盖面大小，依次为建房补贴、牲畜购买、退牧补助、医疗补助、草场费以及畜暖棚补贴（见表5-41）。

表 5-41　果洛州入户调查享受政府补助情况统计　　　单位：%

类型	牲畜购买	草场费	医疗补助	退牧补助	建房补贴	畜暖棚补贴	其他
所占样本比重	48	43	45	45	50	40	0

资料来源：问卷统计分析。

5 基于牧民家庭的典型牧民生产生活调查分析

（4）医疗、养老保险基本实现全覆盖

果洛州参加商业保险的抽样调查对象占入户抽样调查样本的 23.81%，未参加医疗、养老保险的抽样调查对象仅有 9.52%（见表 5-42）。

表 5-42　果洛州入户调查医疗、养老保险情况统计　　　　　单位：%

牧民生活特征	类型	所占样本比重
是否参加了商业保险	是	23.81
	否	76.19
是否参加了医疗、养老保险	是	90.48
	否	9.52

资料来源：问卷统计分析。

（5）入户调查对象的文化生活及思想观念特征分析

在文化生活方面，牧区文化活动形式较为多样，但牧民参加意愿不明显。抽样调查对象所在牧区举办过的较为频繁的文化活动依次有运动会、才艺比赛以及民俗文化活动。然而，愿意参加本地举办的文化活动的抽样调查对象占比仅有 24%（见表 5-43）。

表 5-43　果洛州入户调查文化生活情况统计数据　　　　　单位：%

牧民思想文化特征	类型	所占样本比重
所在牧区举办过的文化活动	民俗文化活动	24
	高龄老人对本地历史的讲述	0
	才艺比赛	29
	运动会	48
	其他	0
是否愿意参加本地举办的文化活动	不愿意	5
	愿意	24
	一般	29
	大家去，也就去	43

资料来源：问卷统计分析。

在发展牧区文化必要性方面，牧区牧民对发展牧区文化的意愿性不强，认为发展牧区文化在丰富牧区文化生活，提高牧民文化水平和道德修养方面，具有很大必要性的抽样调查对象仅占29%（见表5-44）。

表5-44　果洛州入户调查发展牧区文化意愿统计情况　　　　　　单位：%

牧民思想文化特征	类型	所占样本比重
发展牧区文化是否有必要	必要，能丰富牧区文化生活，提高牧民文化水平和道德修养	29
	不必要，发展牧区经济更为重要	29
	无所谓，顺其自然	43

（6）入户调查对象生产生活满意度特征分析

增加收入困难、生态环境恶化、教育收费问题、社会保障问题等有待解决。抽样调查对象对当前所在牧区最不满意的问题依次为社会保障问题、教育收费问题、生态环境恶化、增加收入困难（见表5-45）。

表5-45　果洛州入户调查牧民最不满意的问题统计情况　　　　　　单位：%

类型	增加收入困难	社会治安不好	生态环境恶化	牧区干部办事不公	教育收费问题	社会保障问题	是否有一定的社会成就	其他
所占样本比重	36	5	36	5	40	43	5	0

资料来源：问卷统计分析。

在当前牧民最关注的自身利益问题方面，子女教育问题、就业问题、住房问题、增加收入、福利保障问题、牧区环境问题以及精神文化生活是抽样调查对象反映的牧区牧民最关切的问题（见表5-46）。

表5-46　果洛州入户调查自身利益问题统计情况　　　　　　单位：%

类型	增加收入	住房问题	就业问题	子女教育问题	退牧还草补助问题	福利保障问题	牧区环境问题	精神文化生活
所占样本比重	48	48	52	60	12	38	33	21

资料来源：问卷统计分析。

5.4 黄南州牧民生产生活调查分析

黄南州共随机调查 79 人次，主要调查地点选择在麦秀国家森林公园所在地泽库县麦秀镇多隆村，该村人口有 1169[①] 人。麦秀国家森林公园是一个原始森林自然风景区，位于青海三江源自然保护区生态保护和建设的核心区，是国有天然林保护工程的重点林区，于 2005 年 12 月被正式命名为"麦秀国家森林公园"，总面积 67596 公顷。麦秀国家森林公园内有丰富的森林景观、自然山水景观、古迹遗址和人文景观，气候凉爽宜人，与周边地区的地貌、气候和景观差异明显。

5.4.1 黄南州牧户生产生活调查

（1）入户调查对象特征分析

在年龄结构方面，处于 40~60 岁的抽样调查对象占比较大，为 37%；处于 25~40 岁与 25 岁以下的抽样调查对象占比分别为 24% 和 16%（见表 5-47）。

表 5-47 黄南州入户调查牧民年龄分布特征 单位：%

牧民特征	类型	占全部样本的比重
年龄分布	25 岁以下	16
	25~40 岁	24
年龄分布	40~60 岁	37
	60 岁及以上	23

资料来源：问卷统计分析。

在性别构成上，调查对象呈现女性偏多的特征。黄南州入户调查对象中，女性占比达 65%，明显高于男性占比。另外，已婚的抽样调查对象占全部样本的比重较大，为 59%（见表 5-48）。

---

① 根据调研情况及网络数据估算。

表 5-48　黄南州入户调查性别、婚姻情况统计　　　　单位：%

牧民特征	类型	占比	牧民特征	类型	占比
性别	男	35	婚姻状况	已婚	59
	女	65		未婚	41

资料来源：问卷统计分析。

在民族构成上，藏族抽样调查对象所占比例较高，达75%；汉族和其他少数民族抽样调查对象占比较小，为25%。

在受教育程度方面，小学及以下学历及初中学历的抽样调查对象居多，占比分别为35%和44%；高中及中专学历、大专及以上学历抽样调查对象占比较小，分别为19%和1%。

在家庭成员构成方面，以3~6人构成的家庭抽样调查对象为主，占调查样本的80%；7人及以上、2人及以下构成的家庭抽样调查对象占比较小，分别为9%和11%。

（2）入户抽样调查对象生活现状分析

牧民家庭人均年纯收入1万~3万元的居多，其次是人均年纯收入3万~5万元的牧民家庭。据调查，受访牧民家庭人均年纯收入1万~3万元的占比达48%；其次是人均年纯收入1万元以下的牧民家庭，占比为28%；人均年纯收入3万~5万元的牧民家庭占比24%。

在收入结构方面，传统畜牧业收入仍是牧民家庭收入的主要来源。在调查样本中，68%的抽样调查对象收入来自传统畜牧业经营收入，59%的抽样调查对象收入来源于外出打工，15%的抽样调查对象收入来源于旅游业附加。这表明牧民的收入来源趋于多样化，收入结构在一定程度上得到改善。

在家庭支出结构方面，购买生产资料（买车辆、租草地等）、医疗支出、日常消费支出以及教育支出是牧民家庭支出结构的主要部分。支出主要用于购买生产资料（买车辆、租草地等）的调查对象占样本量的47%，医疗支出、日常消费支出及教育支出是多数牧民的主要支出部分（见表5-49）。

表 5-49 黄南州入户调查家庭支出结构统计情况

牧民家庭支出	所占样本数/个	占全部样本比重/%
购买生产资料（买车辆、租草地等）	37	47
日常消费支出	29	37
宗教支出	4	5
教育支出	18	23
医疗支出	33	42

资料来源：问卷统计分析。

牧区牧民的住房、水、电、网络、道路等基础设施较为完善，摩托车和汽车是主要的交通工具。调查对象中，抽样调查对象所在牧区水、电、网络、道路等基础设施比较完善，但少数地区的道路和网络条件有待进一步改善。摩托车和汽车是牧区牧民出行的主要交通工具，占比分别达89%和84%（见表5-50）。

表 5-50 黄南州入户调查牧区基础设施、机动车类型情况统计　　　　单位：%

牧民生产生活特征	类型	占样本比重
水、电、网络、道路等基础设施完善情况	都完善	91
	不通水	0
	不通电	0
	无网络	6
	道路条件差	3
	其他	0
机动车类型	无机动车	10
	汽车	84
	皮卡车	23
	摩托车	89
	其他	0

资料来源：问卷统计分析。

(3)入户抽样调查对象养殖现状分析

在畜牧养殖结构方面,入户抽样调查对象以传统养殖品种为主,养殖规模多数呈稳定或扩大趋势,畜牧暖棚设施比较完备。

大多数受访牧民畜牧养殖的品种为绵羊,占比为70%;养殖山羊和骆驼等畜牧品种的牧民较少。在养殖畜牧总量方面,受访对象的养殖规模大多在100头(只)以下,占比达68.35%,且养殖规模呈稳定或扩大趋势,受访牧民中2016—2020年养殖规模维持不变或扩大的占入户抽样调查对象的68.35%(见表5-51)。在畜牧暖棚设施方面,畜牧暖棚设施比较完备,拥有畜牧暖棚设施的抽样调查对象占比达71%。

表5-51 黄南州入户调查畜牧养殖结构情况统计　　　　单位:%

畜牧养殖特征	类型	所占比重	畜牧养殖特征	类型	所占比重
畜牧结构	奶牛	14	畜牧总量	100头(只)以下	68.35
	绵羊	70		100~300头(只)	24.05
	山羊	5		300~600头(只)	6.33
	骆驼	1		600头(只)以上	1.27
	猪	13	2016—2020年畜牧规模	养殖规模扩大了	50.63
	马	18		养殖规模减小了	31.65
	其他	0		没有什么变化	17.72

资料来源:问卷统计分析。

在牧区畜牧产品销售渠道方面,呈现多样化特征,但政府统销统购仍是牧区牧民畜牧产品销售的主要渠道,占入户抽样调查样本的70%。而自己摆摊、生产大户带动销售以及工厂收购、个体收购则是产品的辅助销售渠道,占比分别为5%、19%及19%。在畜牧产品销售保障方面,受访牧民的畜牧产品销售基本有保障。其中,认为销售保障还可以和有保障的抽样调查对象占比为98%。在畜牧养殖的生活作用方面,牧民畜牧产品主要用于提供家庭经济收入来源,其次用于日常食用和生活保障。57%的入户抽样调查对象进行畜牧养殖用于家庭主要经济来源，49%的入户抽样调查对象进行畜牧养殖主要用于提供肉和日常食品的来源。入户抽样调查对象农业经营方式单一，除传统畜牧业外，额外种植其他经济作物或粮食作物的抽样调查对象占比为70%（见表5-52）。

表5-52 黄南州入户调查畜牧养殖和销售情况统计　　　　单位：%

畜牧产品销售特征	类型	所占样本比重	畜牧产品销售特征	类型	所占样本比重
销售渠道	自己摆摊	5	畜牧养殖的生活作用	肉和日常食品的来源	49
	工厂收购、个体收购	19		家庭主要经济来源	57
	政府统销统购	70		生活保障	35
	生产大户带动销售	19		其他	0
销售保障	有保障	37	是否种植其他经济作物或粮食作物	是	70
	还可以	61		否	30
	没有保障	3			

资料来源：问卷统计分析。

在黄南州草场经营方面，租用他人草场的抽样调查对象占比为3%。抽样调查对象以自己放牧为主，让别人代牧或请人帮牧的抽样调查对象占比仅为6%和5%。牧民的草场经营面积主要集中在300亩以下（见表5-53）。

表5-53 黄南州入户调查草场经营情况统计　　　　单位：%

草场经营特征	类型	所占比重	草场经营特征	类型	所占比重
是否租用他人草场	是	3	可经营草场面积	300亩以下	39
	否	97		300~600亩	35
放牧方式	自己放牧	89		600~900亩	13
	别人代牧	6		900~1200亩	8
	请人帮牧	5		1200亩及以上	5

资料来源：问卷统计分析。

5.4.2 黄南州牧户调查情况分析

（1）草原旅游业对入户调查对象生产生活的影响分析

绝大多数牧区牧民对草原旅游业的发展、退牧还草或轮牧休牧保护草场的方式、国家发展草原旅游业的政策持认可态度。大多数抽样调查对象支持草原旅游业发展，认为一方面可以改善他们的生活，另一方面可以增进社会公众对他们的了解，但有部分抽样调查对象不支持草原旅游业发展，认为破坏了环境且打扰了正常生活。在对国家发展草原旅游业的政策认可度方面，89%的抽样调查对象持非常认可或比较认可的态度。100%的抽样调查对象持赞同退牧还草或轮牧休牧来保护草场的态度（见表5-54）。

表5-54 黄南州入户调查牧民对旅游业发展的态度统计情况　　　　单位：%

旅游业发展特征	类型	所占样本比重
对草原旅游业发展态度	支持，可以改善生活	61
	支持，有利于增进对我们的了解	14
	不支持，破坏环境	15
	不支持，打扰正常生活	10
国家发展草原旅游业的政策认可度	非常认可	49
	比较认可	40
	不是很认可	10
国家发展草原旅游业的政策认可度	完全不认可	0
退牧还草或轮牧休牧保护草场态度	赞同	100
	不赞同	0

资料来源：问卷统计分析。

在草原旅游业发展的影响方面，虽然草原旅游业发展具有多方面影响，但对牧民生活变化影响的显著性程度还有待提高。15%、28%和13%的抽样调查对象认为发展草原旅游业会带来增加收入、传播文化和发展地方经济等积极影响，13%的抽样调查对象认为发展草原旅游业会造成环境污染，认为发展草原旅游业没有影响的抽样调查对象占比为32%。在本地草原旅游服务业发展与牧民择业选择方面，89%的抽样调查对象依然从事原有的牧业生产，旅游服务业与牧业生产兼顾的仅占抽样调查对象的8%。在草原旅游业的发展对生活变化影响方面，50%的抽样调查对象认为旅游业的发展对生活变化的影响很小或没有变化，草原旅游业的发展对生活变化的影响显著性不高（见表5-55）。

表5-55 黄南州入户调查草原旅游业发展影响情况统计　　　　　　　　单位：%

草原旅游业的影响	类型	所占样本比重
发展草原旅游业有什么影响	增加收入	15
	传播文化	28
	发展地方经济	13
	污染环境	13
	没有影响	32
本地草原旅游服务业发展与牧民择业选择	只从事旅游服务业	4
	依然从事原有的牧业生产	89
	旅游服务业与牧业生产兼顾	8
	其他打算	0
草原旅游业的发展对生活变化影响	变化非常大	23
	变化一般	28
	变化很小	32
	没有变化	18

资料来源：问卷统计分析。

在对下一代的教育问题重视程度方面，非常重视对下一代教育的抽样调查对象占比达81%。在希望政府培训的技能方面，绝大多数抽样调查对象希望接受培训动物防疫和饲养相关技术知识；草地种植和保护也是牧民希望培训的技能，占比分别为89%和35%（见表5-56）。

表5-56 黄南州入户调查教育重视程度统计情况　　　　　　　　单位：%

牧民生活特征	类型	所占比重
对下一代教育问题重视程度	非常重视	81
	重视	19

续表

牧民生活特征	类型	所占比重
对下一代教育问题重视程度	一般	0
	不重视	0
政府免费劳务培训,希望培训哪方面的技能	动物防疫和饲养	89
	唐卡、电焊、厨师、服装加工类技术等	6
	草地种植和保护	35
	其他	0

资料来源:问卷统计分析。

在享受政府补助方面,牧区牧民享受政府补助呈现多样化特征。受访牧民享受的政府补助,按覆盖面大小排序依次为草场费、医疗补助、退牧补助、牲畜购买和畜暖棚补贴(见表5-57)。

表5-57 黄南州入户调查享受政府补助比例统计情况　　单位:%

类型	牲畜购买	草场费	医疗补助	退牧补助	建房补贴	畜暖棚补贴	其他
所占样本比重	43	61	52	49	0	5	4

资料来源:问卷统计分析。

牧区牧民商业保险参保率低,医疗、养老保险参保率高。黄南州参加商业保险的抽样调查对象仅占入户抽样调查样本的10%,而参加医疗、养老保险的抽样调查对象占入户抽样调查样本的97%(见表5-58)。

表5-58 黄南州入户调查参保情况统计　　单位:%

牧民生活特征	类型	所占样本比重
是否参加了商业保险	是	10
	否	90
是否参加了医疗、养老保险	是	97
	否	3

资料来源:问卷统计分析。

(2)入户调查对象的文化生活及思想观念特征分析

在文化生活方面,牧区文化活动形式较为多样,且牧民参与意愿较强。

黄南州抽样调查对象所在牧区举办过的较为频繁的文化活动依次为民俗文化活动、才艺比赛和运动会。入户抽样调查对象参与所在牧区举办的文化活动的意愿较强,愿意参加本地举办的文化活动的抽样调查对象占比达62%(见表5-59)。

表5-59 黄南州入户调查文化活动情况统计　　　　　　　　　　单位:%

牧民思想文化特征	类型	所占样本比重
所在牧区举办过的文化活动	民俗文化活动	39
	高龄老人对本地历史的讲述	0
	才艺比赛	35
	运动会	25
	其他	0
是否愿意参加本地举办的文化活动	不愿意	0
	愿意	62
	一般	6
	大家去,也就去	32

资料来源:问卷统计分析。

在发展牧区文化必要性方面,牧区牧民对发展牧区文化的必要性表现出支持意愿。黄南州70%的抽样调查对象认为,发展牧区文化在丰富牧区文化生活,提高牧民文化水平及道德修养方面,具有很大必要性(见表5-60)。

表5-60 黄南州入户调查发展牧区文化必要性统计情况　　　　　　单位:%

类型	必要,能丰富牧区文化生活,提高牧民文化水平和道德修养	不必要,发展牧区经济更为重要	无所谓,顺其自然
所占样本比重	70	25	5

资料来源:问卷统计分析。

(3)黄南州入户调查对象生产生活满意度特征分析

增加收入困难、生态环境恶化等问题有待解决。黄南州抽样调查对象认为，当前所在牧区最不满意的问题依次为增加收入困难、生态环境恶化、社会保障问题、社会治安不好和教育收费问题（见表5-61）。

表5-61　黄南州入户调查牧民最不满意的问题统计情况　　　　　　单位：%

类型	增加收入困难	社会治安不好	生态环境恶化	牧区干部办事不公	教育收费问题	社会保障问题	是否有一定的社会成就	其他
所占样本比重	29	4	25	0	3	19	0	4

资料来源：问卷统计分析。

在当前黄南州牧民最关注的自身利益问题方面，增加收入和子女教育问题占比较高，住房问题以及就业问题也是抽样调查对象反映的牧区牧民极为关切的问题（见表5-62）。

表5-62　黄南州入户调查牧民最关注的自身利益问题统计情况　　　　单位：%

生产生活满意度特征	类型	所占样本比重
当前牧区牧民最关注的自身利益问题	增加收入	29
	住房问题	16
	就业问题	16
	子女教育问题	25
	退牧还草补助问题	0
	福利保障问题	5
	牧区环境问题	1
	精神文化生活	6

资料来源：问卷统计分析。

6 基于合作社的典型牧民生产生活调查分析

课题组经过数次调研,对青海省草原旅游业经营方式进行划分,总结出三种经营方式:牧户个体经营、投资商租赁土地经营、牧户联合经营。其中,牧户联合经营方式在海南州、海北州运用较多,主要表现为几家牧民联合在交通便利的区域或景区附近开办住宿或搞餐饮、帐篷营地。从青海省草原旅游发展的现有旅游景点来看,规模较大的还属投资商租赁土地经营,投资商资金充裕,管理模式完善,实行集住宿和餐饮于一体的经营模式,外加租车、包车等其他服务,可以为游客提供更优质的旅游体验。

青海省草原旅游经营状况之所以呈现规模越大经营越好、规模越小经营越差的现状,主要是因为小规模经营者缺乏资金的支持,且大部分牧民对经营旅游业缺乏专业的指导;同时,牧民本身的文化水平较低,尚未认识到第三产业的营利性,对其不太热衷。

1. 个体经营举步维艰

在个体经营模式中,牧民单打独斗,处于劣势地位。从某些角度来看,牧民个体经营有些许优势,如投资少、规模小风险就小、独立个体户成本低等,虽然有些牧民取得了些许经济效益,但是不足以维持长期的发展。在旅游发展,特别是草原旅游发展中,牧民个体经营处于下风,抗风险能力差,管理低效且落后,最重要的是旅客资源得不到有效保障,大多依赖散客维持经营,以赚取微薄的利润。此外,不规范的经营模式会让游客产生不信任感,在旅游发展中处于弱势地位。

同时,个体经营还会破坏草场,由于牧民缺乏先进的环保设施和理念,只能进行粗放式、不可持续的旅游发展。不可否认,个体经营也为青海省草原旅游的发展做出了贡献,为游客提供了便利,但是今后对于个体经营仍需规范管理,才能壮大且可持续,有利于生态的保护。

2. 牧民联合发展模式有待进一步成熟

牧民联合发展旅游业非常值得鼓励,充足的起步资金加上年轻的行业人才,对旅游业发展非常有利。但当前青海草原旅游业正处于蓬勃发展时期,大浪淘沙,只有更加科学、规范的旅游业组织才能存活维系。很多牧民前期的联合发展对于产权界限划分不够明晰、工作分工不够明确,伴随很多隐患。对于责任和利润的划分要科学合理,制定出更加规范的管理制度,不能单打独斗、我行我素。

3. 企业带动作用微弱

大规模的企业带动作用微弱,一个旅游景区或旅游地点只有百花齐放、百家争鸣才能形成集成效应。在青海旅游业发展过程中,无论是中型旅游企业还是小型旅游企业,都是优先发展自己,待资金充足后再开展新的项目,对周边地方带动不够明显。例如,社会大众知道大理是旅游胜地,其实大理有很多旅游景点,大理的旅游公司把蛋糕做大做强后,吸引全国的游客来到大理,形成了规模效应,把大理旅游胜地的名片宣传出去,品牌建立了,游客自然会来。在青海旅游,大都是单个景区观赏,如达玉部落,2012年成立,经过10多年的发展,规模越来越大。达玉部落虽位于海北州政府所在地西海镇,但其宣传从未提及西海镇以及原子城旅游景区。

因此,大景区、大旅游公司今后应该着力带动周边旅游产品共同进步,打造集成效应,景区规模才能越做越大,越建越好。同时,周边景区也应该共同合作,建立联动机制,协同进行宣传和经营,把整个草原旅游产品做大做强,共同推动青海省旅游业进步发展。

6.1 牧户个体经营草原旅游

在草原旅游中,牧户个体经营发展规模都比较小,各经营点间规模差距也较大,有的经营地点能接纳上百人,有的只能接纳十几人,经营点之间发展水平也不一样。表6-1中列举了5个典型的草原旅游中的个体经营牧户。

表 6-1 草原旅游农牧户个体经营发展模式状况

经营名称	经营起始时间	接待规模	经营者学历	年收入/万元	投资成本/万元	雇佣情况/人	继续经营
在那遥远的地方	2015年	帐篷10个和大帐篷1个，供表演或篝火晚会使用，最多接待游客40人	小学	9	15	无	否
风情部落	2014年	共有帐篷13个，外加大帐篷1个，供表演或篝火晚会使用，最多接待游客55人	文盲	10	20	1	是
康定情歌部落	2010年	帐篷5个，露天表演台1个，最多接待游客25人	初中	3	7	无	是
敖包家族	2014年	帐篷28个，大帐篷2个，露天表演台1个，可接待上百人	高中	20	50	3	是
尕子滩部落	2015年	帐篷8个，最多可接待30人	小学	3	5	无	是

由表6-1可以看出，牧户个体经营主要有以下三个特点。

（1）规模小，成本低

通过调研走访发现，大多数牧户个体经营是以十几个帐篷为主，接待游客也以提供场地为主，有的地方甚至没有除肉以外的其他食材，所需食材由游客自己采购，经营者主要负责提供场地和肉制品，不负责烹饪。这种经营方式主要与游客喜欢尝试自己烹饪美食有关，也与场地规模小、后勤保障不足等有关。据牧民介绍，他们屠宰的牛羊主要保存在自家的冰柜里，游客租用场地后，采买牛羊肉可直接提供，如需另外的佐料和其他配菜需要自行准备。有些提供熟食的场地也以烤全羊、烤全牛为主，如需要其他配菜则要聘请厨师，随之就会增加经营成本。青海草原旅游以及全国的草原旅游都面临"旺季越旺，淡季越淡"的问题，旺季游客多，游客需求也多，不论是牧民个体经营还是其他经营方式都是人流如潮；但在淡季，除了通过与大型的旅游场地和旅游公司合作经营，吸收些许游客，牧民个体经营的场地基本上处于空闲状态。随着近几年生态保护力度的加大以及卫生环境标准的严格化，牧民个体经营面临的困难也接踵而至。

（2）起步晚，经营者文化水平低

根据课题组多方走访调查发现，牧民个体经营大都在2016—2020年开始经营，起步较晚，且大部分经营者是小学学历，对于市场的把握能力较差。以金银滩草原旅游景区为例，大部分牧民的个体经营部落开设在公路旁，以吸引散客为主，且很多经营部落卫生都不达标，经常被环保部门责令整改。牧民反映，经营草原旅游基本属于副业，因为家里草场在公路旁，建设经营旅游部落成本较低，再加上近几年草原旅游市场日益繁荣，所以家里有草场在公路附近的牧民基本都在近几年开办了牧民农家乐，规模有大有小，营业方式也以租用场地给游客为主。此类经营部落，抗风险能力较差，没有合理规划利用草场，再加上管理不善，游客不稳定，要保证持久经营较困难。

（3）政府缺乏宣传，扶持力度小

牧民个体经营的地点一般选择在公路旁，主要原因是游客对于此类经营地点一无所知，牧民只能将地点选在最显眼的地方以吸引游客。除了缺少宣传外，政府对于牧民经营培训较少，比如，如何保护草场以及如何经营农家乐等基本培训。以在那遥远的地方部落为例，经营者从2015年开始经营，经营期间青海湖的鸟岛景区和沙岛景区相继关闭，流失了一部分客源，但是自驾游客仍然较多，对正常营业影响不大，然而近两年由于经营手段单一等问题，营业额连年下滑，经营不景气，该部落准备放弃经营。

6.2 文迦牧场——牧户联合经营草原旅游

文迦牧场坐落于青海省海北州金银滩草原上，是典型的草原旅游发展下的产物。海北州牧民才让（化名）在政府的支持下进行第一产业和第三产业融合发展，在海晏县沙岛景区附近的金银滩草原上创建了集休闲旅游、特色住宿、牧区生活体验等于一体的文迦牧场，这里既可以远离城市的喧嚣感受静谧的草原，也可以骑马上山远观暮色中的青海湖，晚上还可以与当地牧民小伙和姑娘载歌载舞广交朋友。文迦牧场是一个牧户联合经营的旅游公司，其经营范围涉及餐饮、住宿、文化表演等。其总经理是一名青海大学毕业生，作为返乡创业人才，返乡创业建立了该牧场。为了不破坏当地的生态环境，牧场采取环保型设施，在最大限度保护生态的同时，通过旅游增加第三产业的收入，仅 2018 年旅游就为牧场创收 50 多万元，但由于环保设备成本高昂，牧场目前还没有回本，不过牧场在积极地进行建设，希望通过民宿旅游的方式将藏区文化带出青海。

像文迦牧场这样的例子在青海旅游牧区不胜枚举，第一产业和第三产业的融合发展，为当地牧民带来了商机，也为当地经济发展注入了新鲜的血液。

文迦牧场的发展模式极具地方特色，公司由四户牧民共同出资组成，总经理占股最多。平时主要由牧户各家子女在旅游地负责经营，长辈在外面放牧。在旅游旺季时，旅游地表演项目主要由长辈穿上民族服装进行表演。在平时和淡季，长辈一般不过问公司经营状况。

目前，牧场的管理模式较为单一和落后，没有形成统一的管理和具体的规章制度。据总经理介绍，后期会继续追加投资，着力于将文迦牧场打造成一个旅游景点，进一步吸引游客，但由于其经营方式的限制，目前只能在旺季经营，尚不具备大型旅游公司的实力，需进一步完善和发展。

青海牧区联合经营发展模式分析见表 6-2。

表 6-2 青海牧区联合经营发展模式分析

经营名称	经营起始时间	接待规模	经营者学历	年收入/万元	投资成本	雇佣情况	是否愿意继续经营
文迦牧场	2018 年	帐篷 50 个和大帐篷 1 个，供表演或篝火晚会使用，最多接待游客 250 人	本科	30	一期工程 200 万元，后续追加投资	厨师、保洁等共 10 余人	是
牧人之家	2017 年	帐篷 43 个和大帐篷 1 个，供表演或篝火晚会使用，最多接待游客 200 人	高中	10	投资 200 万元左右	厨师、保洁共 10 余人	是
自驾营地	2016 年	2 栋大楼房间共 120 间，餐厅 1 座，可接待游客 250 人左右	本科	30	投资 300 多万元	厨师、保洁等共 20 余人	是

从表 6-2 可以看出，青海牧区农户联合经营规模都比较大，投资成本较高，动辄上百万元的投资，回收期较长，这样的经营模式基本属于长期经营，配套设施都比较完备，后勤等服务相对而言较有保障。同时，牧区农户联合经营主要表现出以下特点。

规模较大，投资成本较高。牧户联合经营一般规模都比较大，课题组通过走访发现，牧户一般是自行联合经营，通过出资比例进行分成，或者大家平摊。一般由自己的子女去经营，投资多在 100 万元以上，规模较大。由于都是按照现有的环保标准建造，基础设施齐全，如厕所、垃圾桶、独立浴室等，使得投资比较大，成本回收周期很长。因此牧民一般让年轻子女去经营，自己则继续放牧，在旅游旺季时过来帮忙。

经营者学历较高。牧户联合经营除自己出资外，大部分款项来自银行贷款，需要对市场有一定了解和分析的专门人才与有远见的高学历人才。因为，高学历人才对当前青海省草原旅游政策有较全面的掌握，对生态环保要求也有大致的了解。所以，他们敢于扩大规模，大规模地建设旅游营地，有自己的经营理念，对经营营地的卖点和主打项目都有独特的规划。

调研组对文迦牧场董事长进行了深入访谈。作为一名返乡创业的大学生，文迦牧场董事长除了对家乡人才政策的了解外，对家乡的旅游资源如何利用也有自己的全盘规划。在访谈中，当课题组成员问到其对未来的发展规划安排时，文迦牧场董事长主要讲了三点：第一，继续扩大投资加强宣传，让营地成为一个小景区，让文迦牧场成为游客打卡必经之地；第二，完善后勤保障服务，向大型旅游公司和景区学习，吸引更多的合作伙伴，加强旅游配套服务等；第三，对营地进行公司化管理，建立科学合理的激励机制，让员工干得有活力、有动力，使得管理更加科学有效。

继续经营意愿较强。在调研中发现，规模较大的牧户联合经营的营地大部分是近几年开始开办，主要是大众看到了草原旅游未来市场的广阔，以及近年来青海旅游内地游客人数的日益增多，旅游收入连年攀升，让一些返乡创业的高学历人才看到了发展的机会。

6.3 投资商租赁土地经营草原旅游

投资商租赁土地经营发展模式规模非常大。目前，达玉部落已经成为最大的环青海湖骑行服务驿站，同时，达玉部落还有众多经营项目，如餐饮、民俗体验馆、草原游乐场、酒店等。其中，达玉部落位于金银滩草原的酒店是首家藏式风格四星级酒店，而且达玉部落本身也被评为国家 AAAA 级旅游景点。

投资商租赁土地经营草原旅游典型具体情况见表6-3。

表6-3 投资商租赁土地经营草原旅游典型

经营名称	经营起始时间	接待规模	经营者	年收入	投资成本/万元	雇佣情况	是否愿意继续经营
达玉部落	2012年	集单车租赁、餐饮、酒店、青旅、民俗体验馆、草原游乐场、工艺品购销于一体	洛桑尖措（歌手）	上百万元	3000	上百人	是

由表6-3可以看出，投资商租赁土地发展模式主要有以下几个特点。

（1）规模大，历史久

课题组在调研中发现，投资商租赁土地发展模式对市场已进行了长达十年的深耕，形成了规模效应和口碑效应。游客来景点旅游的同时，经营点本身已经成为游览的一部分，集文化、服务、购物等于一体的全方位一站式体验，让游客能够享受接近完美的青海草原之旅。

（2）投资大，宣传好

以达玉部落为例，提及金银滩草原旅游观光，不论是大型的旅游团，还是自驾游，"去达玉部落看看"都已经成为口口相传的广告。达玉部落于2012年建成，发展至今，投资达几千万元，加之达玉部落本身浓厚的文化底蕴，主打藏族文化，使得外地游客争相体验藏族文化，购买民俗文化饰品等。

（3）政府扶持

大型投资商租赁土地发展下的经营地点，都是规模较大、旅游收入较多的经营地。在本身已经成为旅游景区的情况下，政府更是对其发展大力支持，不仅有专门的路标对其进行指引，而且会在旅游旺季游客人数较多的情况下增派警力维持秩序和疏散交通。在税收和其他政策上，政府也会给予帮扶和倾斜。

6.4 青海尕布生态旅游文化开发有限公司

青海尕布生态旅游文化开发有限公司位于青海省尖扎县坎布拉镇尕布村二社，成立于2017年8月。该公司主要经营旅游资源开发与经营管理，旅游项目投资（仅限以自有资金投资），乡村旅游服务，非物质文化遗产传承，展览展示，旅游文化传播，园林绿化，苗木种植与销售，土特产销售，民族用品制作与销售，工艺品（象牙制品除外）及旅游纪念品制作、销售，会议会展，住宿，餐饮服务等业务。

发展当地生态旅游项目，应该依托于当地特色和文化背景，该公司以乡村文化为基础，大力宣传非物质文化遗产继承，在景色、地理、饮食上都有深厚的文化历史背景，村庄采用集体畜牧的方式，大大节省了人力，由牧户各家子女及老人在旅游旺季时表演当地特色项目，穿着当地特有服装演奏少数民族独有的乐器，带给游客深入牧民生活的感观体验。

但当地旅游管理和运营方面不够完善，没有统一的管理团队、运营模式以及宣传手段。据当地农户介绍，很多远道而来的旅客无法清晰、简单地了解他们的服务项目，大部分消费者还是以附近城镇的旅客较多，为更好地引导外地人了解当地旅游特色，他们准备请专业的管理运行团队来进行讲解。首先，通过宣传教育的方式提高当地村民对文化保护的自觉性，特别是要在年轻人心中建立对本民族文化的认同意识；其次，在旅游开发中要提倡对本民族建筑的保护和建设，深入挖掘当地的文化特色，搜集即将遗失的传统文化经典，如民族手工艺、民俗技艺等，在这些方面，民间组织或政府应提供一定的资金支持，培养继承人；最后，要不断丰富民族风情旅游、歌舞表演、民族服饰和工艺品的生产，将文化资源充分地转化为旅游产品。

6.5 青海省三角城种羊场发展模式

青海省三角城种羊场位于青海省刚察县境内，坐落于著名的青海湖北岸，属科研事业单位，是国家级重点种畜场。以培育、繁育、推广良种羊为工作重点，是青海省唯一培育毛肉兼用细毛羊的原种场。截至2018年，青海省三角城种羊场存栏绵羊4.1万只，其中，藏系羊1.2万只，优质种羊2.6万只。青海省三角城种羊场有青海毛肉兼用细毛羊、新疆超细型细毛羊、无角陶赛特、萨福克等品种，每年可向社会提供优质种羊1.3万余只，同时，为科研、教学提供场所和基地。

2000年，青海省三角城种羊场被农业部确定为禾本科牧草种子繁育基地。因为地势平坦,集中连片,地理条件和水利、热量、土壤等种子生产环境条件较好,生产环境及气候条件在青藏高原有着广泛的代表性,所以青海省三角城种羊场建有年产万吨颗粒饲料生产线,为种羊的营养需求提供全价的颗粒饲料。

青海省三角城种羊场在由于生态环境、遗传育种、疫病防治、羊毛分析试验、牧草栽培、地方标准等方面已形成研究成果或科研论文 200 余项,先后荣获青海省科技进步三等奖、国家农委"推广优良种畜显著种畜场"、青海省科技成果奖、原农业部"畜牧推广先进单位"等称号。

6.6 青海牧区新鲜事:牛粪入股、牧民分红增收

青海省果洛州久治县通过建设有机肥厂,让曾经遍地的牛粪"变身"有机肥。牧民用牛粪入股,年底统一分红,为群众增收致富提供了新渠道。

在果洛州久治县索乎日麻乡有机肥厂,扎拉村牧民群周正(化名)家中堆积的牛粪有了新去处,通过有机肥厂的处理,牛粪化身为有机肥,成为牧民家中一笔新的收入。

在有机肥加工车间中,机器隆隆作响,牧民送来的牛粪经过上料、造粒、干燥、筛分包装等数道工序后,"摇身一变"成了有机肥。

目前,索乎日麻乡 4 个村 252 户建档立卡贫困户以牛粪入股的形式参与其中,有机肥厂的部分年度利润分红给贫困牧民。

2017 年,久治县财政出资 240 万元建设索乎日麻乡有机肥厂。2018 年有机肥厂建成投产,当年实现盈利。索乎日麻乡 4 个村的牧民,户均分红 4400 多元,每个村集体经济还获得发展资金 5 万元。

2018 年,久治县投资 1700 万元,建设年产 1 万吨的有机肥厂区,将有机肥产业做成当地农牧产业品牌,持续为牧民群众增收;且当地政府加大了有机肥料的收购以及投入、生产、运营力度,这样户均分红可以增加到 8000 多元,人均可达到 2000 多元。

7 结论与建议

7.1 结论

7.1.1 旅游欠发达，牧民生产生活提升难度大

草原旅游的发展使牧民由传统单一的生产生活方式向新型牧业、多元经济结构、现代生活方式等方向转变，但青海省草原旅游发展面临着产业化发展难度大、受季节因素影响大等难题，对牧民的生产生活产生的影响也有利有弊。调查显示，草原旅游促使牧民收入增加，但增加量有限，牧民家庭纯收入总体水平不高，且区域差异十分明显，整体发展不协调，牧民对收入和生产条件的改善满意度不高。

大多数被调查农牧民对自己家庭收入水平的总体满意度较低，农牧民居住和生活在城镇及周边，虽然比以往有了更多外出打工的机会和便利条件，但家庭收入并未因此得到改善。目前，农牧民家庭在发展生产和增收方面的主要困难是缺乏资金、劳动力、土地与生产技术。

7.1.2 牧民思想转变慢，草原旅游对牧民有一定影响

草原旅游的发展对草场有一定的破坏，但牧民没有认识到其严重性。随着游客新思想的涌入，牧民在思想观念、价值取向、社会适应等方面也有了巨大的变化。改变牧民的思想观念很重要，只有思想解放，才能走上致富道路。

7.1.3 区域内部差异大，牧民满意度一般

青海牧民人均年收入总体较高但区域差异大，经济收入由单一的传统畜牧业逐渐向多元化演变，消费结构趋于合理，但各州市消费支出结构存在显

著的区域差异。虽然家庭生产类型趋向多元化,但仍然存在对畜牧业的过度依赖。牧区牧民文化生活丰富,牧户所在地区举办文化活动的形式较为多样,牧民具有较高的参与意愿;牧区牧民对当前的经济收入、政府出台的草原旅游发展政策、牧区社会治安、对他人(游客、导游等)保护草原生态的满意度一般,对当前自家的生产条件、亲属关系、邻里关系、牧区教育资源配给满意度不高。

草原旅游资源丰富的海北州、海南州、黄南州、果洛州,在牧区牧民的收入支出结构方面,传统畜牧业收入仍是牧民家庭收入的主要来源,旅游业附加收入占比较小,生产资料、医疗、日常消费以及教育是牧民家庭支出的主要部分;在畜牧养殖结构方面,以传统养殖品种为主要特征,养殖规模相对稳定,畜牧暖棚设施较为完备;在畜牧产品销售及用途方面,表现为以政府统购统销渠道为主,畜牧产品销售基本有保障,畜牧产品呈现多样化用途的特征;在对政策实施方面,绝大多数牧区牧民对草原旅游业的发展、以退牧还草或轮牧休牧保护草场的方式、国家发展草原旅游业的政策持认可态度,草原旅游业对牧民生活变化影响的显著性程度还有待提高;在文化生活方面,牧区文化活动形式较为多样,但牧民参加意愿不明显,对发展牧区文化的意愿性不强;在当前牧区牧民最关注的自身利益问题方面,增收困难、生态环境恶化、教育收费、住房、就业及精神文化生活方面的问题有待解决。

7.1.4 草原旅游业产业化缓慢,促进牧民增产增收效果不明显

草原旅游经营模式多样化,在草原观光的基础上,融入了民俗风情、生态、体育、休闲度假多种元素。草原旅游业经营方式具有多样化特征,既有规模较小的牧户个体经营,也有牧户联合经营(如金银滩草原的文迦牧场),还有规模非常大的投资商租赁土地经营发展模式(如拥有餐饮、民俗体验馆、草原游乐场、酒店等众多经营项目的达玉部落)以及旅游资源开发与经营的生态旅游公司(如位于青海省尖扎县坎布拉镇尕布村二社的海尕布生态旅游文化开发有限公司)。草原旅游的发展在促进牧民增产增收、拓宽视野的同时,也在一定程度上破坏了牧区的生态并冲击了牧区的传统文化。牧户生产经营方式存在从单一的传统畜牧业向农牧业、旅游业多重转变,且以家庭经营为主。在土地资源方面,牧业用地多、农业和其他用地少,草场虽广阔但

产出低效。在牧民就业方面，虽然就业形式多元化，但对传统畜牧业仍有较大依赖性。在收入支出方面，收入主要来源由单一的传统畜牧业收入逐渐向多元化演变，消费结构进一步改善。在牧区教育方面，虽然教育观念深入人心，牧民对下一代的教育问题十分重视，但牧区教育体制仍不健全，办学成本高。在人口方面，虽然青壮年人口较多，但老龄化趋势较为明显。在基础设施方面，虽然水、电、网络、道路等基础设施总体比较完善，但牧民对住房及基础设施的满意度还存在一定的提升空间。在生态保护方面，牧民有一定程度的生态环境忧患意识，对草原生态环境保护意识很强，非常支持以退牧还草或轮牧休牧的方式保护草场的政策。

7.2 进一步发展青海省草原旅游的建议

青海牧区的环境生态是牧区牧民生产、生活的基础，在牧区生态环境的保护中，要充分利用多方力量和充分调动人民特别是牧区牧民的积极性，并投入牧区生态环境保护的实践，使牧区生态和经济发展相协调。

政府要充分利用自己集中力量的优势，做好生态保护宣传，牧区的生态、生产、生活发展规划，并制定相应的环境保护措施。生态保护工程能够对当地农牧民的生产方式、经济收入的结构和数量、消费结构等方面产生巨大影响，牧区牧民要充分发挥自己的积极性，提升自身技能，在传统放牧的基础上，增加人力资本投入，使自身就业选择多元化，充分发挥草原旅游业对草原产业结构的优化作用。

青海省旅游业虽然存在劣势，但是作为全国的旅游大省，其必然有可取之处。接下来，课题组就青海省各州县调研的结果以及所见所闻，谈点建议。

7.2.1 整合草原旅游资源

青海省具有丰富的旅游资源，涵盖了国家旅游资源标准分类中的大部分旅游资源类型，但由于地处西北，区位优势不显著且经济发展落后，除西宁市及周边地区、青海青藏沿线及青海湖地区的旅游资源开发相对较为完善外，许多优质的旅游资源仍需进一步开发并整合优化。各大景区可以联合开展旅游活动，目前的小环线和大环线等线路就是典范。各景区应该根据地理位置联合起来，为游客规划好旅游攻略，联合各大旅游公司，通过优惠促销等手段，推广旅游景区的头号，吸引更多的游客前来，同时，还可以帮自己宣传，形成良好的口碑，如此良性循环，将大大增加景区收入、发展旅游经济、带动当地增收。青海开通了众多旅游线路，从西宁出发可以坐上公交车去塔尔寺，从西宁出发可以坐上小火车去茶卡盐湖。青海的高速里程和国道里程年年在增加，道路四通八达，连通了青海各旅游景点。近年，青海省政府继续加大对旅游业的投入，省内各市州和重点县也充分挖掘各自的优势旅游资源，加大招商引资的力度，扶持旅游产业的发展，特别是在近几年草原旅游发展尤为突出的背景下，众多草原景点被开发出来，游客也连年增多，草原旅游已经成为青海旅游的名片。

近年来，青海省相继蓬勃开展了"民族文化旅游节""青洽会""郁金香节""环青海湖国际公路自行车赛"等省内重大活动，举办了"中国黄南热贡艺术节""中国原子城"等大型对外推介活动，使青海得天独厚的自然资源和社会人文资源广受关注。其中，青海第一届"郁金香节"于2002年举办；"环青海湖国际公路自行车赛"在2004年从2.5级升为2.3级，发展成亚洲规模最大、级别最高的国际公路自行车赛。此外，藏羚羊作为北京奥运会的吉祥物，也为青海旅游文化做了很好的宣传。

以青海湖为例，青海湖既具有与藏文化区共同的民族风情和文化渊源，也具有独特的水文化，如历史悠久的转湖、祭海等文化习俗；昆仑文化、西王母等神话也在一定程度上影响了青海湖地区的文化，进一步丰富了青海湖浓厚的文化氛围。青海湖节庆活动的规模和影响力不断增加，成为推动青海湖旅游发展的重要形式，具体包括"环湖赛""青海湖沙岛国际雕塑与大地艺术节""民族文化旅游节""青海湖国际诗歌节"等节庆活动，市场影响力巨大，明显提高了青海湖旅游知名度与旅游文化内涵。值得一提的是，尽管公认的到青海湖旅游的最佳时节是每年的7—8月，但青海湖景区借助生态文化的力量，在冬季旅游项目上积极开展创新，推出"冬季到青海湖看天鹅""近距离观赏普氏原羚"等生态旅游项目，大大增加了游客到青海湖游玩的时间与了解湿地生态的机会。

这种发展形势可以解决草原旅游"旺季越旺，淡季越淡"的问题，对于草原旅游的可持续发展也具有积极意义。同时，加大草原旅游与文化相结合，有助于深挖草原旅游背后的文化知识，促进少数民族优秀文化的传播与交流，给游客带来不一样的体验，增加旅游乐趣，以及展现丰富多彩的草原文化，还能让游客感受到牧区人民勤劳、勇敢的优秀品质，为草原旅游产品的进一步发展奠定群众基础。

7.2.2 草原旅游向生态旅游转变

草原旅游应向生态和可持续发展。自党的十八大以来，青海省委、省政府在草原旅游的开发上，极度重视可持续发展，喊出"到森林里去呼吸氧气，倾听鸟儿鸣啾啾，和大自然来一场亲密接触"等旅游宣传口号。近年来，青海省富有绿色活力的草原生态旅游吸引着越来越多的游客。按照全域旅游、生态旅游的目标，青海省不断推进生态草原旅游业发展。截至2020年底，青海省建成国家级森林公园7处、省级森林公园16处、国家级自然保护区7处、省级自然保护区4处、国家级湿地公园19处、省级湿地公园1处、国家沙漠公园12处，森林康养基地2处、森林景观利用精准扶贫基地3处、森林人家3处、林家乐8处。

在调研中课题组发现，青海文化和旅游局与生态环境局对草原旅游企业以及个人开办的旅游场所有着严格的生态保护标准，目的就是向外地游客进一步展示青海省绚丽多彩的景色，并为旅游发展谋求一条可持续、健康生态发展之路。其不仅关闭了像鸟岛景区和沙岛景区这些大型的景区，还推行了治沙和保护候鸟专项行动，让青海省的草原更加绿意盎然、生机勃勃。

7.2.3 着力打造高品质旅游品牌

近年来，青海旅游业的发展有目共睹。省内独特的自然景观和人文景观，吸引了一大批内地游客前来观光旅游。但是，相对于以前的旅游名片，青海现如今的旅游产品有茶卡盐湖、黑马河日出、祁连草原、金银滩草原等众多具有代表性的特色旅游景观。

在调研中，课题组发现青海草原旅游目前主要树立了以下几个旅游品牌。

（1）草原观光

观光旅游是青海草原旅游较为基础的旅游形式，既符合旅游市场寻求生态回归的发展态势，又能品味到草原民族文化，特色较为鲜明，在国内外知名度特别高，而且开发成本低，可以作为草原旅游发展的基本项目，现在主要形成了以青海湖、茶卡盐湖、黑马河日出等自然风光为代表的观光旅游项目。

（2）休闲度假旅游

我国的草原旅游资源丰富，特别是青海地区。课题组在青海湖二郎剑景区调研时发现，每年夏天，内地的游客都会来"夏都"避暑和旅游观光。由于草原上生态纯粹，游客可以尽情地在草原上享受白云、绿地与蓝天，体验最纯粹的休闲度假游。如青海湖二郎剑景区专门修建了一批度假宾馆供游客休憩，并凭借空旷宁静的自然环境吸引专家学者和公务人员前来写作、休息及开展草原学术度假等，以进一步提升知名度。

（3）生态旅游

生态旅游产品主要分为两类，一类为大众生态旅游产品，另一类为专门生态旅游产品。大众生态旅游产品的基本前提是不损害旅游对象、不破坏生态环境，坚持可持续发展理念，自然与人文和谐共生，始终贯穿环境教育。专门生态旅游产品，如草原野生动物观赏和徒步旅游，以及骑行旅游等产品，环青海湖国际公路自行车赛已经初具规模。另外，如冬季湖边藏羚羊观光以及候鸟观光等一系列旅游项目也在紧锣密鼓地开展。

（4）民俗风情旅游

在长期发展中，草原居民创造了丰富的物质文明和精神文明，形成了独特的民族发展历史和区域生活特点，如独特的风味饮食、服饰、歌舞、节庆活动、虔诚的宗教信仰，具有深刻的自然和人文内涵。这些独特的草原生产生活方式及文化习俗自然而然让人产生强烈的体验感，以满足自己内心的需求。大力开展民族风情旅游应成为青海草原旅游的重要组成部分，如金银滩草原达玉部落中的藏族风情宾馆以及民俗风情街等旅游项目。

（5）草原体育旅游

草原体育旅游以体育性娱乐和健身为主要目的。草原天然具有广阔平缓的地域、优美的风景，道路畅通无阻，能够在很大程度上吸引城市中长期被堵车困扰的爱车族参与到草原体育旅游中。在保护生态环境的前提下，青海近年来推出了草原越野旅游和比赛项目，如开展吉普车游（比赛）、摩托车赛、徒步游（比赛）及自行车游（比赛）等特色体育活动。此外，草原居民的一些民族竞技比赛也包括在内，如赛马、射箭、摔跤等，将体育旅游与民族体育结合起来，吸引了众多内地游客前往参观和互动，对民族文化的交流起到了非常重要的作用。

青海省应继续开展节庆旅游和体育赛事旅游，使青海旅游资源从"碎片化"到点线串联，形成独特优势的品牌旅游线路，吸引国内外游客。在开展各式各样的活动时，可以充分利用新兴的互联网工具进行宣传，如今日头条、快手小视频、抖音小视频等。茶卡盐湖景区视频在抖音和快手等软件上的疯狂转发引起了极大的关注度，一大批年轻人希望远离城市的喧嚣，处身于静谧的湖水旁洗涤心灵，或置身于一望无际的草原上感受大自然的美妙。青海省独特的自然风貌形成了众多类似的景点，应该加强此类景点的宣传，吸引更多的人前来游玩，形成口碑效应；打造新的旅游景区制高点，努力成为当前最热门的网红景点。

7.3 提升青海牧区生产能力的建议

7.3.1 适度利用、搞好草地建设

对各类草原的利用要因地制宜地进行调整和布局，在整体上对天然草地的资源分配问题进行系统规划，实行轮牧制度、建设网围栏，特别是在每年的春冬季节更要注意草原的合理利用，对草原中的畜群规模和老弱病畜比例予以严格控制，着重提高畜群的出栏率。与此同时，应该放开人工草地的建立标准，并结合封沙育草的原则扩大其规模，在草场补播如披碱草、紫花苜蓿、葫芦巴等优良牧草，提高草地的耐牧性和畜牧承载能力，并根据比较优势在不同地区建立相应的生产基地。在川西、藏东、滇北、青海南部等高原东部湿润、半湿润的高寒草甸和灌木草原，可建立牦牛肉、奶生产基地。中西部高原的干旱、半干旱草原和沙漠是可以进行牦牛与藏羊均等发展的地区，可以在此建立地毯毛羊和牦牛肉、奶生产基地，同时开发畜牧业的上下游产业链，通过建立奶牛孵化基地实现规模化生产。

做到省级层面的高端草原生态产业保护、发展和建设，打造西北绿色生态屏障，保护好中华"水塔"不受污染，是青海的历史使命和责任。目前，国内外专家已研究出许多成熟技术，既能帮助牧民增收，又能让草原生态得

到有效保护和修复。草地管理的目标是实现草地的生态良好和高水平利用，实现畜产品的优质高产，让牧民在生态产业圈中可持续受益。因此，做好草原生态保护，不能单纯靠行政命令和禁罚措施，而是应该通过定点、深入、长期的研究，在遵循自然规律的前提下，建立科学的评估体系。要用科学的方式保护草原生态，做到牧民生活好，牛羊生长好，草原保护好。

土地是人类一切生产、生活的基础，是人类得以生存的根基，更是人类穿住用行不可缺少的物质财富。由于经济发展水平和社会思想的落后，青海省对土地的利用面临着诸多挑战。因此，要提高公民的全面素质，加强民众的土地保护意识，更要从顶层设计出发制定和完善关于土地保护与整治的相关法律法规，使其能为土地生态系统的平衡及社会的可持续发展服务。

1998年以来，青海省开展了退耕还草、退耕还林、天然林保护和重点防护林建设等一系列生态环境保护与建设项目，并且随着经济的进一步发展，建设和保护任务与重视态度将在今后很长一段时间内持续增加。应在保持土地生态平衡的前提下，坚持预防为主、防治结合、综合治理的方针，把土地退化、荒漠化治理好，并将土地的开发利用维持在一个生态承载力允许的范围内，以此巩固生态环境保护的相关成果。2007年，《国务院关于加快发展服务业的若干意见》在阐述"面向民生的服务业"时将旅游业包含其中，第一次把旅游与民生联系在一起，明确了旅游的民生性特点。随着草原旅游的发展，青海牧民的经济状况和生活支出情况都发生了变动，青海牧区的就业机会不断增加，牧民的居住环境也在改善，开始吸引大量的外来人口到牧区旅游、工作和生活，牧民的生产生活因此发生了巨大变化，对民族地区旅游地的人地关系、社会文化变迁与牧区可持续发展造成影响。本研究关注旅游发展下的民生问题，对青海牧区在旅游发展下的就业、收入、支出、教育资源投入、住房保险、生态保护等问题进行调查访问。

7.3.2 加强牧区先进实用技术的推广

先进的科学技术是青海农牧区发展绿色有机特色产业的技术前提，因此，必须完善牧区的科技服务体系，加大对牧区的科学技术宣传和推广力度。首先，应促进农牧业公益性科技服务主体的加快发展，以构建专项服务与综合服务相协调以及公益性服务和经营性服务相结合的科技服务体系，加快构建以政府为主导，以市场化运作为基础，以及社会力量广泛参与、较为多元化的先进农牧业实用技术的推广体系。其次，应提升对农牧区实用技术的供给能力，加大推广力度，利用电视、微信、网站等媒介，搭建起多元化的技术推广服务媒体平台，促进牧民对科学技术知识吸收能力的提升。

7.3.3 结合旅游发展，优化养殖结构体系

青海各个牧区畜牧养殖品种普遍单一，养殖结构缺乏多样化。单一化的养殖结构存在不可避免的弊端，不仅加大了面对自然灾害的风险，还加大了面对市场经济的风险。在面对来自自然和市场的风险时，更应该增强畜牧业养殖品种的多样性，提高抵御风险的能力。

在促进畜牧业养殖结构多元化的同时，应该充分利用自然风光优美的草场资源，大力发展草原旅游业，促进旅游业与畜牧业的结合，增加牧区牧民收入来源渠道，提高其抵御自然与市场风险的能力，推进畜牧业和旅游业双重发展。

青海牧区牧民集约化支出过少，影响了牧区畜牧业经济效益的提高。调查发现，大部分的牧民生产性支出主要是"购买生产工具""购买饲草料""打草运草费"，牧民的科技意识还不够强，未将发展高效、优质畜牧业纳入计划，对新型生产方式的尝试也不够热心，传统畜牧业的意识还占据相当大的比重。因此，当前应将发展高效、高产畜牧业摆在青海牧区工作的首位，要增加畜牧业集约化支出，特别是畜牧业科技、良种、机械方面，要舍得下本钱、舍得支出大量资金。牧民使用传统放牧方式增加了劳动力的投入，从短期来看，似乎是对投入产出比很满意。但是从长远来看，要彻底改变牧区生产落后的局面，使劳动力得到更有效的利用，必须采用集约化经营，才能使更多劳动力从牧业生产中脱离出来从事第二、第三产业的生产活动，增加家庭收入并繁荣青海牧区经济。

7.4 改善青海牧区生活水平的建议

7.4.1 均衡生产各项支出

增加牧民生产性支出项目，均衡各项支出，确保各项资金充沛。牧民的

生产经营行为必须与时俱进、必须跟随社会化进程。然而，受区域发展性和牧民生产方式观念限制，牧民的生产支出选项极少，牧区生产进程缓慢，牧民的生产能力极弱。因此，应引导牧民在各项生产项目上投入资金，发展优质高效的生产方式，逐步完善牧区生产方式，提高牧区畜产品及加工品的成品速度。

7.4.2 促进收入增加

收入是消费的基础，牧民消费水平的高低取决于收入的多少，而牧区农牧民的收入主要来源于畜牧业生产经营。随着生产力水平的提升，牧区第二产业和第三产业逐渐发展，部分牧民转移到了非农就业部门，为牧区牧民追求多元化的收入来源提供了条件。与此同时，从事畜牧业生产经营的牧民减少，为畜牧业规模化经营提供了契机，能够进一步增加牧民收入。

此外，由于畜产品价格易受自然和市场中不确定因素的影响，为了降低牧民面临的畜产品价格风险，政府可以通过实行畜产品的最低价格机制，稳定畜产品的供给，保障牧民收入持续稳定增长。

近年来，由于城乡二元结构的存在，牧民与城镇居民的收入差距有扩大趋势。主要原因在于牧民一直存在收入来源渠道狭窄和收益偏低问题。尽管随着旅游业的发展，牧民可以获得旅游开发收入，但这部分收入不能直接获得，需要前期资金投入，因此，无法作为提高牧民收入的主要途径，但旅游投资的回报率远高于第一产业。

劳动报酬性收入特指牧民向游客提供旅游相关服务并获取报酬，但这种方式对当地旅游业的发展程度依存性极高。政府应始终鼓励和支持非畜牧业的发展，如鼓励和支持发展牧区旅游业，加大对牧区旅游业发展过程中的交通、通信等基础设施的投资力度，构建完善的旅游产业体系，加快青海牧区旅游发展进程，吸收更多的劳动力从事非农就业，增加非农收入来源，增加牧区牧民劳动报酬。

通过上述数据可知，青海牧民支出差距较大，政府可鼓励牧民多渠道消费缩小支出差距。牧民在"衣着""生活用品及服务""文化娱乐"等支出较少，是个令人担忧的问题。但随着青海经济迅速发展，牧民的消费观念对消费支出的影响有增大的趋势。由于青海牧区长期处于恶劣的自然环境中，并且一直承袭着传统的消费文化观念，牧区牧民在消费行为习惯上与城镇居民以及其他地区的农村居民有着巨大差别。调查显示，牧民更愿意把收入支配在食物方面，精神生活如医疗保健、文化娱乐等方面的支出占比较小。因此，要提高牧区牧民的消费水平，应该积极引导牧区牧民既注重基本生活消费，也追求发展型和享受型的精神娱乐消费，形成新的消费观念，拓展牧民消费渠道，让牧民拥有更多的支出选择，促进区域消费水平的提高和消费结构的改善。

要满足牧区牧民的精神文化需求、提高牧区牧民精神文化素养，除了牧民自己的努力之外，政府也要加大对牧区公共文化基础设施的投入力度，生产更多符合牧区牧民精神文化消费的文化公共品。国务院印发的《"十三五"促进民族地区和人口较少民族发展规划》明确提出："加强民族地区现代化综合交通运输体系建设，重点支持骨干铁路、干线公路、支线机场。水运航道和城市地下综合管廊建设，完善农村交通基础设施网络，建立外通内联区域交通骨干通道，提升运输服务水平。结合国家高速公路、国省道、农村公路规划建设，加强主要旅游景区、景点连接，提高旅游道路等级和养护水平。"公共基础设施如交通、通信、水电、暖气的建设是一个地区经济社会持续向上发展的基础，与我国沿海地区相比，青海在公共基础设施方面的建设还不足，大大制约了青海省经济社会的发展，对于青海牧区发展的制约更明显。因此，应该坚持西部大开发战略，加大牧区公共基础设施建设，改善牧区牧民生活条件，促进青海牧区经济更好的发展。

7.4.3 加大对牧区牧民职业技能培训的力度

加大对牧区牧民职业技能培训的力度。调研资料显示，牧区牧民在动物防疫和饲养、草地种植和保护方面的技能需求强烈，除此之外，倾向于以唐卡、电焊、厨师、服装加工等服务业为主的技能获得。一方面，地方政府应该加大畜牧养殖方面的技能培训力度，特别是培养一批畜牧养殖技术人员；另一方面，在对牧区牧民其他行业技能培训的基础上，地方政府要鼓励牧区牧民从事其他行业，促进牧区牧民就业形式的多元化。结合市场和农牧民需求加强对农牧民的职业技能培训，建立完善的农牧民技能教育培训体系，提高农牧民自身的市场竞争能力。

青海省的农牧民受教育程度普遍较低，缺乏必要的劳动技能和职业技能。培训是提高转移农牧民就业能力和竞争力的重要手段，应重视发展多层次、多类别的引导性职业技能培训。政府各有关部门应根据农牧民文化层次差异、居住情况等特点，有计划、有组织地使农牧民都能接受职业培训，逐步建立起一个适应需求、服务农牧民、灵活高效的农牧民技能教育培训体系，从而使农牧民掌握一门以上的实用技术，提高他们进入市场进行就业竞争的能力，并为农牧民职业培训提供资金保障，从而满足农牧民在新的环境和条件下增加收入、改善生活的基本需求。

7.4.4 政府统筹规划，实现教育均衡化

针对青海及青海牧区教育发展过程中呈现出的教育经费投入区域差异较大、学校办学成本高、人才引进难等问题，提出相应的对策建议：第一，坚决配合国家关于西部农村教育实施的各项政策措施和相应的宏观调控，使用好西部农村教育的中央财政转移支付资金、专项资金、生活补助，衔接好对口支援工作；第二，应坚持"以县为本"和"新机制"的教育方针政策，实现农村义务教育经费的最低且最基本的保障；第三，统筹规划，完善教育资金管理体制，特别是农村教育资金使用政策，努力实现教育均衡，清晰划分中央、省、州县的职责范围，义务教育阶段的人员经费和债务问题由中央政府负责，校舍建设资金由省级政府承担，正常运行由县政府负责义务教育阶段学校的经费投入，以保证教育经费的有序运行。此外，鉴于青海省各州市教育发展不平衡的现实，应加大教育经费向教育水平落后州县的倾斜力度。

拓宽融资渠道，促进教育资源投资主体多元化，鼓励社会各界捐资。青海省无论是经济发展水平，还是教育水平，都远远落后于东部沿海发达地区，国家和地方财政教育经费也仅仅能够满足地区各阶段教学的有序进行，对于教育水平的显著改善则需要更多的资金支持。因此，应该拓宽地区教育资金融资渠道，号召社会和企业关注地区教育事业的发展，提倡社会办学，促进教育资源投入主体的多元化，积极鼓励社会各界捐资捐赠。

进一步完善地区教育法规，促进教育资源投入科学合理。为振兴边远地区的教育事业，也可以适当借鉴国外做法，结合农村和边远地区义务教育的特殊性，在坚持《中华人民共和国义务教育法》的前提下，通过制定符合农

村边远地区和少数民族地区特殊区域性的义务教育法规，为这些地区义务教育的发展提供法律保障，规范各级政府、教育行政部门、学校的责任和义务，促进校舍建设、师生保健等音乐、体育、美术教育设施的完善。

大力发展青海省农牧区的教育事业，加强农村基础教育，提高农牧民的人力资本存量，提高农村人口的整体文化科技素质。教育落后是青海省农牧区经济落后的根本性和基础性因素。提高青海省农牧民的人力资本存量，特别要增加对基础教育的投资。由于义务教育具有较强的公共物品特性，应重视农村的基础教育，巩固政府在农村义务教育投资上的主体地位。同时，建立多元化的基础教育办学模式，多渠道筹集教育基金，不断改善基础教育的办学条件，提高农牧民受教育程度。这样，才能为提高农牧民素质、增加农牧民家庭收入、缩小贫富差距打下基础。

重要术语索引

C

草原旅游 ················· 001

H

合作社 ··················· 029

L

旅游 ····················· 001

M

牧民家庭 ················· 064

民生 ····················· 001

S

生活情况 ················· 015
生产情况 ················· 055
社会认知度 ··············· 112

X

乡村振兴 ················· 001

参考文献

[1] 曹诗图,刘雪珍.试论旅游与民生[J].中国市场,2012(1):128-129.

[2] 陈包,马志华,汪莎.理论与实践：民生视角下的旅游扶贫理念及原则[J].安顺学院学报,2019,21(4):10-15.

[3] 陈程.贵州省城镇化进程中失地农民生活满意度研究[D].贵阳:贵州大学,2015.

[4] 陈思慧,李星群.基于马克思生态民生思想的阳朔县乡村旅游建设研究[J].农村经济与科技,2021,32(17):60-62.

[5] 陈燕,王智良.新形势下民族地区旅游发展需要重新认识的问题[J].玉溪师范学院学报,2017,33(6):58-62.

[6] 陈玥彤,李东,王玉清.乡村振兴背景下旅游扶贫民生效应研究：以南疆四地州为例[J].乌鲁木齐职业大学学报,2020,29(2):11-15,40.

[7] 崔春雨,李东.南疆旅游扶贫民生效应评价体系构建及实证研究[J].乌鲁木齐职业大学学报,2020,29(1):24-32,36.

[8] 崔凤军.民生"八字""乐"在其中[J].旅游学刊,2010,25(7):6-7.

[9] 范业正.从生活福利与旅游富民看旅游民生[J].旅游学刊,2010,25(7):10-11.

[10] 韩国圣,李辉.国外旅游发展社区响应的理论模型述评[J].资源科学,2016,38(9):1643-1652.

[11] 韩伟宏,李建军.乡村旅游对农民的收入效应及其机制探究[J].山西农经,2021(24):47-49.

[12] 黄南藏族自治州人民政府[EB/OL].(2019-04-11).http://www.huangnan.gov.cn/.

[13]久毛措.城镇化进程中青藏两省区农牧民家庭收支变化及满意度情况的调查分析[J].西藏大学学报(社会科学版),2013,28(4):26-32.

[14]赖斌.民族地区旅游资源开发对民生感的影响机理实证分析[J].统计与决策,2017(5):112-115.

[15]李华京,周南.优质旅游视角下湖南省乡村旅游公共服务体系建设路径研究[J].太原城市职业技术学院学报,2021(12):35-38.

[16]李晶.关于黑龙江省农村居民生活满意度的调查分析[J].黑龙江科学,2016,7(9):154-156.

[17]李伟.乡村旅游开发规划研究[J].地域研究与开发,2003,22(6):72-75.

[18]李蔚迪.基于民生视角的民族地区旅游资源开发模式[J].旅游纵览(下半月),2018(2):152.

[19]李勇.内蒙古生态保护工程对农牧民生产生活方式的影响研究[J].中国集体经济,2017(17):8-9.

[20]刘峰.生态旅游管理部门对生态旅游管理的认知研究[J].湖北农业科学,2020,59(10):206-207,217.

[21]刘若骞,王龙飞,范铜钢.乡村振兴战略下少数民族特色体育旅游的内涵、困境与优化路径研究[J].体育学研究,2022,36(1):43-49,112.

[22]刘笑明.民生导向下的乡村旅游转型升级:困境、目标与路径[J].社会科学家,2019(7):92-97.

[23]鲁明勇.民族地区旅游业民生效应评价:以张家界市为例[J].贵州民族研究,2011(2):87-93.

[24]罗明义.旅游业的民生功能探讨[J].旅游学刊,2010,25(7):5-6.

[25]麻学锋,孙根年.20年来张家界旅游发展的民生福利考察[J].统计与信息论坛,2011,26(7):66-71.

[26]马波.旅游与民生:从抽象到具象[J].旅游学刊,2010,25(7):7-8.

[27]马慧芳,吐热汗,依司马等.新疆农村居民生活满意度及其影响因

素分析：基于特克斯调查问卷[J]．江西农业学报，2018，30（11）：141-146．

[28]马耀峰．发展旅游与改善民生[J]．旅游学刊，2010，25（9）：5-6．

[29]内蒙古社会科学院课题组．完善草原禁牧政策促进牧民增产增收：对达茂旗禁牧区牧民生产生活问题的调查分析[J]．实践（思想理论版），2014（8）：28-29．

[30]石浦南，罗明灿．元江主体少数民族生产生活方式的调查与分析[J]．中国林业经济，2013（5）：47-50．

[31]唐健雄．乡村旅游的民生效应探讨[J]．旅游学刊，2010，25（9）：6-7．

[32]陶瑛．新时期自然保护区生态旅游管理与可持续发展研究[J]．产业与科技论坛，2021，20（19）：12-13．

[33]汪瑶．白银市农业生产及农民生活情况调查[J]．甘肃农业大学学报，2007（5）：155-158．

[34]王朝辉．以产业促进旅游民生功能提升[J]．旅游学刊，2010，25（9）：7-8．

[35]王凯，张盈．张家界旅游发展-民生改善：生态环境耦合协调研究[J]．中南林业科技大学学报（社会科学版），2021（5）：98-104+20．

[36]王艳平．旅游民生西部计划[J]．旅游学刊，2010，25（8）：10-11．

[37]王玉清，李东，陈玥彤．新疆南疆旅游扶贫民生效应感知与调适机制研究[J]．克拉玛依学刊，2020，10（3）：45-52．

[38]韦晨．我国农村地区生态旅游与经济发展有效融合思考[J]．山西农经，2021（24）：65-66+69．

[39]温都娜，郑淑华，吴团荣，等．阿拉善左旗草原生态保护补助奖励政策对农牧民生产和生活方式的影响[J]．安徽农业科学，2018，46（33）：203-208．

[40]文枚，张连刚，陈天庆．乡村旅游发展顶层设计：政策演变与展望：基于2004—2020年"中央一号文件"的政策回顾[J]．中南林业科技大学学报（社会科学版），2021（6）：101-107．

[41]肖飞．有尊严地生活是旅游民生的重要特征[J]．旅游学刊，2010，

25（7）：8-9.

［42］徐冬.旅游开发对乡村文化的胁迫效应与机理研究［D］.南京：南京师范大学，2020.

［43］徐虹，张行发.乡村旅游社区新内源性发展：内在逻辑、多重困境与实践探索［J］.现代经济探讨，2022（1）：114-123.

［44］许业辉，韩磊，谢双玉，等.乡村振兴背景下乡村旅游同质化问题解构与评价体系构建［J］.中南林业科技大学学报（社会科学版），2021，15（6）：108-114+122.

［45］杨立功，陈桂霞.构建乡村生态旅游利益相关者可持续协调机制［J］.商业文化，2021（35）：74-76.

［46］杨茗，李学雷.河南省乡村旅游发展中的问题及措施研究［J］.山西农经，2021（23）：1-3+21.

［47］姚昆遗.旅游服务民生的途径与措施研究［R］.上海：上海市旅游局，2010.

［48］张娟飞.浅谈旅游与旅游从业人员民生问题［J］.中国商贸，2011（32）：203-204.

［49］张梅.云南省旅游业发展对区域贫困减缓的效应研究［D］.昆明：云南财经大学，2021.

［50］张星.浅谈发展乡村旅游对农业经济的带动作用［J］.广东蚕业，2021，55（9）：138-139.

［51］张玉钧，高云.绿色转型赋能生态旅游高质量发展［J］.旅游学刊，2021，36（9）：1-3.

［52］赵静.乡村旅游核心利益相关者关系博弈及协调机制研究［D］.西安：西北大学，2019.

［53］赵文炜.旅游影响下的普者黑村居民生活满意度研究［D］.昆明：云南财经大学，2018.

［54］赵玉清.海北州畜牧业生产现状问题及对策［J］.青海畜牧兽医杂志，2018（8）：51-53.

［55］郑将伟.延安旅游业发展对城乡居民收入影响研究［D］.延安：延安大学，2021.

[56]朱国兴.发展旅游,关注民生[J].旅游学刊,2010,25(7):9-10.

[57]庄孔韶.可以找到第三种生活方式吗:关于中国四种生计类型的自然保护与文化生存[J].社会科学,2006(7):35-41.

[58]ANDERECK K L, VALENTINE K M, VOGT C A, et al. A cross-cultural analysis of tourism and quality of life perceptions[J]. Journal of sustainable tourism, 2007, 15(5): 483-502.

[59]ANISIEWICZ R. Conditions for development of the entrepreneurial ecosystem in tourism in the border area of the european union: the example of the tri-border area of poland-belarus-ukraine[J]. Sustainability, 2021, 13(24): 13595.

[60]BIAGI B, LADU M G, MELEDDU M, et al. Tourism and the city: the impact on residents' quality of life[J]. International journal of tourism research, 2020, 22(2): 168-181.

[61]BREIBY M A, SELVAAG S K, ØIAN H, et al. Managing sustainable development in recreational and protected areas. The Dovre case, Norway[J]. Journal of outdoor recreation and tourism, 2022(37): 100461.

[62]BUCKLEY R. Sustainable tourism: Research and reality[J]. Annals of tourism research, 2012, 39(2): 528-546.

[63]BUTLER R. Research on tourism, indigenous peoples and economic development: A missing component[J]. Land, 2021, 10(12).

[64]BUTLER R. Tourism-resilient but vulnerable as "the times they are a changing" in the "new normality"[J]. Worldwide hospitality and tourism themes, 2022, 12(6).

[65]CHAO C, HAZARI B R, SGRO P M.Tourism, globalization, social externalities and domestic Welfare[J].Research in international business and finance, 2004, 18(2): 141-149.

[66]CHAO-ZHI Z, JI-GANG B, HONG-GANG X U .Tourism development and heritage management research: public choice and institutional analysis: a study summary of heritage resources management[J].Tourism tribune, 2004.

[67] CHESNEY M, HAZARI B R. Illegal migrants, tourism and wel-fare: a trade theoretic approach [J]. Pacific economic review, 2003, 8 (3): 259-268.

[68] HALL D, FOLEY M, CRACE A. Total English New Elementary SB CD LONGMAN [J]. Pearson Schweiz Ag, 2006.

[69] ESHLIKI S A, KABOUDI M. Community perception of tourism impacts and their participation in tourism planning: a case study of ramsar, Iran [J]. Procedia - social and behavioral sciences, 2012 (36): 333-341.

[70] GAO W, KOU L, ZHANG J, et al. Enhanced deposition of nitrate alters microbial cycling of N in a subtropical forest soil [J]. Biology & fertility of soils, 2016, 52 (7): 977-986.

[71] GIAMPICCOLI A, KALIS J H. Tourism, food, and culture: community-based tourism, local food, and community development in mpondoland [J]. Culture, Agriculture, Food and Environment, 2012, 34 (2): 101-123.

[72] GULLION C, HJI-AVGOUSTIS S, FU Y-Y, et al. Cultural tourism investment and resident quality of life: a case study of Indianapolis, Indiana [J]. International journal of tourism cities, 2015, 1 (3): 184-199.

[73] HALL D, BROWN F. Tourism and Welfare [M]. [S.L.]: [s.n.] 2006.

[74] HIGGINS-DESBIOLLES F. Sustainable tourism: sustaining tourism or something more [J]. Tourism management perspectives, 2018 (25): 157-160.

[75] HJALAGER, METTE A. Innovation policies for tourism [J]. International journal of tourism policy, 2012, 4 (4): 336-355.

[76] http://www.tibet.cn/cn/news/zcdt/201905/t20190515_6582245.html.

[77] JALANI J O. Local people's perception on the impacts and importance of ecotourism in sabang, palawan, philippines [J]. Procedia - social and behavioral sciences, 2012 (57): 247-254.

[78] KACHNIEWSKA M A. Tourism development as a determinant of quality of life in rural areas [J]. Worldwide hospitality and tourism themes, 2015, 7 (5): 500-515.

[79] LIANG Z, BAO J. Tourism gentrification in Shenzhen, China: causes

and socio-spatial consequences[J]. Tourism geographies, 2016, 17(3).

[80]LIANG Z-X, HUI T-K. Residents' quality of life and attitudes toward tourism development in China[J]. Tour manage, 2016(57): 56-67.

[81]LIU Y, SUK S. Influencing factors of azerbaijan and China&rsquos sustainable tourism development strategy under the one belt one road initiative[J]. Sustainability, 2022, 14(1).

[82]LIU Z, LAN J, CHIEN F, et al. Role of tourism development in environmental degradation: a step towards emission reduction[J]. J Environ manage, 2022(30).

[83]LIU Z, ZHANG M, ZHAO P, et al.Eco-tourism development of bomê county, tibet autonomous region[J]. 农业科学与技术: 英文版, 2022, 17(11): 7.

[84]MORARU A-D, DUHNEA C, BARBULESCU A, et al. Residents' attitude toward tourism: do the benefits outweigh the downsides[J]. The case of constanta, romania. Sustainability, 2021, 13(2).

[85]NAWIJN J, FRICKE M C. Visitor emotions and behavioral intentions: the case of concentration camp memorial neuengamme[J]. International journal of tourism research, 2013, 17(3): 221-228.

[86]NEAL J D, GURSOY D. A multifaceted analysis of tourism satisfaction[J]. Journal of travel research, 2008, 47(1): 53-62.

[87]RASOOLIMANESH S M, RINGLE C M, JAAFAR M, et al. Urban vs. rural destinations: residents' perceptions, community participation and support for tourism development[J].Tour manage, 2017(60): 147-158.

[88]SHENG L, GAO J. Foreign investors versus host communities: an urban political economy model for tourist cities[J]. Argumenta oeconomica, 2018, 41(2): 257-276.

[89]Shin D C, Johnson D M. Avowed happiness as an overall assessment of the quality of life[J].Soc Indic Res, 1978(5): 475-492.

[90]SOMNUEK P. Development of community-based tourism in ban khok muang(thailand) and banteay chhmar(cambodia)[J]. Gmsarn international,

2022, 16 (2): 146-151.

[91] TURISNO B E, DEWI IGAGS. Impact of coastal reclamation on environmental sustainability and tourism-based economy on the north coast of java [J]. Int J Criminol Sociol, 2021 (10): 695-702.

[92] TYAN I, GUEVARA-PLAZA A, YAGUE M I. The benefits of blockchain technology for medical tourism [J]. Sustainability, 2021, 13 (22): 12448.

[93] URIZ A U. Pirineo occidental: esquí de montaa: 35 itinerarios del adi al Aspe [J]. Ediciones Desnivel S L, 2006.

[94] URTASUN A, GUTIÉRREZ I. Tourism agglomeration and its impact on social welfare: an empirical approach to the spanish case [J]. Tourism management, 2006, 27 (5): 901-912.

[95] WINIARCZYK-RAŹNIAK A, RAŹNIAK P. Are pueblos má gicos really magic? tourism development program in the context of the quality of Life of town residents [J]. Land, 2021, 10 (12).

[96] WU M-Y, WU X, LI Q-C, et al. Community citizenship behavior in rural tourism destinations: scale development and validation [J]. Tour manage, 2022 (89): 104-457.

[97] ZHANG X. Impact of Rural tourism on Residents' well-being in traditional ancient villages: a case of north guangxi [J]. Heritage science, 2021, 9 (1) 138.

附 录

问卷1：草原旅游发展下的青海牧民生产生活现状调查问卷

您好！我们是青海大学"草原旅游发展下的青海牧民生产生活现状调查研究"课题组的成员。感谢您在百忙之中填写此问卷，本次调查旨在了解青海牧区在旅游发展下的牧民生产生活状况，探索旅游与民生、旅游与生态环境、旅游与社会协调发展之间的关系，为青海省实现在发展旅游背景下的美丽牧区建设提供新思路。希望能得到您的支持，请根据您的实际情况如实填写。本调查不记名，并对您的个人信息绝对保密，所以请您消除顾虑，认真、如实、独立地填写。

谢谢您的配合，祝您生活愉快！

一、基本情况

1. 您的年龄：【 】
   A. 25 岁以下　　B. 25~40 岁　　C. 40~60 岁　　D. 60 岁及以上
2. 您的性别：【 】
   A. 男　　　　　B. 女
3. 您的婚姻状况：【 】
   A. 已婚　　　　B. 未婚
4. 您的民族：【 】
   A. 汉族　　　　B. 藏族　　　　C. 其他少数民族
5. 您的学历：【 】
   A. 小学及以下　B. 初中　　　　C. 高中及中专　D. 大专及以上
6. 您家里共有几口人？【 】
   A. 2 人及以下　B. 3~6 人　　　C. 7 人及以上

二、青海牧民生活现状

7. 您家一年的人均纯收入为多少？【　】

　A. 1 万元以下　　　B. 1 万~3 万元　　　C. 3 万~5 万元　　　D. 5 万元及以上

8. 您家里的主要经济来源是什么？[可多选]【　】

　A. 传统畜牧业收入　　　　　　　B. 外出打工

　C. 旅游业附加收入　　　　　　　D. 出租草场

　E. 政府补贴　　　　　　　　　　F. 旅游门票收益

　G. 虫草收益　　　　　　　　　　H. 其他

9. 您家里的主要经济支出是什么？[可多选]【　】

　A. 购买牲畜　　B. 购买饲草料　　C. 生产工具　　D. 草场租赁费

　E. 打草运草费　F. 偿还贷（借）款　　　　　　　G. 食品

　H. 医疗　　　　I. 衣着及日用品　　J. 人情礼金　　K. 娱乐

　L. 其他

10. 您家有固定的住房吗？【　】

　A. 有　　　　　B. 没有

11. 您家每年虫草收入占总收入的比重：【　】

　A. 0　　　　　B. 20% 以下　　　C. 20%~50%

　D. 50%~70%　　E. 70% 及以上

12. 您家的机动车类型：[可多选]【　】

　A. 无机动车　　B. 汽车　　　　　C. 皮卡车

　D. 摩托车　　　E. 其他

13. 您家里的水、电、网络、道路等基础设施完善情况：[可多选]【　】

　A. 都完善　　　B. 不通电　　　　C. 不通水

　D. 无网络　　　E. 道路条件差　　F. 其他

三、青海牧民养殖现状

14. 您家养殖的主要牲畜有：【　】

　A. 奶牛　　　　B. 牦牛　　　　　C. 绵羊　　　　D. 山羊

　E. 骆驼　　　　F. 猪　　　　　　G. 马　　　　　H. 其他

15. 您家里的牧畜总量：【　】

　　A. 100 头（只）以下　　　　　　B. 100~300 头（只）

　　C. 300~600 头（只）　　　　　　D. 600 头（只）及以上

16. 您家是否有畜暖棚？【　】

　　A. 有　　　　　　B. 没有

17. 2016—2020 年您家的牲畜养殖规模变化情况：【　】

　　A. 养殖规模扩大了　　　　　　B. 养殖规模减小了

　　C. 没什么变化

18. 您除了畜牧业外，是否还会种植其他经济作物或者粮食作物？【　】

　　A. 是　　　　　　B. 否

19. 您家拥有的可经营草场面积（不含退牧还草）：【　】

　　A. 300 亩以下　　B. 300~600 亩　　C. 600~900 亩

　　D. 900~1200 亩　　E. 1200 亩及以上

20. 您家是否租用草场，如果租用的话，烦请注明租用面积：【　】

　　A. 是，　　亩　　B. 否

21. 您家的放牧方式是什么？【　】

　　A. 自己放牧　　　B. 让别人代牧　　C. 请人帮牧

22. 牲畜养殖对您家的生活所起到的作用是：[可多选]【　】

　　A. 肉和日常食品的来源　　　　B. 家庭主要经济来源

　　C. 生活保障　　　　　　　　　D. 其他

四、草原旅游发展对生产生活的影响

23. 您家畜牧产品（牛羊、牛羊皮、牛奶、酸奶、酥油、曲拉）的销售渠道：【　】

　　A. 自己摆摊　　　　　　　　　B. 工厂收购、个体收购

　　C. 政府统销统购　　　　　　　D. 其他

24. 您认为现在的畜牧产品销售有没有保障？【　】

　　A. 有保障　　　B. 还可以　　　C. 没有保障

25. 您目前的畜牧产品主要去向：【　】

　　A. 自己消费　　B. 销售　　　　C. 其他

26. 您所了解的当前牧畜价格的趋势：【 】

　　A. 上涨　　　　B. 下降　　　　C. 不变　　　　D. 不清楚

27. 您周围有没有旅游区？【 】

　　A. 有　　　　　B. 没有　　　　C. 不知道

28. 您对草原旅游业的发展持什么态度？【 】

　　A. 支持，可以改善生活　　　　B. 支持，有利于增进对我们的了解

　　C. 不支持，破坏环境　　　　　D. 不支持，打扰正常生活

29. 自草原旅游业发展以来，您认为家里生活变化大吗？【 】

　　A. 变化非常大　　B. 变化一般　　C. 变化很小　　D. 没有变化

30. 您认可国家大力发展草原旅游的政策吗？【 】

　　A. 非常认可　　　B. 比较认可　　C. 不是很认可　　D. 完全不认可

31. 在草原旅游发展以来，您有受到过政府政策的支持吗？【 】

　　A. 有　　　　　B. 没有

32. 您觉得发展草原旅游有什么影响？【 】

　　A. 增加收入　　B. 传播文化　　C. 发展地方经济

　　D. 污染环境　　E. 没有影响

33. 本地发展草原旅游服务业时，您会选择：【 】

　　A. 只从事旅游服务业　　　　　B. 依然从事原有的牧业生产

　　C. 旅游服务业与牧业生产兼顾　D. 其他打算

34. 您是否赞同以退牧还草或轮牧休牧的方式保护草场？【 】

　　A. 赞同　　　　B. 不赞同

35. 您家对下一代教育问题重视程度：【 】

　　A. 非常重视　　B. 重视　　　　C. 一般　　　　D. 不重视

36. 对您家生产生活影响最大的是：[可多选]【 】

　　A. 劳动力不足　　B. 草场质量下降　C. 畜牧产品的销路和价格

　　D. 水、电、道路等基础设施不能满足生产生活需要

　　E. 自然灾害或野生动物攻击牛羊　　F. 疾病

　　G. 养殖技术落后　　　　　　　　　H. 其他

37. 您是否参加了医疗、养老保险？【 】

　　A. 是　　　　　B. 否

38. 您是否参加了商业保险（如畜牧业保险）？【　】

　　A. 是　　　　　　B. 否

39. 您所在的地区有没有生态畜牧业合作社？【　】

　　A. 有　　　　　　B. 无

40. 您家所享受到的政府补助有哪些？［可多选］【　】

　　A. 牲畜购买　　B. 草场费　　C. 医疗补助　　D. 退牧补助

　　E. 建房补贴　　F. 畜暖棚补贴　　G. 其他

41. 如果政府免费对牧民进行劳务培训，您希望培训哪方面的技能？［可多选］【　】

　　A. 动物防疫和饲养

　　B. 唐卡、电焊、厨师、服装加工类技术等

　　C. 草地种植和保护

　　D. 其他

42. 目前您家最想要改善的是哪一方面？［可多选］【　】

　　A. 孩子的教育　　B. 医疗　　C. 畜牧业保险

　　D. 基础设施（公路、网络、通电）　　E. 其他

43. 您所在的牧区举办过什么样的文化活动？【　】

　　A. 民俗文化活动　　B. 高龄老人对本地历史的讲述

　　C. 才艺比赛　　D. 运动会　　E. 其他

44. 您是否愿意参加本地举办的文化活动？【　】

　　A. 不愿意　　　　　　B. 愿意

　　C. 一般　　　　　　　D. 大家去，也就去

45. 您觉得发展牧区文化是否有必要？【　】

　　A. 必要，能丰富牧区文化生活，提高牧民文化水平和道德修养

　　B. 不必要，发展牧区经济更为重要

　　C. 无所谓，顺其自然

46. 您对当前所处牧区最不满意的问题：［可多选］【　】

　　A. 增加收入困难　　　　　　B. 社会治安不好

　　C. 生态环境恶化　　　　　　D. 牧区干部办事不公

　　E. 教育收费问题　　　　　　F. 社会保障问题

G. 是否有一定的社会成就　　　　H. 其他

47. 您认为当前牧区牧民最关注的自身利益问题是什么？［可多选］【　　】

A. 增加收入　　　B. 住房问题　　　C. 就业问题　　　D. 子女教育问题

E. 退牧还草补助问题　　　　　　F. 福利保障问题

G. 牧区环境问题　　　　　　　　H. 精神文化生活

48. 草原旅游发展下青海牧民生产生活满意度调查表。

序号	问题	非常满意	满意	一般	不满意	非常不满意
1	您对当前自家生活总体的满意度					
2	您对当前自家生产条件的满意度					
3	您对当前自家经济收入的满意度					
4	您对当前亲属、邻里关系的满意度					
5	您对他人（游客、导游等）保护草原生态的满意度					
6	您对政府出台的草原旅游发展政策的满意度					
7	您对所在牧区市政基础设施的满意度					
8	您对政府支持自有产品销售情况的满意度					
9	您对退牧还草的政策实施方式的满意度					
10	您对当前牧区社会治安的满意度					
11	您对当前牧区教育资源配给的满意度					
12	您对当前牧区医疗资源配置的满意度					

49. 您对于提高牧民经济收入和生活水平有哪些方面的建议？

问卷2：草原旅游发展下的青海牧民生产生活满意度调查问卷

"草原旅游发展下的青海牧民生产生活现状调查研究"课题组为了解青海牧区在旅游发展下牧民及社会公众对牧区生产生活状况的感知，探索旅游与民生、旅游与生态环境、旅游与社会协调发展之间的关系，特制定本问卷，感谢您的参与！

1. 您的身份：【　　】

A. 青海土著牧区牧民【设定跳转完成问卷1】

B. 社会公众

2. 您的年龄：【　　】

A. 25岁以下　　　B. 25~40岁　　　C. 40~60岁　　　D. 60岁及以上

3. 您的性别：【　　】

A. 男　　　　　　B. 女

4. 您的婚姻状况：【　　】

A. 已婚　　　　　B. 未婚

5. 您的民族：【　　】

A. 汉族　　　　　B. 藏族　　　　　C. 其他少数民族

6. 您的学历：【　　】

A. 小学及以下　　B. 初中　　　　　C. 高中及中专　　D. 大专及以上

7. 您认为自己对青海牧民生产生活状况的了解程度：【　　】

A. 非常不了解　　B. 不了解　　　　C. 一般

D. 了解　　　　　E. 非常了解

8. 您认为现今青海牧民的收入水平处于青海省哪个层次？【　　】

A. 高收入水平　　　　　　　　　　B. 中高收入水平

C. 中等收入水平　　　　　　　　　D. 中低收入水平

E. 低收入水平

9. 您认为现今青海牧民的消费水平应处于青海省哪个层次？【　　】

A. 高消费水平　　　　　　　　　　B. 中高消费水平

C. 中等消费水平　　　　　　D. 中低消费水平

E. 低消费水平

10. 据您所知，现今青海牧民的住所类型是：【　】

A. 有固定住所　　B. 无固定住所　　C. 二者结合　　D. 不清楚

11. 您认为青海牧民所拥有的基础设施（如所居住的住房、水、电、卫生、医疗、教育、通信、道路、治安等）是否需要完善？【　】

A. 需要，需要大规模地完善　　　　B. 需要，需要进一步地完善

C. 不需要，已经很完善了　　　　　D. 不清楚，不了解

12. 据您所知，青海牧民对子女的教育问题是否重视？【　】

A. 非常不重视　　B. 不重视　　C. 一般

D. 重视　　　　　E. 非常重视

13. 据您所知，现今青海牧民的主要经济来源是：［可多选］【　】

A. 传统畜牧业收入　　　　　B. 外出打工

C. 旅游业附加收入　　　　　D. 出租草场

E. 政府补贴　　　　　　　　F. 旅游门票收益

G. 虫草收益　　　　　　　　H. 其他

14. 据您所知，现今青海牧民的主要机动车类型是：［可多选］【　】

A. 无机动车　　B. 汽车　　C. 皮卡车

D. 摩托车　　　E. 其他

15. 据您所知，现今青海牧民养殖的主要牲畜有：【　】

A. 奶牛　　　B. 牦牛　　　C. 绵羊　　　D. 山羊

E. 骆驼　　　F. 猪　　　　G. 马　　　　H. 其他

16. 据您所知，现今青海牧民日常的主要开销是：［可多选］【　】

A. 购买牲畜　　B. 购买饲草料　　C. 生产工具　　D. 草场租赁费

E. 打草运草费　F. 偿还贷（借）款　　　　　　　G. 食品

H. 医疗　　　　I. 衣着及日用品　　　　　　　　J. 人情礼金

K. 娱乐　　　　L. 其他

17. 您认为当前牧区牧民最关注的自身利益问题是什么？［可多选］【　】

A. 增加收入　　B. 住房问题　　C. 就业问题　　D. 子女教育问题

E. 退牧还草补助问题　　　　F. 福利保障问题

G. 牧区环境问题　　　　　　　H. 精神文化生活

18. 您是否购买过青海牧民生产的畜牧类产品（牛羊肉、牛奶、酸奶、酥油、曲拉等）？【　】

　　A. 是　　　　　B. 否

19. 您或者您的朋友对所购买过的青海牧民生产的畜牧类产品是否满意？【　】

　　A. 非常不满意　　B. 不满意　　　C. 一般

　　D. 满意　　　　　E. 非常满意

20. 您购买青海畜牧类产品的途径有哪些？【　】

　　A. 超市

　　B. 奶制品、牛羊肉专卖店

　　C. 青海特产营销店

　　D. 网上购买

　　E. 其他

21. 您是否赞同以退牧还草或轮牧休牧的方式保护牧区草场？【　】

　　A. 赞同　　　　　B. 不赞同

22. 您是否赞同牧民离开草原，由草原放牧改为从事其他工作？【　】

　　A. 赞同　　　　　B. 不赞同

23. 您是否在青海旅游过？【　】

　　A. 是　　　　　　B. 否

24. 您对青海省发展草原旅游业持什么态度？【　】

　　A. 支持，可以增加牧民收入

　　B. 支持，有利于传播牧区文化

　　C. 不支持，破坏环境

　　D. 不支持，打扰正常生活

25. 您认可国家大力发展草原旅游的政策吗？【　】

　　A. 非常认可　　B. 比较认可　　C. 不是很认可　　D. 完全不认可

26. 您觉得发展草原旅游对地方发展有什么影响？【　】

　　A. 增加收入　　B. 传播文化　　C. 发展地方经济

　　D. 污染环境　　E. 没有影响

27. 草原旅游发展下，社会公众对青海牧区生产生活认可及满意度调查表

序号	问题	非常满意	满意	一般	不满意	非常不满意
27-1	站在社会公众的角度，您对牧区牧民生活保障满意吗					
27-2	站在社会公众的角度，您对近年牧区扶持开发政策满意吗					
27-3	站在社会公众的角度，您对近年牧区基础设施项目建设满意吗					
27-4	站在社会公众的角度，您对草原旅游服务保障满意吗					
27-5	站在社会公众的角度，您对牧民自身保护环境情况满意吗					
27-6	站在社会公众的角度，您对牧区文化保护满意吗					
27-7	站在社会公众的角度，您对牧区精神文明建设满意吗					
27-8	站在社会公众的角度，您对牧区牧民自身幸福感程度满意吗					
27-9	站在社会公众的角度，您对牧区牧民对自身的文化保护程度满意吗					
27-10	站在社会公众的角度，您对牧区精神文明建设程度满意吗					

28. 您对于提高牧民经济收入和生活水平有哪些方面的建议？

附 表

表1 原始调查数据统计

单位：份

问卷位置	问卷题目	选项	西宁市	海东市	海北州	黄南州	海南州	果洛州	玉树州	海西州	问卷1 实地调研	问卷1 线上调研	问卷2 线上调研	总计
问卷1 第1题	您的年龄	25岁以下	4	5	15	13	12	10	9	12	80	26	42	148
		25~40岁	5	8	20	19	24	16	12	18	122	84	109	315
		40~60岁	6	8	27	29	32	9	7	14	132	105	136	373
		60岁及以上	9	10	22	18	26	7	6	12	110	44	46	200
问卷1 第2题	您的性别	男	15	13	32	28	39	18	16	29	190	147	195	532
		女	9	18	52	51	55	24	18	27	254	112	138	504
问卷1 第3题	您的婚姻状况	已婚	15	25	52	47	52	27	14	21	247	195	178	620
		未婚	7	6	32	32	42	15	20	35	197	64	95	356
问卷1 第4题	您的民族	汉族	9	9	8	9	9	5	2	11	60	95	40	195
		藏族	9	14	56	59	61	35	26	20	280	117	174	571
		其他少数民族	8	8	20	11	24	2	6	25	104	47	119	270

续表

问卷位置	问卷题目	选项	西宁市	海东市	海北州	黄南州	海南州	果洛州	玉树州	海西州	问卷1 实地调研	问卷1 线上调研	问卷2 线上调研	总计
问卷1 第5题	您的学历	小学及以下	1	6	36	28	30	19	12	16	148	32	30	210
		初中	9	12	23	35	38	13	17	32	179	95	120	394
		高中及中专	9	6	16	15	14	10	5	8	83	84	94	261
		大专及以上	5	7	9	1	12	0	0	0	34	48	89	171
问卷1 第6题	您家里总共有几口人	2人及以下	7	4	3	9	5	3	3	7	41	36		77
		3~6人	13	25	66	63	74	26	28	29	324	199		523
		7人及以上	4	2	15	7	15	13	3	20	79	24		103
问卷1 第7题	您家一年的人均纯收入为多少	1万元以下	5	10	18	22	23	12	12	12	114	19		133
		1万~3万元	7	9	32	38	43	19	14	19	181	86		267
		3万~5万元	9	10	30	19	22	10	7	19	126	135		261
		5万元及以上	3	2	4	0	6	1	1	6	23	19		42
问卷1 第8题	您家里的主要经济来源是什么[可多选]	传统畜牧业收入	2	3	43	54	61	25	22	10	220	188		408
		外出打工	20	30	25	47	46	21	12	42	243	45		288
		旅游业附加收入	4	8	17	12	18	10	23	12	104	36		140

续表

问卷位置	问卷题目	选项	西宁市	海东市	海北州	黄南州	海南州	果洛州	玉树州	海西州	问卷1实地调研	问卷1线上调研	问卷2线上调研	总计
问卷1第8题	您家里的主要经济来源是[可多选]	出租草场	0	0	9	17	19	20	26	17	108	28		136
		政府补贴	0	0	6	13	24	19	10	18	90	72		162
		旅游门票收益	0	0	0	0	0	0	0	3	0	0		0
		虫草收益	0	0	6	26	35	21	12	3	103	74		177
		其他	3	6	7	15	19	9	5	10	74	12		86
问卷1第9题	您家里的主要经济支出是[可多选]	购买生产资料（买车辆、租草地等）	10	11	34	37	42	26	18	24	202	121		323
		日常消费支出	12	15	25	29	36	22	16	26	181	135		316
		宗教支出	1	2	5	4	10	3	1	5	31	23		54
		教育支出	5	6	21	18	41	15	10	19	135	115		250
		医疗支出	14	12	30	33	45	12	22	25	193	183		376
问卷1第10题	您家有固定的住房吗	有	21	28	69	64	83	38	28	51	382	237		619
		没有	3	3	15	15	11	4	6	5	62	22		84

附　表

续表

问卷位置	问卷题目	选项	西宁市	海东市	海北州	黄南州	海南州	果洛州	玉树州	海西州	问卷1实地调研	问卷1线上调研	问卷2线上调研	总计
问卷1第11题	您家每年虫草收入占总收入的比重	0	19	0	80	9	14	2	0	46	170	100		270
		20%以下	3	0	4	55	70	15	8	9	164	90		254
		20%~50%	1	0	0	14	6	20	16	1	58	49		107
		50%~70%	0	2	0	1	4	5	6	0	18	10		28
		70%及以上	0	20	0	0	0	0	4	0	24	10		34
问卷1第12题	您家的机动车类型[可多选]	无机动车	1	6	4	8	12	7	4	3	45	50		95
		汽车	15	56	48	66	42	35	28	45	335	210		545
		皮卡车	4	1	20	18	21	10	10	12	96	48		144
		摩托车	22	27	80	70	85	38	28	36	386	229		615
		其他	0	0	0	0	0	0	0	0	0	0		0
问卷1第13题	您家里的水、电、网络、道路等基础设施的完善情况[可多选]	都完善	24	0	75	72	82	37	30	50	370	212		582
		不通水	0	3	0	0	0	0	0	0	3	3		6
		不通电	0	3	0	0	0	0	0	0	3	2		5
		无网络	2	0	2	4	5	10	10	3	36	45		81

续表

问卷位置	问卷题目	选项	西宁市	海东市	海北州	黄南州	海南州	果洛州	玉树州	海西州	问卷1实地调研	问卷1线上调研	问卷2线上调研	总计
问卷1第13题	您家里的水、电、网络、道路等基础设施的完善情况[可多选]	道路条件差	3	28	8	2	10	15	12	0	78	26		104
		其他	0	4	0	0	0	0	0	0	4	2		6
问卷1第14题	您家养殖的主要牲畜有哪些[可多选]	奶牛	18	18	5	11	10	2	28	20	84	46		130
		牦牛	5	0	80	70	75	32	29	15	305	234		539
		绵羊	15	0	82	55	78	32	29	20	311	245		556
		山羊	0	16	2	4	0	2	8	5	37	12		49
		骆驼	1	5	2	1	0	0	0	3	12	3		15
		猪	18	0	0	10	0	0	29	3	60	15		75
		马	5	26	21	14	49	30	0	14	159	159		318
		其他	0	5	0	0	0	0	4	22	31	0		31
问卷1第15题	您家里的牧畜总量	100头（只）以下	20	28	21	54	22	12	12	20	189	89		278
		100~300头（只）	4	3	50	19	62	10	10	30	188	101		289
		300~600头（只）	0	0	9	5	9	20	8	6	57	49		106
		600头（只）及以上	0	0	4	1	1	0	4	0	10	20		30

续表

问卷位置	问卷题目	选项	西宁市	海东市	海北州	黄南州	海南州	果洛州	玉树州	海西州	问卷1实地调研	问卷1线上调研	问卷2线上调研	总计
问卷1第16题	您家是否有暖棚	有	22	30	78	56	90	32	28	36	372	220		592
		没有	2	1	6	23	4	10	6	20	72	39		111
问卷1第17题	2016—2020年您家的牲畜养殖规模变化情况	养殖规模扩大了	4	5	25	40	20	10	10	6	120	59		179
		养殖规模减小了	11	6	14	25	24	10	10	20	120	98		218
		没什么变化	9	20	45	14	50	22	14	30	204	102		306
问卷1第18题	您除了畜牧业外，是否还会种植其他经济作物或者粮食作物	是	23	29	20	55	14	10	5	28	184	214		398
		否	1	2	64	24	80	32	29	28	260	45		305
问卷1第19题	您家拥有的可经营草场面积（不含退牧还草）	300亩以下	13	25	21	31	53	2	4	16	165	50		215
		300~600亩	11	6	42	28	32	10	19	28	176	159		335
		600~900亩	0	0	21	10	9	25	8	12	85	28		113
		900~1200亩	0	0	0	6	0	3	3	0	12	22		34
		1200亩及以上	0	0	0	4	0	2	0	0	6	0		6
问卷1第20题	您是否租用草场，如果租用的话，烦请注明租用面积	是	0	29	80	2	0	0	0	14	125	0		125
		否	24	2	4	77	94	42	34	42	319	259		578

续表

问卷位置	问卷题目	选项	西宁市	海东市	海北州	黄南州	海南州	果洛州	玉树州	海西州	问卷1实地调研	问卷1线上调研	问卷2线上调研	总计
问卷1第21题	您家的放牧方式是什么	自己放牧	20	24	70	70	90	40	32	40	386	213		599
		让别人代牧	2	5	8	5	3	2	2	8	35	40		75
		请人帮牧	2	2	6	4	1	0	0	8	23	6		29
问卷1第22题	畜牧养殖对您家的生活所起到的作用是[可多选]	肉和日常食品的来源	24	20	33	39	28	22	12	30	208	145		353
		家庭主要经济来源	18	28	75	45	56	30	15	30	297	168		465
		生活保障	24	26	22	28	19	15	18	36	188	118		306
		其他	0	0	6	0	0	0	0	0	6	5		11
问卷1第23题	您家畜牧产品（牛羊、牛羊皮、牛奶、酸奶、酥油、曲拉）的销售渠道	自己摆摊	0	6	14	4	8	5	0	8	40	40		80
		工厂收购、个体收购	5	10	8	15	12	25	10	8	73	19		92
		政府统销统购	19	10	52	55	59	20	20	23	263	188		451
		其他	0	5	10	5	15	12	4	17	68	12		80

续表

问卷位置	问卷题目	选项	西宁市	海东市	海北州	黄南州	海南州	果洛州	玉树州	海西州	问卷1 实地调研	问卷1 线上调研	问卷2 线上调研	总计
问卷1 第24题	您认为现在的畜牧产品销售有没有保障	有保障	9	16	50	29	26	12	10	20	172	30		202
		还可以	15	13	24	48	59	20	10	20	209	209		418
		没有保障	0	2	10	2	9	10	14	16	63	20		83
问卷1 第25题	您目前的畜牧产品主要去问	政府统销统购	3	2	10	10	4	0	4	6	39	49		88
		自己销售	18	22	64	50	70	30	15	30	299	110		409
		生产大户带动销售	0	6	8	15	18	5	12	11	75	100		175
		其他	3	1	2	4	2	7	3	9	31	0		31
问卷1 第26题	您所了解的当前牧畜价格趋势	上涨	16	28	54	44	68	23	15	32	280	200		480
		下降	0	0	8	5	2	4	2	14	35	5		40
		不变	3	2	12	20	13	9	10	5	74	14		88
		不清楚	5	1	10	10	11	6	7	5	55	40		95
问卷1 第27题	您周围有没有旅游区	有	20	5	34	18	24	5	12	20	138	159		297
		没有	3	20	26	21	51	17	12	26	176	87		263
		不知道	1	6	24	40	19	20	10	10	130	13		143

续表

问卷位置	问卷题目	选项	西宁市	海东市	海北州	黄南州	海南州	果洛州	玉树州	海西州	问卷1实地调研	问卷1线上调研	问卷2线上调研	总计
问卷1第28题	您对草原旅游业的发展持什么态度	支持，可以改善生活	22	23	71	48	67	24	20	32	307	188		495
		支持，有利于增进对我们的了解	1	3	8	11	14	13	10	7	67	12		79
		不支持，破坏环境	1	4	5	12	9	4	2	6	43	33		76
		不支持，打扰正常生活	0	1	0	8	4	1	2	11	27	26		53
问卷1第29题	您家对下一代教育问题重视程度	非常重视	22	27	75	64	80	32	16	20	336	200		536
		重视	2	2	5	15	8	8	7	20	67	35		102
		一般	0	2	4	0	5	2	11	16	40	24		64
		不重视	0	0	0	0	1	0	0	0	1	0		1
问卷1第30题	对您家生产生活影响最大的是 [可多选]	劳动力不足	14	12	21	46	37	20	15	28	193	111		304
		草场质量下降	3	12	21	13	22	18	18	30	137	152		289
		畜牧产品的销路和价格	12	20	15	15	15	14	20	14	125	129		254

续表

问卷位置	问卷题目	选项	西宁市	海东市	海北州	黄南州	海南州	果洛州	玉树州	海西州	问卷1实地调研	问卷1线上调研	问卷2线上调研	总计
问卷1第30题	对您家生产生活影响最大的是 [可多选]	水、电、道路等基础设施不能满足生产生活需要	3	0	14	9	6	2	2	2	38	18		56
		自然灾害或野生动物攻击牛羊	4	0	5	4	5	5	8	5	36	56		92
		疾病	6	6	22	7	14	6	4	8	73	47		120
		养殖技术落后	15	18	48	56	58	18	26	32	271	66		337
		其他	0	0	3	2	0	0	5	0	10	155		165
问卷1第31题	您是否参加了医疗、养老保险	是	24	31	82	77	94	38	34	56	436	259		695
		否	0	0	2	2	0	4	0	0	8	0		8
问卷1第32题	您是否参加了商业保险（如畜牧业保险）	是	8	5	10	8	20	10	20	12	93	109		202
		否	16	26	74	71	74	32	14	44	351	150		501
问卷1第33题	您所在的地区有没有生态畜牧业合作社	有	18	11	27	12	22	12	14	25	141	70		211
		无	6	20	57	67	72	30	20	31	303	189		492

217

续表

问卷位置	问卷题目	选项	西宁市	海东市	海北州	黄南州	海南州	果洛州	玉树州	海西州	问卷1实地调研	问卷1线上调研	问卷2线上调研	总计
问卷1第34题	您家所享受到的政府补助有哪些[可多选]	牲畜购买	17	5	43	34	18	20	20	22	179	120		299
		草场费	24	10	40	48	75	18	21	24	260	186		446
		医疗补助	2	18	44	41	56	19	25	30	235	156		391
		退牧补助	24	26	42	39	69	19	10	16	245	114		359
		建房补贴	5	7	0	0	22	21	6	10	71	89		160
		畜暖棚补贴	19	15	5	4	48	17	26	23	157	205		362
		其他	0	0	5	3	0	0	0	3	11	3		14
问卷1第35题	如果政府免费对牧民进行劳务培训,您希望培训哪方面的技能[可多选]	动物防疫和饲养	20	22	72	70	85	27	26	40	362	212		574
		唐卡、电焊、厨师、服装加工类技术等	2	25	6	5	12	7	5	35	97	45		142
		草地种植和保护	18	4	14	28	76	26	20	12	198	213		411
		其他	0	3	2	0	0	0	2	3	10	6		16

续表

问卷位置	问卷题目	选项	西宁市	海东市	海北州	黄南州	海南州	果洛州	玉树州	海西州	问卷1实地调研	问卷1线上调研	问卷2线上调研	总计
问卷1第36题	目前您家最想要改善的是哪一方面[可多选]	孩子的教育	22	12	58	66	60	23	27	32	300	194		494
		医疗	13	17	5	15	37	15	15	25	142	41		183
		畜牧业保险	5	19	21	10	25	22	16	23	141	132		273
		基础设施（公路、网络、通电）	10	3	22	23	25	5	10	2	100	65		165
		其他	2	0	7	3	3	0	5	5	25	4		29
问卷1第37题	您是否赞同以退牧还草或轮牧林牧的方式保护草场	赞同	23	31	79	79	88	38	34	50	422	240		662
		不赞同	1	0	5	0	6	4	0	6	22	19		41
问卷1第38题	自草原旅游业发展以来，您认为家里生活变化大吗	变化非常大	8	2	33	18	22	2	12	30	127	49		176
		变化一般	7	5	33	22	22	18	10	10	127	110		237
		变化很小	6	10	5	25	25	12	10	10	103	50		153
		没有变化	3	14	13	14	25	10	2	6	87	50		137
问卷1第39题	您认可国家大力发展草原旅游的政策吗	非常认可	22	22	44	44	24	20	10	25	211	100		311
		比较认可	2	6	35	36	30	10	10	15	144	59		203

续表

问卷位置	问卷题目	选项	西宁市	海东市	海北州	黄南州	海南州	果洛州	玉树州	海西州	问卷1实地调研	问卷1线上调研	问卷2线上调研	总计
问卷1第39题	您认可国家大力发展草原旅游的政策吗	不是很认可	0	3	5	9	20	2	12	10	61	80		141
		完全不认可	0	0	0	0	20	0	2	6	28	20		48
问卷1第40题	在草原旅游发展以来，您有受到过政府政策的支持吗	有	4	13	11	21	14	12	12	32	119	43		162
		没有	20	19	72	58	80	30	22	24	325	216		541
		增加收入	18	5	70	12	22	10	10	31	178	200		378
问卷1第41题	您觉得发展草原旅游有什么影响	传播文化	1	5	10	22	22	10	2	11	83	40		123
		发展地方经济	3	12	1	10	25	10	10	10	81	9		90
		污染环境	2	7	3	10	15	2	0	4	43	10		53
		没有影响	0	2	0	25	10	0	10	12	59	0		59
问卷1第42题	您所在的牧区举办过什么样的文化活动	民俗文化活动	8	15	25	31	40	10	12	12	153	111		264
		高龄老人对本地历史的讲述	0	0	0	0	0	0	0	0	1	8		9
		才艺比赛	7	10	21	28	20	12	12	22	132	10		142
		运动会	9	4	25	20	30	20	10	22	140	130		270
		其他	0	1	13	0	4	0	0	0	18	0		18

续表

问卷位置	问卷题目	选项	西宁市	海东市	海北州	黄南州	海南州	果洛州	玉树州	海西州	问卷1 实地调研	问卷1 线上调研	问卷2 线上调研	总计
问卷1 第43题	您是否愿意参加本地举办的文化活动	不愿意	2	12	0	0	22	2	4	6	48	50		98
		愿意	15	12	67	49	22	10	10	20	205	142		347
		一般	2	3	8	5	20	12	10	20	80	18		98
		大家去，也就去	5	4	9	25	30	18	10	10	111	49		160
问卷1 第44题	您觉得发展牧区文化是否有必要	必要，能丰富牧区文化生活、提高牧民文化水平和道德修养	19	13	65	55	10	12	11	16	201	151		352
		不必要，发展牧区经济更为重要	2	10	5	20	24	12	5	10	88	49		137
		无所谓，顺其自然	3	8	14	4	60	18	18	30	155	59		214
问卷1 第45题	您对当前所处牧区最不满意的问题[可多选]	增加收入困难	10	17	50	23	30	15	12	15	172	212		384
		社会治安不好	2	3	5	3	3	2	15	18	51	32		83
		生态环境恶化	3	5	14	20	45	15	10	12	124	154		278
		牧区干部办事不公	0	2	0	0	0	2	2	9	15	13		28

续表

问卷位置	问卷题目	选项	西宁市	海东市	海北州	黄南州	海南州	果洛州	玉树州	海西州	问卷1实地调研	问卷1线上调研	问卷2线上调研	总计
问卷1第45题	您对当前所处牧区最不满意的问题[可多选]	教育收费问题	2	5	4	2	30	17	18	3	81	19		100
		社会保障问题	3	3	6	15	5	18	14	1	65	85		150
		是否有一定的社会成就	0	5	0	0	0	2	0	5	12	40		52
		其他	4	0	5	3	0	0	0	0	12	6		18
问卷1第46题	本地发展草原旅游服务业时,您会选择	只从事旅游服务业	4	3	11	3	0	1	5	10	37	20		57
		依然从事原有的牧业生产	4	8	10	70	80	25	16	20	233	139		372
		旅游服务业与牧业生产兼顾	16	10	63	6	10	15	13	24	157	88		245
		其他打算	0	10	0	0	4	1	0	2	17	12		29
问卷1第47题	您认为当前牧区牧民最关注的自身利益问题是什么[可多选]	增加收入	20	25	78	23	20	20	14	28	228	147		375
		住房问题	10	12	5	13	20	20	10	20	110	123		233
		就业问题	5	23	16	13	20	22	10	32	141	89		230
		子女教育问题	22	21	72	20	24	25	12	29	225	178		403
		退牧还草补助问题	0	2	5	0	1	5	2	3	18	10		28

续表

问卷位置	问卷题目	选项	西宁市	海东市	海北州	黄南州	海南州	果洛州	玉树州	海西州	问卷1 实地调研	问卷1 线上调研	问卷2 线上调研	总计
问卷1 第47题	您认为当前牧区牧民最关注的自身利益问题是什么 [可多选]	福利保障问题	3	15	0	4	24	16	15	14	91	63		154
		牧区环境问题	8	10	44	1	34	14	16	14	141	54		195
		精神文化生活	7	4	21	5	15	9	3	6	70	33		103

223

表2 问卷1青海牧民生产生活满意度调查原始数据

序号	问题	非常满意	满意	一般	不满意	非常不满意
1	您对当前自家生活总体的满意度	86	294	249	53	21
2	您对当前自家生产条件的满意度	75	243	275	71	39
3	您对当前自家经济收入的满意度	73	208	244	94	84
4	您对当前亲属、邻里关系的满意度	91	263	273	45	31
5	您对他人（游客、导游等）保护草原生态的满意度	76	197	254	156	20
6	您对政府出台的草原旅游发展政策的满意度	60	193	246	178	26
7	您对所在牧区市政基础设施的满意度	74	239	274	84	32
8	您对政府支持自有产品销售情况的满意度	26	146	299	123	109
9	您对退牧还草的政策实施方式的满意度	91	205	264	109	34
10	您对当前牧区社会治安的满意度	13	148	271	167	104
11	您对当前牧区教育资源配给的满意度	9	83	220	235	156
12	您对当前牧区医疗资源配置的满意度	7	74	255	217	150

附 表

表3 问卷2社会公众对牧民生产生活调查原始数据　　　单位：份

问卷位置	问卷题目	选项	调研数据
问卷2 第1题	您的身份	青海土著牧区牧民	259
		社会公众	333
问卷2 第2题	您的年龄	25岁以下	42
		25~40岁	136
		40~60岁	109
		60岁及以上	46
问卷2 第3题	您的性别	男	195
		女	138
问卷2 第4题	您的婚姻状况	已婚	194
		未婚	139
问卷2 第5题	您的民族	汉族	178
		藏族	95
		其他少数民族	333
问卷2 第6题	您的学历	小学及以下	30
		初中	120
		高中及中专	94
		大专及以上	89
问卷2 第7题	您认为自己对青海牧民生产生活状况的了解程度	非常不了解	28
		不了解	74
		一般	107
		了解	86
		非常了解	38

续表

问卷位置	问卷题目	选项	调研数据
问卷2 第8题	您认为现今青海牧民的收入水平处于青海省哪个层次	高收入水平	13
		中高收入水平	63
		中等收入水平	106
		中低收入水平	90
		低收入水平	61
问卷2 第9题	您认为现今青海牧民的消费水平应处于青海省哪个层次	高消费水平	63
		中高消费水平	50
		中等消费水平	109
		中低消费水平	84
		低消费水平	27
问卷2 第10题	据您所知，现今青海牧民的住所类型是	有固定住所	182
		无固定住所	9
		二者结合	73
		不清楚	69
问卷2 第11题	您认为青海牧民所拥有的基础设施（如所居住的住房、水、电、卫生、医疗、教育、通信、道路、治安等）是否需要完善	需要，需要大规模地完善	139
		需要，需要进一步地完善	109
		不需要，已经很完善了	15
		不清楚，不了解	70
问卷2 第12题	据您所知，青海牧民对子女的教育问题是否重视	非常不重视	54
		不重视	76
		一般	94
		重视	84
		非常重视	25

附 表

续表

问卷位置	问卷题目	选项	调研数据
问卷2 第13题	据您所知，现今青海牧民的主要经济来源是［可多选］	传统畜牧业收入	149
		外出打工	294
		旅游业附加收入	98
		出租草场	67
		政府补贴	206
		旅游门票收益	50
		虫草收益	105
		其他	249
问卷2 第14题	据您所知，现今青海牧民的主要机动车类型是［可多选］	无机动车	25
		汽车	246
		皮卡车	129
		摩托车	273
		其他	108
问卷2 第15题	据您所知，现今青海牧民养殖的主要牲畜有	奶牛	164
		牦牛	183
		绵羊	184
		山羊	20
		骆驼	97
		猪	40
		马	98
		其他	109
问卷2 第16题	据您所知，现今青海牧民日常的主要开销是［可多选］	购买生产资料（买车辆、租草地等）	108
		日常消费支出	192
		宗教支出	128

227

续表

问卷位置	问卷题目	选项	调研数据
问卷2 第16题	据您所知，现今青海牧民日常的主要开销是［可多选］	教育支出	97
		医疗支出	108
		其他（人情礼金、娱乐）	80
问卷2 第17题	您认为当前牧区牧民最关注的自身利益问题是什么［可多选］	增加收入	309
		住房问题	259
		就业问题	247
		子女教育问题	199
		退牧还草补助问题	315
		福利保障问题	318
		牧区环境问题	297
		精神文化生活	256
问卷2 第18题	您是否购买过青海牧民生产的畜牧类产品（牛羊肉、牛奶、酸奶、酥油、曲拉等）	是	249
		否	84
问卷2 第19题	您或者您的朋友对所购买过的青海牧民生产的畜牧类产品是否满意	非常不满意	58
		不满意	92
		一般	109
		满意	49
		非常满意	25
问卷2 第20题	您购买青海畜牧类产品的途径有哪些	超市	108
		奶制品、牛羊肉专卖店	92
		青海特产营销店	102
		网上购买	204
		其他	34

续表

问卷位置	问卷题目	选项	调研数据
问卷2 第21题	您是否赞同以退牧还草或轮牧休牧的方式保护牧区草场	赞同	295
		不赞同	38
问卷2 第22题	您是否赞同牧民离开草原,由草原放牧改为从事其他工作	赞同	149
		不赞同	184
问卷2 第23题	您是否在青海旅游过	是	189
		否	144
问卷2 第24题	您对青海省发展草原旅游业持什么态度	支持	159
		不支持	174
问卷2 第25题	您认可国家大力发展草原旅游的政策吗	非常认可	40
		比较认可	79
		不是很认可	189
		完全不认可	25
问卷2 第26题	您觉得发展草原旅游对地方发展有什么影响[多选]	增加收入	204
		传播文化	113
		发展地方经济	199
		污染环境	97
		没有影响	46

表4 问卷2第27题 社会公众对青海牧区生产生活认可及满意度调查　　单位：份

序号	问题	非常满意	满意	一般	不满意	非常不满意
27-1	站在社会公众的角度，您对牧区牧民生活保障满意吗	78	83	174	148	109
27-2	站在社会公众的角度，您对近年牧区扶持开发政策满意吗	262	189	92	28	21
27-3	站在社会公众的角度，您对近年牧区基础设施项目建设满意吗	37	69	113	89	284
27-4	站在社会公众的角度，您对草原旅游服务保障满意吗	14	53	107	246	172
27-5	站在社会公众的角度，您对牧民自身保护环境情况满意吗	41	39	376	79	57
27-6	站在社会公众的角度，您对牧区文化保护满意吗	402	101	67	16	6
27-7	站在社会公众的角度，您对牧区精神文明建设满意吗	28	49	282	154	79
27-8	站在社会公众的角度，您对牧区牧民自身幸福感程度满意吗	407	123	27	31	4
27-9	站在社会公众的角度，您对牧区牧民对自身的文化保护程度满意吗	401	99	57	18	17
27-10	站在社会公众的角度，您对牧区精神文明建设程度满意吗	71	281	70	85	85